Buchführung
leicht gemacht

Detlev Machenheimer · Reinhold Kersten

Buchführung
leicht gemacht

Ein methodischer Grundkurs für den Selbstunterricht. Mit Beispielen, Aufgaben und Lösungen aus der Praxis

Diese Auflage wurde vor allem aufgrund des
„Bilanzrichtlinien-Gesetzes", der entsprechenden
Neufassung des Industriekontenrahmens von 1987
sowie des Großhandelskontenrahmens von 1988
umfassend überarbeitet und aktualisiert.

„Gewußt wie" in allen Lebenslagen – mit Rat und Wissen von FALKEN!
Fragen Sie Ihren Buchhändler.

CIP-Titelaufnahme der Deutschen Bibliothek

Machenheimer, Detlev:
Buchführung leicht gemacht : ein methodischer Grundkurs für den Selbstunterricht ;
mit Beispielen, Aufgaben und Lösungen aus der Praxis / Detlev Machenheimer ;
Reinhold Kersten. – Nachaufl. – Niedernhausen/Ts. : FALKEN, 1990
  (FALKEN Bücherei)
  ISBN 3-8068-4238-8
NE: Kersten, Reinhold:

ISBN 3 8068 4238 8

© 1990 by Falken-Verlag GmbH, 6272 Niedernhausen/Ts.
Satz: LibroSatz, Kriftel bei Frankfurt
Druck: Mohn-Druck, Gütersloh

08423885X817 2635 44

Inhalt

1. Kapitel

Grundlagen der Buchführung

Teilgebiete und Aufgaben der Buchführung

Ein gut organisiertes betriebliches **Rechnungswesen** ist notwendiges Abbild des betrieblichen Leistungsprozesses durch die lückenlose Aufzeichnung aller Vorgänge, welche den Unternehmenserfolg bestimmen. Es liefert Gesellschaftern, Gläubigern, den Finanzbehörden sowie der interessierten Öffentlichkeit Informationen über die Vermögens- und Ertragslage des Unternehmens.

Hinsichtlich ihrer unterschiedlichen Aufgabenstellungen können die folgenden vier Teilbereiche des betrieblichen Rechnungswesens unterschieden werden:

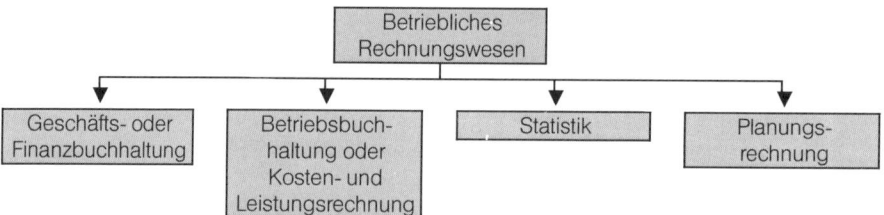

• **Geschäftsbuchhaltung**

Hierzu gehören die **Bilanz** und die **Gewinn- und Verlustrechnung.** Dieser Teil des Rechnungswesens ist als Finanzbuchhaltung nach **außen** gerichtet und bietet dem Kaufmann die einzige Möglichkeit, die Richtigkeit des ausgewiesenen Gewinnes nachzuweisen. Als **Zeitrechnung** erfaßt die Geschäftsbuchhaltung die Bestände und Bestandsveränderungen von Vermögen und Schulden sowie alle Erfolgsvorgänge auf Grund von Belegen. Dabei ist die Erfassung der Vorgänge lückenlos, zeitlich und sachlich geordnet, vorzunehmen.

Es können die folgenden Aufgaben unterschieden werden:

1. Feststellung des Standes des Vermögens und der Schulden,
2. Aufzeichnung aller Veränderungen von Vermögen und Schulden durch die laufenden Geschäftsfälle,
3. Ermittlung des Unternehmenserfolges (Gewinn oder Verlust) durch Erfassung aller Aufwendungen und Erträge der jeweiligen Abrechnungsperiode (Geschäftsjahr),
4. Ermittlung von Zahlenmaterial zur weiteren Verwendung für die Zwecke der Kosten- und Leistungsrechnung, Statistik und Planungsrechnung, d.h. Einsatz des betrieblichen Rechnungswesens als Dispositionsinstrument im Rahmen unternehmerischer Entscheidungsfindung sowie
5. Schutz der Gläubiger durch realistische Darstellung der Vermögenslage und Beweismittel bei Rechtsstreitigkeiten mit Lieferern, Kunden, Behörden und Kreditinstituten.

● **Betriebsbuchhaltung**

Im Gegensatz zur externen Geschäftsbuchhaltung ist die Kosten- und Leistungsrechnung nach **innen** orientiert und dient der Unternehmensführung als Dispositionsinstrument für betriebliche Entscheidungen in allen Phasen des Umsatzprozesses. Dieser Zielsetzung, Informationen zum Zwecke der Steuerung, Planung und
Kontrolle des Betriebsablaufs bereitzustellen, können die aus der Geschäftsbuchhaltung gewonnenen Größen nicht gerecht werden.

Während für die Besteuerung der gesamte Werteverzehr (**Aufwendungen**) sowie
der gesamte Wertzuwachs (**Erträge**) erfaßt werden, kommt es im Rahmen der
Betriebsbuchhaltung nur auf deren betriebsbedingte, periodengerechte Anteile
an. Nur durch deren sachliche Abgrenzung kann die wirtschaftliche Leistungsfähig-
keit eines Betriebes beurteilt werden. Dies gilt auch für eine Preiskalkulation,
welche langfristig die Substanzerhaltung des Betriebes sichern soll.

Die durch eine Abgrenzungsrechnung ermittelten **Kosten** werden im Rahmen der
Kostenartenrechnung gesammelt und zum Zwecke einer weiteren Verrechnung
aufbereitet, um dann mittels der **Kostenstellenrechnung** jenen betrieblichen Ein-
heiten zugeordnet zu werden, in denen sie verursachungsgemäß entstehen.
Schließlich werden die Kosten innerhalb der **Kostenträgerrechnung** den Leistungen
einer Zeitperiode gegenübergestellt und stückbezogen kalkuliert.

● **Betriebsstatistik**

Mit zunehmender Sättigung der Märkte und damit verbundener wachsender
Konkurrenz in fast allen wirtschaftlichen Bereichen können unternehmerische Entscheidungen weniger denn je von Augenblickseingebungen oder „Fingerspitzen-
gefühl" abhängig gemacht werden. Vielmehr kann nur die möglichst exakte
Kenntnis zuverlässiger Zahlen vor möglichen Fehlentscheidungen bewahren.

Zu diesem Zweck werden auf der Grundlage der Zahlenwerte aus der Geschäfts-
und Betriebsbuchhaltung durch die Betriebsstatistik betriebliche Vorgänge und
Zusammenhänge erfaßt, um als Entscheidungshilfe die Rentabilität der Leistungserstellung zu verbessern.

● **Planungsrechnung**

Als zukunftsorientierte **Vorschaurechnung** liefert die Planungsrechnung Orientie-
rungsdaten für alle betrieblichen Teilbereiche: Einkauf, Verkauf, Finanzierung,
Produktion und Personalwesen. Sie ist damit ein wesentliches Hilfsmittel zur
Erhöhung der Rentabilität der Leistungserstellung in allen Phasen des betrieblichen
Umsatzprozesses.

Betrieb

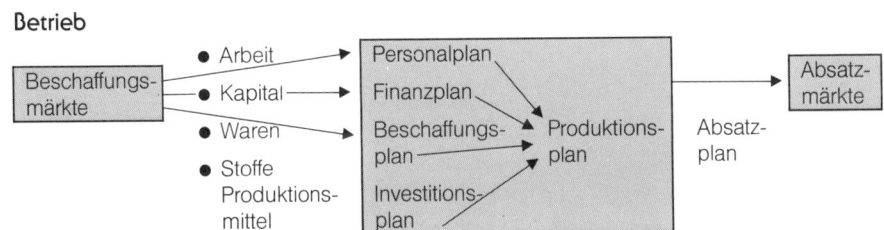

Gesetzliche Grundlagen

Das Handelsgesetzbuch (HGB) verpflichtet jeden Kaufmann, Bücher zu führen, um in ihnen seine Handelsgeschäfte und die Lage seines Vermögens nach den Grundsätzen ordnungsmäßiger Buchführung ersichtlich zu machen (§238 HGB).
Zu den Kaufleuten im Sinne des HGB gehören:

Kaufleute kraft Grundhandels-gewerbe	Kaufleute kraft Eintragung ins Handels-register		Kaufleute kraft Rechtsform
	pflichtgemäß	freiwillig	Formkaufleute
– Mußkaufleute –	Sollkaufleute	Kannkaufleute	
HGB § 1	HGB § 2	HGB § 3	HGB § 6
● z.B. Großhandel, Banken	● z.B. Hotelbetriebe	● z.B. Landwirte	● z.B. AG, GmbH (juristische Personen)

Diese Vorschriften finden nach §4 Abs. 1 HGB keine Anwendung auf Mußkaufleute, deren Gewerbebetrieb nach Art und Umfang einen in kaufmännischer Weise organisierten Geschäftsbetrieb nicht erfordert (**Minderkaufleute**).
Die HGB-Vorschriften werden durch weitere handelsrechtliche Bestimmungen, etwa des AktG, GmbHG oder GenG, hinsichtlich der Besonderheiten unterschiedlicher Rechtsformen ergänzt.

Die außersteuerlichen Buchführungsvorschriften bestehen für Vollkaufleute (HGB), Aktiengesellschaften (AktG) und Gesellschaften mit beschränkter Haftung (GmbHG) auch zum Zwecke der Besteuerung (**abgeleitete** Buchführungspflicht).
„Wer nach anderen Gesetzen als den Steuergesetzen Bücher und Aufzeichnungen zu führen hat, die für die Besteuerung von Bedeutung sind, hat die Verpflichtungen, die ihm nach den anderen Gesetzen obliegen, auch für die Besteuerung zu erfüllen" (§140 Abgabenordnung).
Diese Unterlagen sind von Bedeutung für die Gewinnermittlung als Besteuerungsgrundlage für die Einkommen-, Körperschafts-, Gewerbeertragssteuer sowie die Inanspruchnahme steuerlicher Vergünstigungen.
Darüber hinaus verpflichtet §141 AO jeden anderen Unternehmer (Minderkaufleute, Land- und Forstwirte, die nicht ins Handelsregister eingetragen sind) im Sinne einer gerechten Besteuerung zur Buchführung, wenn die Finanzbehörde eine der folgenden Voraussetzungen feststellt (**originäre** Buchführungspflicht):

1. Umsätze einschließlich der steuerfreien Umsätze, ausgenommen die Umsätze nach §4 Nr. 8 bis 10 des Umsatzsteuergesetzes, von mehr als 500.000,– Deutsche Mark im Kalenderjahr oder
2. ein Betriebsvermögen von mehr als 125.000,– Deutsche Mark oder
3. selbstbewirtschaftete land- und forstwirtschaftliche Flächen mit einem Wirtschaftswert (§46 des Bewertungsgesetzes) von mehr als 40.000,– Deutsche Mark oder
4. einen Gewinn aus Gewerbebetrieb von mehr als 36.000,– Deutsche Mark im Wirtschaftsjahr oder
5. einen Gewinn aus Land- und Forstwirtschaft von mehr als 36.000,– Deutsche Mark im Kalenderjahr.

Freiberuflich Tätige (z. B. Ärzte) sind weder nach §140 AO noch nach §141 AO buchführungspflichtig. Eine freiwillige Aufzeichnung verhindert jedoch eine Schätzung der Besteuerungsgrundlagen.

Weitere steuerliche Vorschriften zur Buchführung finden sich in den folgenden Gesetzen:

- Abgabenordnung (AO)
- Einkommensteuergesetz (EStG)
- Gewerbesteuergesetz (GewStG)
- Körperschaftssteuergesetz (KStG)
- Umsatzsteuergesetz (UStG)

GRUNDSÄTZE ORDNUNGSMÄSSIGER BUCHFÜHRUNG

Die Ordnungsmäßigkeit der Buchführung ist nicht nur Voraussetzung für die Gewährung von Steuervergünstigungen, sie soll auch Anteilseigner, Gläubiger und Finanzbehörden vor Vermögensverlusten durch Fehlinformationen schützen.

Die Buchführung ist ordnungsmäßig, wenn sie den gesetzlichen Vorschriften entspricht und ein sachverständiger Dritter (z. B. Steuerberater) ohne fremde Hilfe in angemessener Zeit einen Überblick über die Lage des Unternehmens erhält. Die wesentlichen Grundsätze sind im Bilanzrichtliniengesetz vom 19.12.1985 aufgezeigt, dessen Kernstück das neue 3. Buch des HGB ist:

1. Klarheit und Übersichtlichkeit (§243 Abs. 2 HGB)
2. Zeitgerechte Aufstellung (§243 Abs. 3 HGB)
3. Vollständigkeit für Bilanz und GuV (§246 Abs. 1 HGB)
4. Saldierungsverbot (§246 Abs. 2 HGB)
5. Bilanzidentität (§252 Abs. 1 Nr. 1 HGB)
6. Bewertung unter dem Gesichtspunkt der Betriebsfortführung (§252 Abs. 1 Nr. 2 HGB)
7. Stichtagsbezogenheit (§252 Abs. 1 Nr. 3 HGB)
8. Grundsatz der Einzelbewertung der Vermögens- und Schuldenwerte (§252 Abs. 1 Nr. 3 HGB)
9. Periodengerechte Gewinnermittlung (§252 Abs. 1 Nr. 5 HGB)
10. Bewertungsstetigkeit (§252 Abs.. 1 Nr. 6 HGB)

Für die Aufbewahrung der Unterlagen gelten die Fristen des §257 HGB.

ÜBERBLICK

Teilgebiet	Inhalt	Interessenten	Zweck
Finanzbuchhaltung (handelsrechtlich bzw. steuerrechtlich vorgeschrieben)	• Lückenlose Erfassung aller Geschäftsfälle • Bilanz und GuV-Rechnung*	• Unternehmer • Gläubiger • Finanzbehörden	• Erfolgskontrolle • Kontrolle der Kreditwürdigkeit • Besteuerung
Betriebs-buchhaltung	• Feststellung des betrieblichen Erfolges	• Unternehmer	• Wirtschaftlichkeits-kontrolle • Kalkulation
Statistik	• Aufbereitung und Auswertung der Zahlen der Buch-haltung	• Unternehmer	• Steuerung und Erfolgskontrolle
Planungsrechnung	• Vorschaurechnung	• Unternehmer	• Entscheidungs-findung

Handelsrechtliche Vorschriften: §§238 ff HGB zum Schutz der Gläubiger vor Ver-mögensnachteilen.
Steuerrechtliche Vorschriften: §140 AO abgeleitete Buchführungspflicht, §141 AO originäre Buchführungspflicht.

* Kapitalgesellschaften müssen neben Bilanz und GuV-Rechnung einen **Anhang** (detaillierte Erläuterun-gen) und einen **Lagebericht** erstellen.

AUFGABEN

1. Ordnen Sie die folgenden Aufgaben:
   a) der Geschäftsbuchhaltung und
   b) der Betriebsbuchhaltung zu:

   a) Ermittlung einer Preisuntergrenze
   b) Feststellung einer kostendeckenden Absatzmenge
   c) Führung von Kundenkonten
   d) Gegenüberstellung aller Aufwendungen und Erträge
   e) Ermittlung der Selbstkosten aller Erzeugnisse

2. Welche der folgenden natürlichen und juristischen Personen sind nach dem HGB buchführungspflichtig?
   a) eingetragener Verein
   b) Rechtsanwalt
   c) Aktiengesellschaft
   d) Einzelhandelsgeschäft als Minderkaufmann
   e) Landwirt, der sich in das Handelsregister eintragen läßt
   f) Arzt

Einführung in die doppelte Buchführung

Die **doppelte** Buchführung ist neben der nur in ausgesprochenen Kleinbetrieben angebrachten **einfachen** Buchführung ein Buchführungssystem, das durch die folgenden Merkmale gekennzeichnet ist:

1. Doppelte Art der Gewinnermittlung durch Vergleich des Betriebsvermögens am Anfang und am Ende des Wirtschaftsjahres sowie durch die Gewinn- und Verlustrechnung durch Gegenüberstellung der Aufwendungen und Erträge.
2. Doppelbuchungen auf einem Konto im Soll, einem oder mehreren Konten im Haben oder umgekehrt.

INVENTUR – INVENTAR

Sowohl Handelsrecht (§238 HGB) als auch Steuerrecht (§140 AO, §141 Abs. 1 AO) verpflichten den Kaufmann

1. bei Gründung oder Übernahme eines Unternehmens,
2. am Ende eines jeden Geschäftsjahres und
3. bei Auflösung oder Veräußerung des Unternehmens

sein Vermögen und seine Schulden festzustellen.

Die **mengen-** und **wertmäßige** Bestandsaufnahme aller Vermögenswerte und Schulden durch Messen, Zählen, Wiegen oder Schätzen sowie Bewerten nennt man **Inventur.**

Dabei sind zu unterscheiden die **körperliche** Inventur bei Beständen (bewegliches Anlagevermögen und Vorratsvermögen) und die **Buchinventur** bei Forderungen und Schulden. Hinsichtlich der Durchführung sieht das Gesetz die **Stichtagsinventur** als zeitnahe körperliche Bestandsaufnahme vor (Inventurtag = Bilanzstichtag ±10 Tage).

Inventurvereinfachungsverfahren
nach §241 HGB)

Stichprobeninventur (Bestandsermittlung mit Hilfe mathematisch-statistischer Methoden)	**permanente** Inventur (buchmäßige Bestandsaufnahme – Buchinventur durch Lagerkartei mit körperlicher Inventur einmal im Geschäftsjahr).	**verlegte** Inventur (vor- oder nachverlegte körperliche Bestandsaufnahme)
§241 Abs. 1 HGB		
	Kein Inventar auf den Bilanzstichtag.	Kein Inventar auf den Bilanzstichtag.
	Inventurtag ≠ Bilanzstichtag	Inventurtag ≠ Bilanzstichtag, drei Monate **vor** (Wertfortschreibung) oder bis zu zwei Monate **nach** dem Bilanzstichtag (Wertrückrechnung).
	§241 Abs. 2 HGB	
		§241 Abs. 3 HGB

In einem zweiten Schritt werden die Ergebnisse der Inventur in einem dafür bestimmten Verzeichnis übersichtlich geordnet zusammengefaßt, dem **Inventar** (§ 240 HGB).

> **Inventar** ist die Aufzeichnung der Vermögensgegenstände und Schulden unter Angabe ihrer Werte durch den Kaufmann.

Das Inventar besteht aus drei Teilen:
1. Teil: **Vermögens- und Besitzteile**
    1. Langfristig genutztes Vermögen, z. B. Grundstücke, Maschinen = **Anlagevermögen**
    2. kurzfristige, im Betrieb umlaufende Vermögensteile, z. B. Kassenbestand, Bankguthaben, Warenbestände = **Umlaufvermögen**
2. Teil: **Schulden**
    1. Langfristige Schulden, z. B. Darlehen
    2. Kurzfristige Schulden, z. B. Lieferantenverbindlichkeiten
3. Teil: **Reinvermögen oder Eigenkapital**

Vermögen – Schulden

Der Erfolg des Unternehmens kann durch Eigenkapitalvergleich (Betriebsvermögensvergleich) ermittelt werden (§ 4 Abs. 1 EStG und § 5 EStG):

Eigenkapital am Ende des Jahres	–	Eigenkapital am Anfang	Eigenkapital am Ende des Jahres	–	Eigenkapital am Anfang
		Verlust			Gewinn

Eigenkapitalminderung = Verlust   Eigenkapitalmehrung = Gewinn

Danach ist der Gewinn/Verlust der Unterschiedsbetrag zwischen dem Betriebsvermögen am Schluß des Geschäftsjahres und dem Betriebsvermögen am Schluß des vorangegangenen Geschäftsjahres, vermehrt um den Wert der Entnahmen (Privatentnahmen) und vermindert um den Wert der Einlagen (Privateinlagen).

Betriebsvermögen 31. 12. d. J.	....	DM
– Betriebsvermögen 31. 12. v. J.	....	DM
= Zunahme	....	DM
+ Privatentnahmen	....	DM
– Privateinlagen	....	DM
= Gewinn aus Gewerbebetrieb	....	DM

Steuerpflichtige, die nicht zur Buchführung verpflichtet sind, freiwillig auch keine Bücher führen und regelmäßig Abschlüsse machen, können als Gewinn den Überschuß der **Betriebseinnahmen** über die **Betriebsausgaben** ansetzen.

BEISPIEL 1

Inventar der Fahrradgroßhandlung Emil Müller, Wiesbaden, zum 31. Dez. 19…

			DM	DM
I.	Vermögen			
	1.	Bebaute Grundstücke		135.000,–
	2.	Geschäftsausstattung lt. besonderem Verzeichnis		18.000,–
	3.	Warenbestände lt. besonderem Verzeichnis		
		Sporträder	65.000,–	
		Tourenräder	40.000,–	
		Kinderräder	34.000,–	
		Zubehör	32.000,–	171.000,–
	4.	Forderungen aus Warenlieferungen und Leistungen		
		Kurt Krause, Frankfurt	17.000,–	
		Willi Schmidt, Wiesbaden	12.000,–	29.000,–
	5.	Bankguthaben		
		Wiesbadener Bank		8.000,–
	6.	Kassenbestand		1.500,–
		Summe des Vermögens		362.500,–
II.	Schulden			
	1.	Darlehen der Wiesbadener Bank		120.000,–
	2.	Verbindlichkeiten aus Warenlieferungen und Leistungen		
		Klinger OHG, Wiesbaden	21.000,–	
		Schulze & Co., Mainz	13.000,–	34.000,–
		Summe der Schulden		154.000,–
III.	Ermittlung des Reinvermögens			
		Summe des Vermögens		362.500,–
	—	Summe der Schulden		154.000,–
	—	Reinvermögen (Eigenkapital)		208.500,–

BILANZ

Nach der Erstellung des Inventars ist der Kaufmann gemäß §242 Abs. 1 HGB verpflichtet, eine Bilanz aufzustellen.
„Der Kaufmann hat zu Beginn seines Handelsgewerbes und für den Schluß eines
jeden Geschäftsjahres einen das Verhältnis seines Vermögens und seiner Schulden
darstellenden Abschluß (Bilanz) aufzustellen."

Im Unterschied zu dem Inventar handelt es sich bei dieser Art der Aufstellung um eine **Gegenüberstellung** von Vermögen auf der einen Seite (**Aktivseite**), Schulden und Eigenkapital auf der anderen Seite (**Passivseite**).

Bei der Aufstellung der Bilanz sind insbesondere die folgenden Grundsätze zu beachten:

• **Bilanzwahrheit:** Vermögensgegenstände und Schulden dürfen weder ausgelassen noch hinzuerfunden werden. Sie sind vielmehr lückenlos unter Beachtung der handels- und steuerrechtlichen Vorschriften auszuweisen.

• **Bilanzklarheit:** Der Abschluß muß übersichtlich sein und einen sicheren Einblick in die Vermögens- und Ertragslage geben. Der Grundsatz gilt ebenso für die Gewinn- und Verlustrechnung.

• **Bilanzkontinuität:** Die Abschlußbilanz des Vorjahres soll der Eröffnungsbilanz des neuen Jahres entsprechen (**Bilanzidentität**).

Die **formale** Bilanzkontinuität erfordert gleichen Aufbau, Gliederung, Kontenabgrenzungen sowie Kontenbezeichnungen, während die **materielle** Bilanzkontinuität gleiche Bewertungsgrundsätze voraussetzt.

Die Werte der Bilanz können in der Form einer Waage dargestellt werden, die sich im Gleichgewicht befindet.

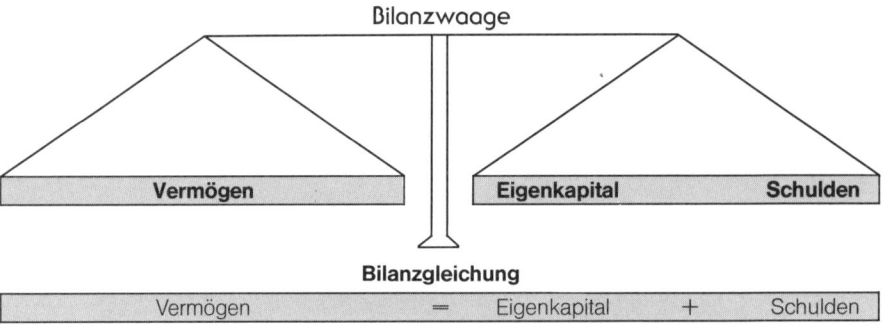

Das Eigenkapital ist jener Betrag, um den die Aktivseite der Bilanz die Passivseite übersteigt bzw. umgekehrt.

Aktivseite > Passivseite → Aktivkapital
Aktivseite < Passivseite → Passivkapital

Die Bilanz dient im wesentlichen den folgenden Zwecken:

1. Darlegung der Zusammensetzung von Vermögen und Schulden am Bilanzstichtag,
2. Ausweis des Jahreserfolges und
3. Aufzeichnung der für den Erfolg maßgeblichen Veränderungen einzelner Vermögens- und Schuldpositionen.

Die formale Gliederung der Bilanz sollte entsprechend §266 HGB vorgenommen werden, wonach die Vermögenswerte nach der Flüssigkeit und die Kapitalpositionen nach der Fälligkeit zu ordnen sind.

Aus der Bilanz können insbesondere die folgenden Informationen abgeleitet werden:

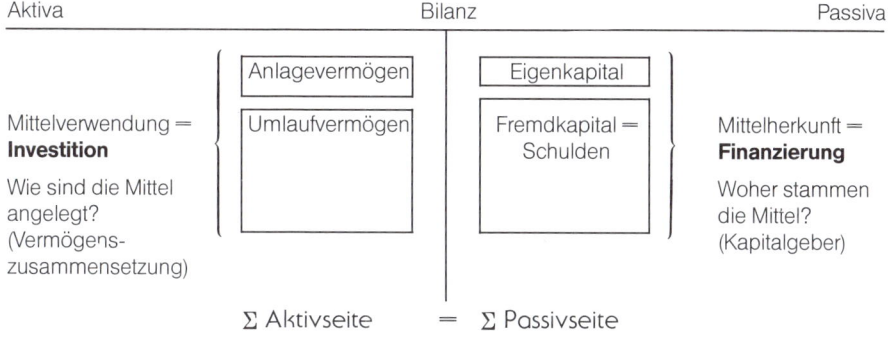

Aktiva	Bilanz	Passiva
	Anlagevermögen	Eigenkapital	
Mittelverwendung = **Investition**	Umlaufvermögen	Fremdkapital = Schulden	Mittelherkunft = **Finanzierung**
Wie sind die Mittel angelegt? (Vermögenszusammensetzung)			Woher stammen die Mittel? (Kapitalgeber)

$$\Sigma \text{ Aktivseite} \quad = \quad \Sigma \text{ Passivseite}$$

Aus dem Inventar (Beispiel 1) kann somit die folgende Bilanz entwickelt werden, wobei zu beachten ist:

1. Die Bilanz ist vom Geschäftsinhaber zu unterschreiben,
2. Die freien Räume sind durch eine **Buchhalternase** zu entwerten.
3. Die Endsummen sind doppelt zu unterstreichen.

BEISPIEL 2

Aktiva		Bilanz zum 31. 12. 19 ...		Passiva
I Anlagevermögen		I Eigenkapital		208.500,–
1. Bebaute Grundstücke	135.000,–	II Fremdkapital		
2. Geschäftsausstattung	18.000,–	1. Darlehen		120.000,–
II Umlaufvermögen		2. Verbindlichkeiten		34.000,–
1. Waren	171.000,–			
2. Forderungen	29.000,–			
3. Bank	8.000,–			
4. Kasse	1.500,–			
	362.500,–			362.500,–

Wiesbaden, den 2. 1. 19 ...   Emil Müller

ÜBERBLICK

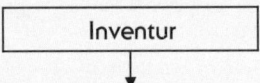

Inventur

- körperliche oder buchmäßige Erfassung und Bewertung der Bestände entweder als: **Stichtagsinventur, permanente** Inventur, **verlegte** Inventur oder **Stichproben**inventur

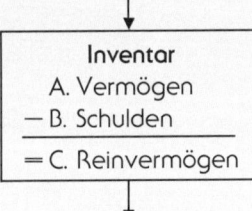

Inventar
A. Vermögen
— B. Schulden
= C. Reinvermögen

- kurze, wertmäßige Gegenüberstellung von Vermögen und Kapital in Kontenform

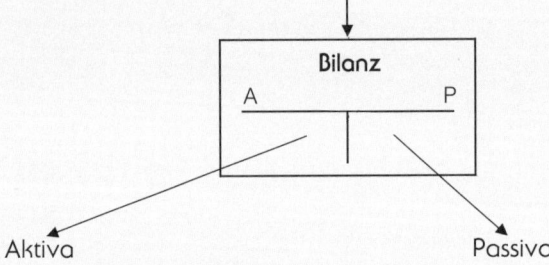

Bilanz
A   P

Aktiva   Passiva

- langfristige Vermögenswerte = **Anlagevermögen**
- **langfristiges Kapital Eigenkapital langfristiges Fremdkapital**

- kurzfristige Vermögenswerte = **Umlaufvermögen**
- **kurzfristiges Kapital kurzfristiges Fremdkapital**

Bilanzgleichung

Vermögenswerte Vermögensquellen

AUFGABEN

3. Kreuzen Sie an:

	Vorgang	Verzeichnis	drei Teile
Inventur			
Inventar			

4. Auf welcher Bilanzseite stehen   Aktiva   Passiva

   a) Bankschulden
   b) Einlagen der Gesellschafter
   c) Maschinen, maschinelle Anlagen
   d) Beteiligungen
   e) Verbindlichkeiten aus Warenlieferungen
     und Leistungen?

5. Erstellen Sie nach den Angaben   a) ein Inventar
                                  b) eine Bilanz

Geschäftsausstattung	198.000,–	Bank	14.000,–
Waren	160.000,–	Kasse	8.000,–
Forderungen	54.000,–	Hypothekendarlehen	250.000,–
Postgirokonto	13.000,–	Verbindlichkeiten	89.000,–

Eigenkapital ?

6. Stellen Sie die Bilanzgleichung mit den Zahlen der Aufgabe 3 entsprechend um.

Vermögen   =   Eigenkapital   +   Fremdkapital

. . . . DM   . . . . DM   . . . . DM

Eigenkapital   =   [   ] – [   ]

. . . . DM   . . . . DM   . . . . DM

Fremdkapital   =   [   ] – [   ]

. . . . DM   . . . . DM   . . . . DM

WERTBEWEGUNGEN IN DER BILANZ

Als Abschlußrechnung gibt die Bilanz den Stand des Vermögens und der Schulden zu einem bestimmten **Zeitpunkt** an. Diese Werte ändern sich jedoch ständig durch die laufenden Geschäftsfälle.

Auch sie muß der Kaufmann nach § 238 HGB aufzeichnen. Buchführung ist somit eine **fortgesetzte, bewegte** Bilanz, wobei jede Änderung einer Bilanzposition die Änderung einer anderen bewirkt.

Dabei sind die folgenden vier Fälle denkbar:

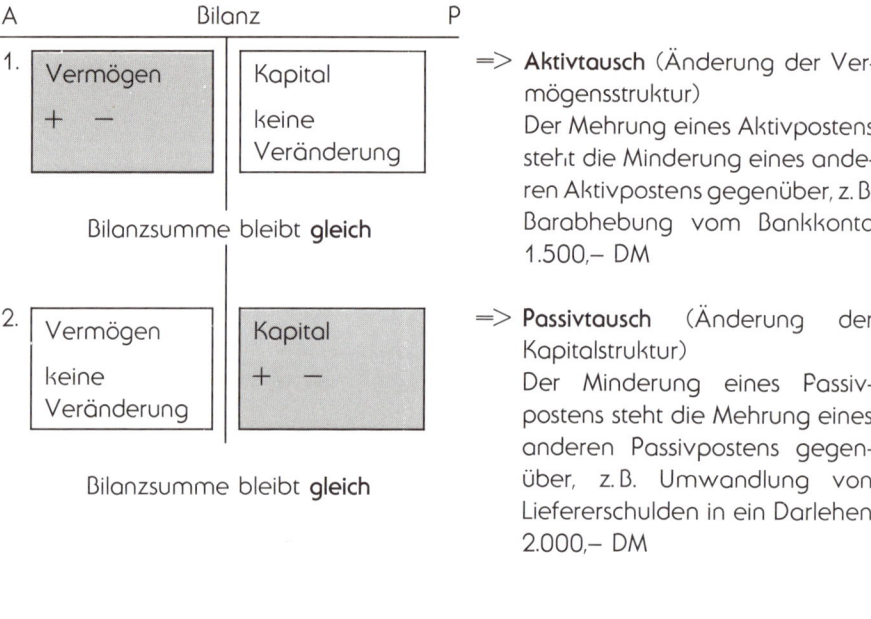

1. => **Aktivtausch** (Änderung der Vermögensstruktur)
Der Mehrung eines Aktivpostens steht die Minderung eines anderen Aktivpostens gegenüber, z. B. Barabhebung vom Bankkonto 1.500,– DM

Bilanzsumme bleibt **gleich**

2. => **Passivtausch** (Änderung der Kapitalstruktur)
Der Minderung eines Passivpostens steht die Mehrung eines anderen Passivpostens gegenüber, z. B. Umwandlung von Liefererschulden in ein Darlehen 2.000,– DM

Bilanzsumme bleibt **gleich**

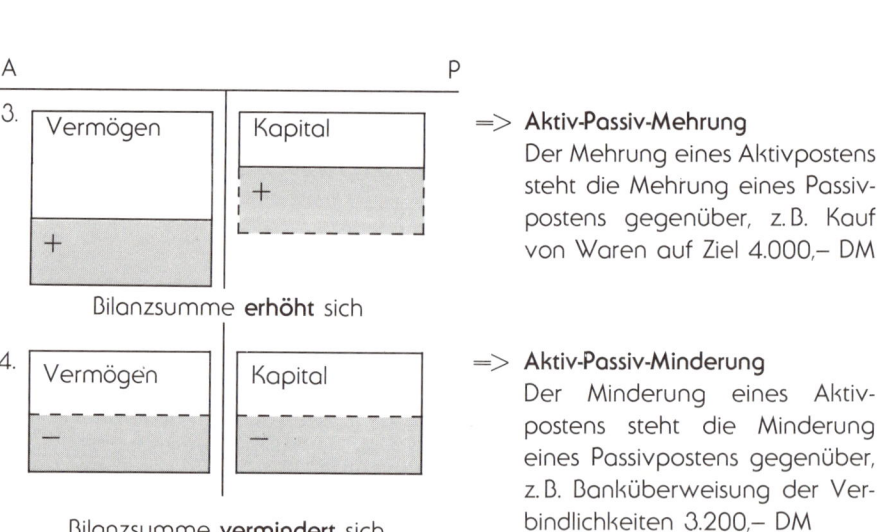

3. => **Aktiv-Passiv-Mehrung**
Der Mehrung eines Aktivpostens steht die Mehrung eines Passivpostens gegenüber, z. B. Kauf von Waren auf Ziel 4.000,– DM

Bilanzsumme **erhöht** sich

4. => **Aktiv-Passiv-Minderung**
Der Minderung eines Aktivpostens steht die Minderung eines Passivpostens gegenüber, z. B. Banküberweisung der Verbindlichkeiten 3.200,– DM

Bilanzsumme **vermindert** sich

BEISPIEL 3

Bezogen auf die Ausgangsbilanz (Beispiel 2) wirken sich die vier Geschäftsfälle wie folgt aus:

Aktiva							Passiva
Vermögen	A	P	A	P	A	P	Kapital
Bebaute							Eigen-
Grundstücke	135.000,–	208.500,–	135.000,–	208.500,–	135.000,–	208.500,–	kapital
Geschäfts-							
ausstattung	18.000,–	120.000,–	18.000,–	120.000,–	18.000,–	**122.000,–**	Darlehen
Waren	171.000,–	34.000,–	171.000,–	34.000,–	171.000,–	**32.000,–**	Verbind-
Forderungen	29.000,–		29.000,–		29.000,–		lichkeiten
Bank	8.000,–		**6.500,–**		6.500,–		
Kasse	1.500,–		**3.000,–**		3.000,–		
	362.500,–	362.500,–	362.500,–	362.500,–	362.500,–	362.500,–	

Kasse	+
Bank	–

Verbindlich-keiten	–
Darlehen	+

Aktiva					Passiva
Vermögen	A	P	A	P	Kapital
Bebaute					Eigen-
Grundstücke	135.000,–	208.500,–	135.000,–	208.500,–	kapital
Geschäfts-					
ausstattung	18.000,–	122.000,–	18.000,–	122.000,–	Darlehen
Waren	**175.000,–**	**36.000,–**	175.000,–	**32.800,–**	Verbind-
Forderungen	29.000,–		29.000,–		lichkeiten
Bank	6.500,–		**3.300,–**		
Kasse	3.000,–		3.000,–		
	366.500,–	366.500,–	363.300,–	363.300,–	

Waren	+
Verbindlich-keiten	+

Verbindlich-keiten	–
Bank	–

In der Praxis ist es allerdings unmöglich, nach jedem Geschäftsfall eine neue, entsprechend geänderte Bilanz zu erstellen. Vielmehr wird die Bilanz in **Konten** aufgelöst, die jeweils eine Einzelrechnung für die Vermögens- und Schuldenteile darstellen.

Man unterscheidet dabei entsprechend dem Bilanzgliederungsschema **aktive Bestandskonten** (Vermögenskonten) und **passive Bestandskonten** (Kapitalkonten).

Nach den Zahlen aus Beispiel 2 wären die folgenden Konten einzurichten:

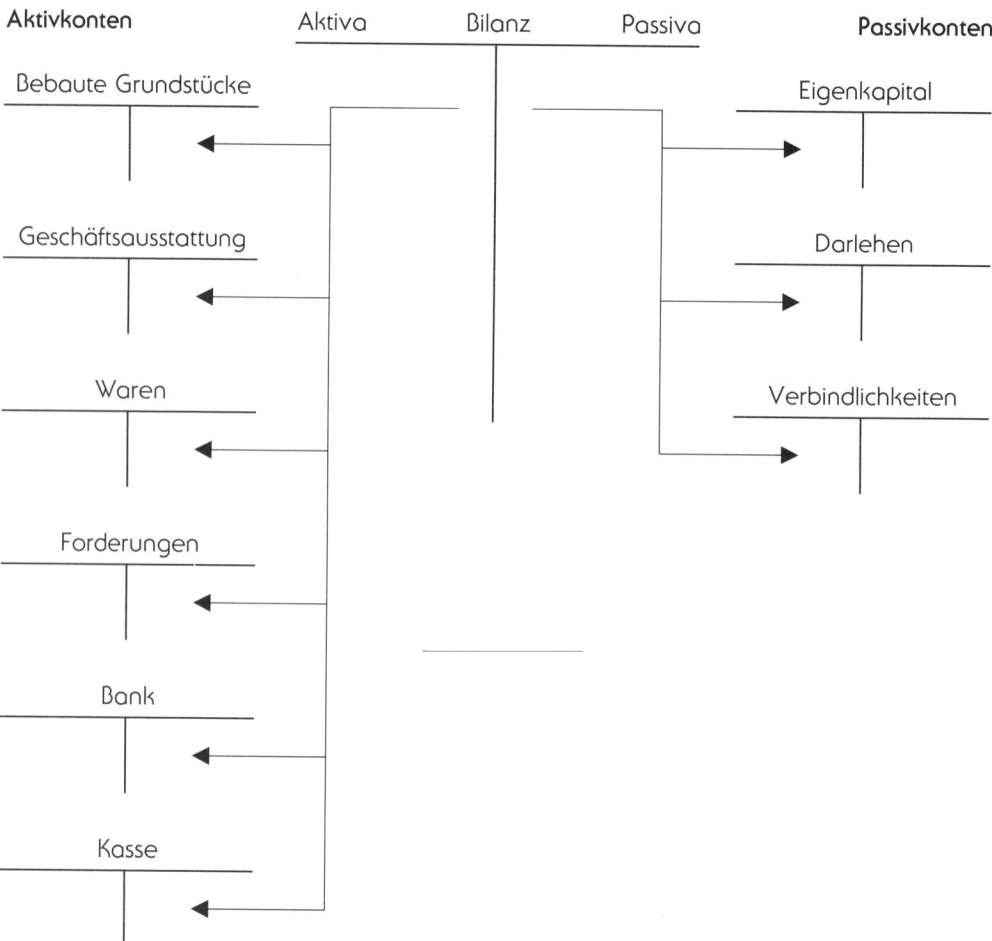

Bei der Einrichtung der Konten auf der Grundlage der Bilanz ist zu berücksichtigen, daß die **Vermögenskonten** (Aktivkonten) mit ihren Beständen auf der linken Kontenseite (**Soll**) und die **Kapitalkonten** (Passivkonten) auf der rechten Kontenseite (Haben) zu eröffnen sind.

BUCHUNGEN AUF KONTEN (BESTANDSVORGÄNGE)

Für die Buchungen der Geschäftsvorfälle auf den entsprechenden Konten lassen sich die folgenden allgemeinen Regeln aufstellen:

1. **Eröffnung** der Konten mit dem jeweiligen Anfangsbestand laut Eröffnungsbilanz:

   Aktivkonten (z. B. Bankkonto)

   Passivkonten (z. B. Verbindlichkeiten)

   Aktivkonten → **Soll**

   Passivkonten → **Haben**

S	Bank	H
AB 12.000,–		

S	Verbindlichkeiten	H
		AB 30.000,–

2. Buchung der laufenden Geschäftsfälle:

   Aktivkonten
   Zugänge → **Soll**
   Abgänge → **Haben**

S	Bank	H
AB 12.000,–	AG 4.000,–
ZG 6.000,–	

   Passivkonten
   Zugänge → **Haben**
   Abgänge → **Soll**

S	Verbindlichkeiten	H
AG 7.000,–	AB 30.000,–
	ZG 15.000,–

3. **Kontenabschluß:**
   - Feststellen, welche Seite wertmäßig größer ist.
   - Auf der schwächeren Seite eine Zeile frei lassen.
   - Differenz (Saldo) hier einsetzen.
   - Summen ermitteln und, wenn nötig, Leerraum durch Buchhalternase entwerten.

Der Saldo der Bestandskonten ist der jeweilige Endbestand:

Aktivkonten → **Haben**

S	Bank	H
AB 12.000,–	AG 4.000,–
ZG 6.000,–	EB 14.000,–
18.000,–	18.000,–

Passivkonten → **Soll**

S	Verbindlichkeiten	H
AG 7.000,–	AB 30.000,–
EB 38.000,–	ZG 15.000,–
45.000,–	45.000,–

Die aufgezeigten vier Fälle der Veränderung von Bilanzpositionen auf Grund von Geschäftsfällen lösen somit die folgenden Wertänderungen auf den entsprechenden Konten aus:

	Aktivkonten		Passivkonten	
	Soll	Haben	Soll	Haben
1. Aktivtausch	+ Kasse	− Bank	−	−
2. Passivtausch	−	−	− Verbind-lichkeiten	+ Darlehen
3. Aktiv-Passiv-Mehrung	+ Waren	−	−	+ Verbind-lichkeiten
4. Aktiv-Passiv-Minderung	−	− Bank	− Verbind-lichkeiten	−

Löst man die Bilanz des Ausgangsbeispiels in Konten auf und verbucht auf ihnen die vier Geschäftsfälle, so ergeben sich die folgenden Buchungen:

Zunächst sind jeweils die folgenden Fragen zu beantworten:

1. Welche Konten sind durch den Geschäftsfall betroffen?
2. Auf welchem Konto ergibt sich ein Zugang, auf welchem Konto eine Minderung des Bestandes?
3. Auf welchem Konto ist im **Soll**, auf welchem ist im **Haben** zu buchen?

Frage 1:

1. Kasse, Bank

2. Verbindlichkeiten, Darlehen

3. Waren, Verbindlichkeiten

4. Verbindlichkeiten, Bank

Frage 2:

1. Kasse   + 1.500,–
   Bank   − 1.500,–

2. Verbindl. − 2.000,–
   Darlehen + 2.000,–

3. Waren   + 4.000,–
   Verbindl. + 4.000,–

4. Verbindl. − 3.200,–
   Bank   − 3.200,–

Frage 3:

Soll	Haben
1. Kasse	Bank
2. Verbindl.	Darlehen
3. Waren	Verbindl.
4. Verbindl.	Bank

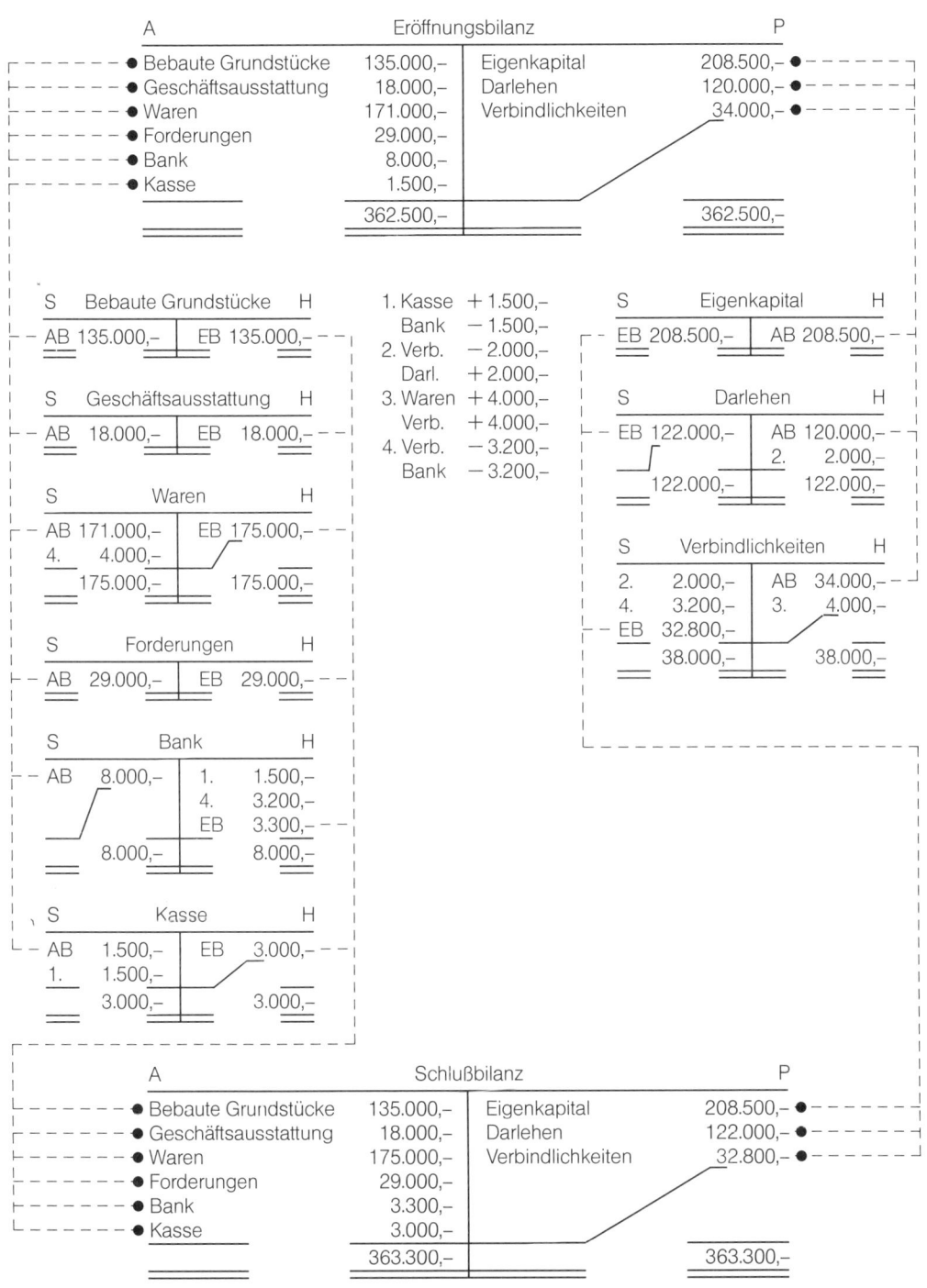

Entsprechend dem Wesen der doppelten Buchführung führte jeder Geschäftsfall zu einer Buchung im Soll eines Kontos und im Haben eines anderen Kontos. Gibt man zuerst das Konto an, bei dem im Soll gebucht wird, und dann das Konto, bei dem im Haben gebucht wird, und verbindet beide Konten mit dem Wörtchen „an", so erhält man einen **einfachen** Buchungssatz, der in der allgemeinen Form lautet:

> SOLL an HABEN

Für die Ausgangsfälle lauten damit die Buchungen in der Form von Buchungssätzen:

BEISPIEL 5

1. Kasse   an Bank   1.500,–
2. Verbindlichkeiten an Darlehen   2.000,–
3. Waren   an Verbindlichkeiten 4.000,–
4. Verbindlichkeiten an Bank   3.200,–

Bei **zusammengesetzten** Buchungssätzen werden mehr als zwei Konten berührt:

BEISPIEL 6

Wareneinkauf bar 6.000,– und auf Ziel 20.000,–
Buchung: Waren 26.000,– an Kasse   6.000,–
                                    Verbindlichkeiten 20.000,–

In allen möglichen Fällen gilt jedoch die Bedingung:

$$\frac{\text{Summe der}}{\text{Sollbuchungen}} = \frac{\text{Summe der}}{\text{Habenbuchungen}}$$

10.700,– DM = 10.700,– DM
(Zahlen aus Beispiel 5)

ÜBERBLICK

Auswirkung der Geschäftsfälle (Bestandsvorgänge) auf die Bilanz:

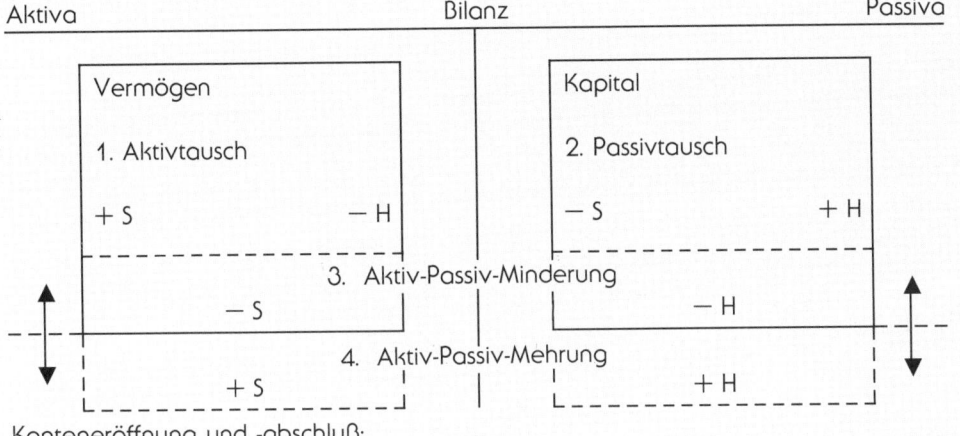

Konteneröffnung und -abschluß:

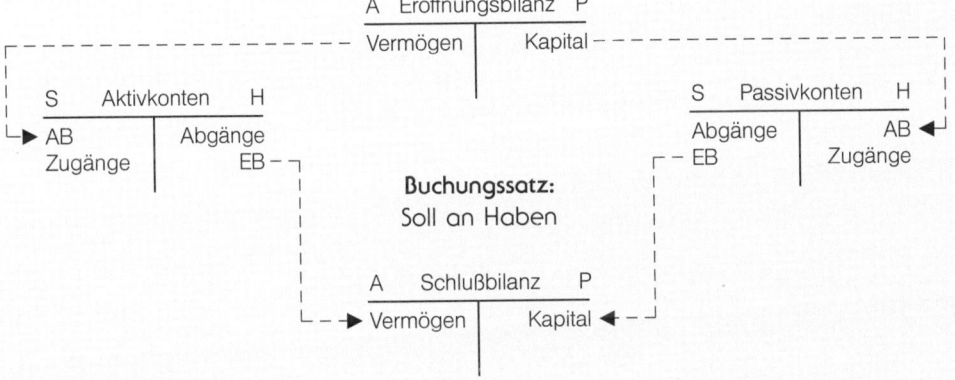

Bilanz: Zweiseitige Rechnung über Vermögen und Kapital an einem bestimmten Stichtag.

Konto: Zweiseitige Rechnung zur Erfassung von Geschäftsfällen im Geschäftsjahr.

AUFGABEN

7. Ordnen Sie zu: AB Passivkonten
   ZG Aktivkonten
   AG Aktivkonten
   EB Passivkonten
   AG Passivkonten
   AB Aktivkonten
   EB Aktivkonten
   ZG Passivkonten

   Soll | Haben

8. Suchen Sie auf Konten.
   a) Barabhebung vom Postgirokonto 2.000,– DM
   b) Tilgung eines Darlehens durch Banküberweisung 5.000,– DM
   c) Kauf einer Schreibmaschine bar 3.000,– DM
   d) Warenverkauf auf Ziel 8.000,– DM
   e) Kunde zahlt durch Banküberweisung 15.000,– DM

9. Bilden Sie die Buchungssätze für die folgenden Geschäftsfälle.
   a) Eröffnung eines Bankkontos durch Bareinzahlung ___ an ___
   b) Aufnahme eines Darlehens bei der Bank ___ an ___
   c) Wareneinkauf auf Ziel ___ an ___
   d) Zahlung der Liefererschulden bar und durch Banküberweisung ___ an ___
   e) Umwandlung einer Liefererschuld in ein Darlehen ___ an ___
   f) Bareinlage des Inhabers ___ an ___

10. Welche Geschäftsfälle liegen den folgenden Buchungssätzen zugrunde?
    a) Forderungen an Waren
    b) Darlehen an Bank
    c) Waren an Verbindlichkeiten
    d) Geschäftsausstattung an Bank
    e) Bank an Eigenkapital
    f) Kasse an Forderungen
    g) Darlehen an Postgiro

ERFOLGSKONTEN UND DEREN ABSCHLUSS

Allen bisherigen Geschäftsfällen war gemeinsam, daß der Mehrung oder Minderung eines Vermögenspostens die Minderung oder Mehrung eines anderen Vermögenspostens oder die Mehrung oder Minderung einer Schuld gegenübersteht. Einer **einseitigen** Vermögensminderung steht dagegen weder die Mehrung eines anderen Vermögenswertes noch die Minderung einer Schuld gegenüber, z. B. Gehaltszahlung durch Banküberweisung 6.000,– DM.

Solche Ausgaben schmälern das **Eigenkapital** des Unternehmens, man nennt sie **Aufwendungen.**

Buchung: Eigenkapital an Bank 6.000,–

Einseitigen Vermögensmehrungen steht weder die Minderung eines anderen Vermögenswertes noch die Mehrung einer Schuld gegenüber, z. B. Zinsgutschrift durch die Bank 2.000,–.

Diese Einnahmen erhöhen das **Eigenkapital** des Unternehmens, man nennt sie **Erträge.**

Buchung: Bank an Eigenkapital 2.000,–

Aufwendungen und Erträge bewirken keine Umschichtung von Bilanzpositionen wie bei den **Bestandsvorgängen,** sondern sie verändern unmittelbar das Eigenkapital, es handelt sich um **Erfolgsvorgänge.**

Erfolgsvorgänge

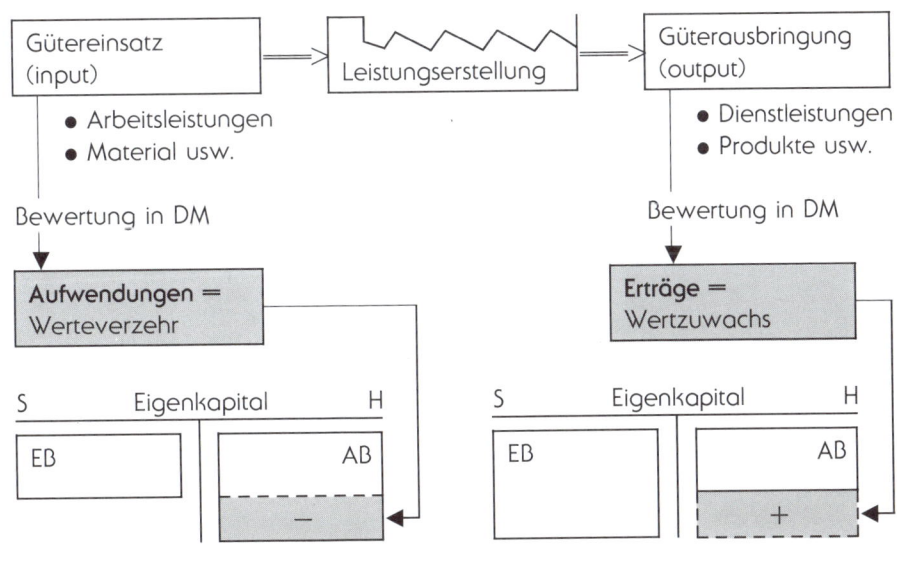

Eigenkapital **sinkt!**   Eigenkapital **steigt!**

Die Differenz aus Erträgen und Aufwendungen ist entweder der **Gewinn** oder der **Verlust** des Unternehmens:

> Erträge > Aufwendungen → Gewinn
> Erträge < Aufwendungen → Verlust

Um das Konto „Eigenkapital" nicht unübersichtlich werden zu lassen, bucht man die verschiedenartigen Aufwendungen und Erträge jeweils auf besonderen Konten, die am Jahresende über das Konto **„Gewinn und Verlust"** abzuschließen sind. Da dies ein Unterkonto des Kontos Eigenkapital ist, wird sein Saldo (Gewinn oder Verlust) auf das Eigenkapitalkonto übertragen.

BEISPIEL 7

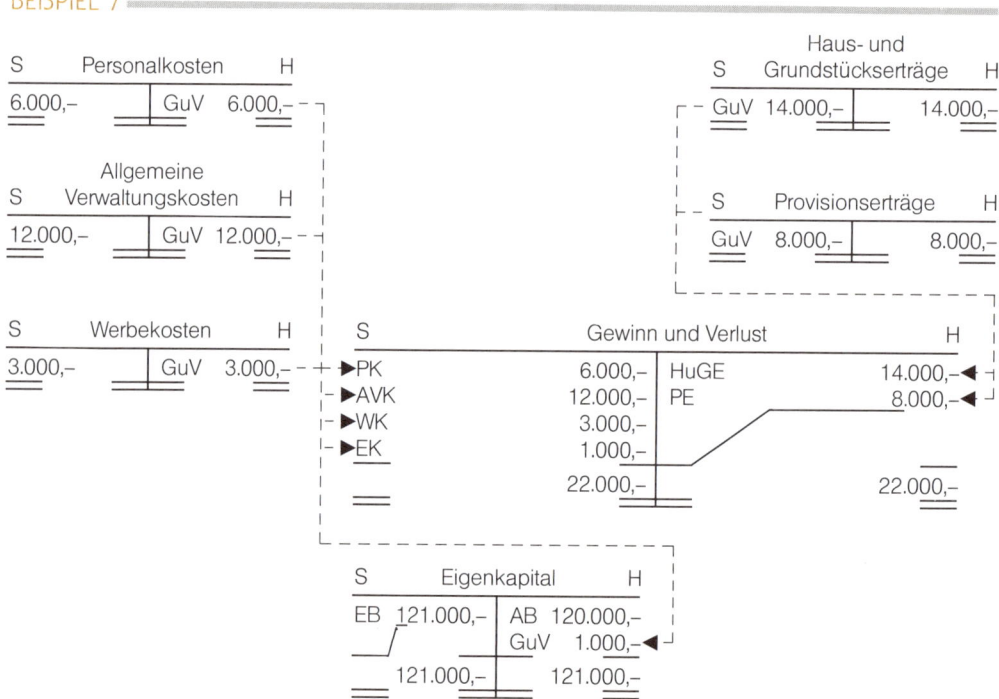

Aus dem Beispiel sind noch einmal die beiden Möglichkeiten, den Erfolg des Unternehmens festzustellen, ersichtlich (doppelte Buchführung).

Eigenkapital Ende des Jahres	121.000,–	Erträge	22.000,–
— Eigenkapital Anfang des Jahres	120.000,–	— Aufwendungen	21.000,–
= Gewinn	1.000,–	= Gewinn	1.000,–

Vermögensvergleich nach § 4 Abs. 1 ESTG oder § 5 ESTG   Gewinn- und Verlustrechnung

ORGANISATION DER DOPPELTEN BUCHFÜHRUNG

Bisher wurden die Geschäftsfälle nach sachlichen Erwägungen unmittelbar auf den entsprechenden **Konten** auf der Grundlage von Belegen gebucht.

Eine **zeitliche** Ordnung ist dabei aber nicht möglich.

Die Buchung der Geschäftsfälle in zeitlicher Reihenfolge erfolgt im **Grundbuch.**

Dies aus den folgenden Gründen:

1. **Belegsicherung**

   Durch die zeitliche Erfassung aller Geschäftsfälle kann während der Aufbewahrungsfristen jederzeit der einzelne Geschäftsfall bis zum Beleg zurückverfolgt werden. Die grundbuchmäßige Erfassung hat damit **zeitnah** zu sein.

2. **Jederzeitige Abschlußmöglichkeit**

   Während der Aufbewahrungsfristen muß jederzeit ein Abschluß erstellt werden können, auch bezogen auf einen Stichtag in der Vergangenheit.

3. Jederzeitiger **Einblick** in den Bestand der Forderungen und Verbindlichkeiten.

   Unter Berücksichtigung der Bestandsvorgänge (Beispiel 4) sowie der Erfolgsvorgänge (Beispiel 7) kann das folgende Grundbuch erstellt werden (Erfolgsvorgänge werden über das Bankkonto abgewickelt).

Dabei ist zu berücksichtigen:

1. Es wird der Kontenrahmen des Großhandels zugrunde gelegt.

2. Es werden die Hilfskonten **„Eröffnungsbilanzkonto"** und **„Schlußbilanzkonto"** eingerichtet, um formal zu erreichen, daß auch bei der Konteneröffnung und dem Kontenabschluß das Prinzip der Doppik (Buchung im Soll und im Haben) gewahrt werden kann.

   Ist z. B. das aktive Bestandskonto „Bank" mit einem Bestand von 5.400,– DM zu eröffnen, so ergibt sich die Eröffnungsbuchung:

   > Bank an Eröffnungsbilanzkonto 5.400,–

   In gleicher Weise wird beim Kontenabschluß etwa mit einem Endbestand von 6.700,– DM verfahren, wobei sich folgende Abschlußbuchung ergibt:

   > Schlußbilanzkonto an Bank 6.700,–

Bei passiven Bestandskonten erfolgen die entsprechenden Buchungen im Sinne des Prinzips der Doppik. Zu beachten ist dabei, daß die Hilfskonten „EBK" und „SBK" nicht mit der Eröffnungsbilanz und Schlußbilanz zu verwechseln sind.

Journal			Monat: _____		Seite: _____	
			Buchungen		Beträge	
Tag	Beleg	Buchungstext	Soll	Haben	Soll	Haben
02.	SB 1	**Eröffnungsbuchungen**				
		Bebaute Grundstücke	00	940	135.000,–	135.000,–
		Geschäftsausstattung	03	940	18.000,–	18.000,–
		Waren	30	940	171.000,–	171.000,–
		Forderungen	10	940	29.000,–	29.000,–
		Bank	13	940	8.000,–	8.000,–
		Kasse	15	940	1.500,–	1.500,–
		Eigenkapital	940	08	208.500,–	208.500,–
		Darlehen	940	07	120.000,–	120.000,–
		Verbindlichkeiten	940	17	34.000,–	34.000,–
		Laufende Buchungen				
04.	BA 1	Barabhebung Bankkonto	15	13	1.500,–	1.500,–
08.	SB 2	Umwandlung Liefererschuld in Darlehen	17	07	2.000,–	2.000,–
16.	ER 1	Zielkauf Müller OHG Frankfurt	30	17	4.000,–	4.000,–
20.	BA 2	Überweisung Verbindlichkeiten	17	13	3.200,–	3.200,–
26.	BA 3	Überweisung Gehälter	50	13	6.000,–	6.000,–
		Allgemeine Verwaltungskosten	58	13	12.000,–	12.000,–
		Kosten für Werbung und Reise	54	13	3.000,–	3.000,–
29.	BA 4	Bankeingang Haus- und Grundstückserträge	13	29	14.000,–	14.000,–
		Provisionserträge	13	86	8.000,–	8.000,–
31.	SB 3	**Abschlußbuchungen**				
		Gehälter	93	50	6.000,–	6.000,–
		Allgemeine Verwaltungskosten	93	58	12.000,–	12.000,–
		Kosten für Werbung und Reise	93	54	3.000,–	3.000,–
		Haus- und Grundstückserträge	29	93	14.000,–	14.000,–
		Provisionserträge	86	93	8.000,–	8.000,–
		Übertrag Reingewinn	93	08	1.000,–	1.000,–
		Bebaute Grundstücke	941	00	135.000,–	135.000,–
		Geschäftsausstattung	941	03	18.000,–	18.000,–
		Waren	941	30	175.000,–	175.000,–
		Forderungen	941	10	29.000,–	29.000,–
		Kasse	941	15	3.000,–	3.000,–
		Eigenkapital	08	941	209.500,–	209.500,–
		Darlehen	07	941	122.000,–	122.000,–
		Verbindlichkeiten	17	941	32.800,–	32.800,–
		Bank	13	941	17.700,–	17.700,–
					1.564.700,–	1.564.700,–

Da das **Grundbuch** in chronologischer Reihenfolge geführt wird, ist daraus der Stand des Vermögens und der Schulden nicht zu ersehen. Dazu ist es notwendig, die Buchungen **sachlich** zu ordnen und auf die entsprechenden Sachkonten zu übertragen.

Zu diesem Zweck wird ein **Hauptbuch** eingerichtet. Es enthält alle Konten, vom Eröffnungsbilanzkonto bis zum Schlußbilanzkonto (Bestands- und Erfolgskonten). Die grundbuchmäßigen Aufzeichnungen werden den Hauptbucheintragungen zugrunde gelegt:

BEISPIEL 9

S	940 EBK		H
Eigenkapital	208.500,–	Bebaute Grundstücke	135.000,–
Darlehen	120.000,–	Geschäftsausstattung	18.000,–
Verbindlichkeiten	34.000,–	Waren	171.000,–
		Forderungen	29.000,–
		Bank	8.000,–
		Kasse	1.500,–
	362.500,–		362.500,–

S	00 Bebaute Grundstücke		H
940	135.000,–	941	135.000,–

S	03 Geschäftsausstattung		H
940	18.000,–	941	18.000,–

S	30 Waren		H
940	171.000,–	941	175.000,–
17	4.000,–		
	175.000,–		175.000,–

S	10 Forderungen		H
940	29.000,–	941	29.000

S	13 Bank		H
940	8.000,–	15	1.500,–
29,		17	3.200,–
86	22.000,–	50,	
		54,	
		58	21.000,–
		941	4.300,–
	30.000,–		30.000,–

S	15 Kasse		H
940	1.500,–	941	3.000,–
13	1.500,–		
	3.000,–		3.000,–

S	50 Gehälter		H
13	6.000,–	93	6.000,–

S	58 Allgemeine Verwaltungskosten		H
13	12.000,–	93	12.000,–

S	54 Kosten für Werbung und Reise		H
13	3.000,–	93	3.000,–

S	29 Haus- und Grundstückserträge		H
93	14.000,–	13	14.000,–

S	86 Provisionserträge		H
93	8.000,–	13	8.000,–

S	08 Eigenkapital		H
941	209.500,–	940	208.500,–
		93	1.000,–
	209.500,–		209.500,–

S	07 Darlehen		H
941	122.000,–	940	120.000,–
		17	2.000,–
	122.000,–		122.000,–

S	17 Verbindlichkeiten		H
07	2.000,–	940	34.000,–
13	3.200,–	30	4.000,–
941	32.800,–		
	38.000,–		38.000,–

S		93 GuV		H
Gehälter	6.000,–	Haus- und Grundstückserträge		14.000,–
Allgemeine Verwaltungskosten	12.000,–	Provisionserträge		8.000,–
Kosten für Werbung und Reise	3.000,–			
EK	1.000,–			
	22.000,–			22.000,–

S		941 SBK		H
Bebaute Grundstücke	135.000,–	Eigenkapital		209.500,–
Geschäftsausstattung	18.000,–	Darlehen		122.000,–
Waren	175.000,–	Verbindlichkeiten		32.800,–
Forderungen	29.000,–			
Bank	4.300,–			
Kasse	3.000,–			
	364.300,–			364.300,–

Beachten Sie!

Vor den Beträgen steht auf den Konten nicht mehr die Nummer des laufenden Geschäftsfalles, sondern das jeweilige Gegenkonto (Gegenbuchung!).

Zur näheren Erläuterung bestimmter Hauptbuchkonten werden **Nebenbücher** geführt.

So sagen die Hauptbuchkonten Forderungen und Verbindlichkeiten nichts darüber aus, wie hoch die Forderungen oder Schulden gegenüber **einzelnen** Kunden oder Lieferanten sind und wann sie fällig werden. Um eine Terminüberwachung sowie das Mahn- und Klagewesen zu ermöglichen, ist damit jeweils ein besonderes Konto, ein **Kontokorrentkonto** zu führen, etwa in der Form einer Kartei.

Kunde: Heinrich Krause, Frankfurt/Main				Kto. 10/4711			
Datum	Beleg	Journalseite		Text	Soll	Haben	Saldo

Ein Kontokorrentbuch kann das Hauptbuchkonto nicht ersetzen. Es wird gewöhnlich außerhalb des Kontensystems ohne Gegenbuchungen geführt.

Beim Abschluß sind die Salden der Hauptbuchkonten Forderungen und Verbindlichkeiten mit den Personenkonten des Kontokorrents mittels Saldenlisten abzustimmen.

Dabei gilt:

Saldo des Kundensachkontos Forderungen	=	Summe der Salden aller Kundenpersonenkonten
Saldo des Lieferantensachkontos Verbindlichkeiten	=	Summe der Salden aller Lieferantenpersonenkonten

Durch die Führung eines **Lagerbuches** kann jederzeit der Lagerbestand ohne zeitraubende Inventur ermittelt werden (= permanente Inventur).

Wechselbücher (Besitz- und Schuldwechselbuch) ermöglichen eine bessere Kontrolle über den Wechselzahlungsverkehr, und eine **Anlagenkartei** dient dazu, Zu- und Abgänge von Einzelgegenständen aller Anlagengruppen zu erfassen und Abschreibungen richtig zu ermitteln, da die Anlagekonten des Hauptbuches ebenfalls als Sammelkonten geführt werden.

Bei der **Offene-Posten-Buchhaltung** werden keine Konten geführt, da die Belege selbst Buchungsträger sind. Sie ist zugelassen für die grundbuchmäßigen Aufzeichnungen des Geschäftsverkehrs mit Kunden und Lieferanten sowie das Kontokorrentkonto. Dabei werden Rechnungsdurchschriften grundbuchmäßig zeitlich abgelegt und andere bis zur Zahlung aufbewahrt, so daß jederzeit die Forderungen oder Schulden gegenüber einzelnen Geschäftsfreunden ersichtlich gemacht werden können.

Die Summe der offenen Posten ist mit dem Saldo der Hauptbuchkonten abzustimmen.

In einem **Bilanzbuch** werden Eröffnungsbilanz und Schlußbilanz dargestellt, wobei die Werte durch Inventur ermittelt werden. Die Schlußbilanz des alten Geschäftsjahres ist gleichzeitig die Eröffnungsbilanz des neuen Geschäftsjahres.

BEISPIEL 10 (ZAHLEN AUS BEISPIEL 9)

A	Eröffnungsbilanz		P
Bebaute Grundstücke	135.000,–	EK	135.000,–
Geschäftsausstattung	18.000,–	Darlehen	120.000,–
Waren	171.000,–	Verbindlichkeiten	34.000,–
Forderungen	29.000,–		
Bank	8.000,–		
Kasse	1.500,–		
	362.500,–		362.500,–

A	Schlußbilanz		P
Bebaute Grundstücke	135.000,–	EK	209.500,–
Geschäftsausstattung	18.000,–	Darlehen	122.000,–
Waren	175.000,–	Verbindlichkeiten	32.800,–
Forderungen	29.000,–		
Bank	4.300,–		
Kasse	3.000,–		
	364.300,–		364.300,–

ÜBERBLICK

Erfolgsvorgänge:

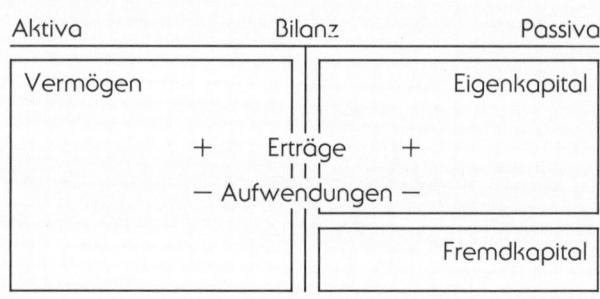

	Aktiva	Bilanz	Passiva
Vermögen			Eigenkapital
	+	Erträge +	
		‖‖	
	−	Aufwendungen −	
			Fremdkapital

Organisation der Buchführung:

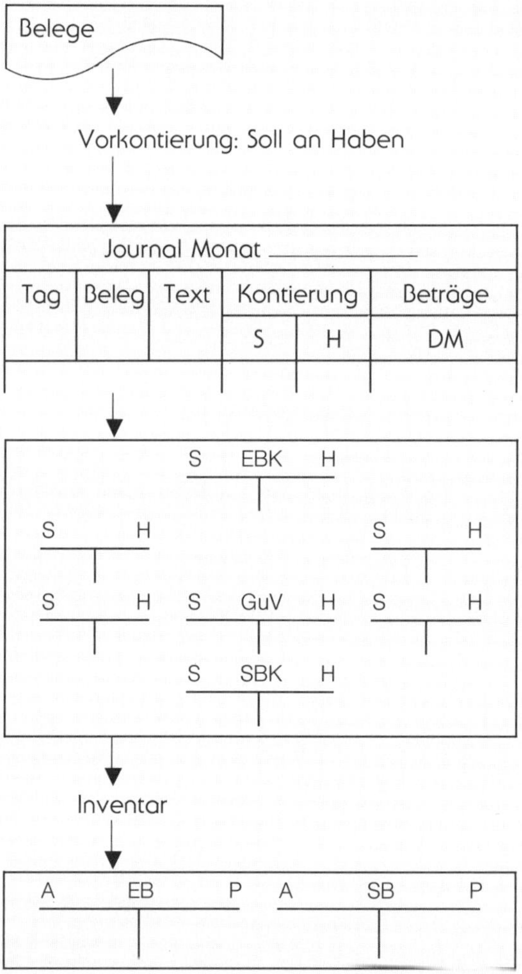

```
        ┌─────────────┐
        │ Belege      │
        └─────────────┘
              │
              ▼
   Vorkontierung: Soll an Haben
              │
              ▼
```

Journal Monat _____				
Tag	Beleg	Text	Kontierung	Beträge
			S H	DM

- Belegzwang, **keine Buchung ohne Beleg**

- Bildung der Buchungssätze

- Zeitliche Ordnung der Geschäftsfälle **(Grundbuch)**

Nebenbücher:
- Kontokorrent
- Lagerbuch
- Wechselbücher
- Anlagenkartei

```
            S   EBK   H

   S   H                 S   H


   S   H    S   GuV   H   S   H

            S   SBK   H
```

- Sachliche Ordnung der Geschäftsfälle **(Hauptbuch)**

```
              │
              ▼
          Inventar
              │
              ▼
```

```
   A    EB    P    A    SB    P
```

- Bilanzbuch

AUFGABEN

11. Ordnen Sie zu:

	Bestandsvorgänge	Erfolgsvorgänge
a) Mietzahlung bar		
b) Barabhebung vom Bankkonto		
c) Kunde zahlt durch Banküberweisung		
d) Zinsbelastung durch die Bank		
e) Wareneinkauf auf Ziel		
f) Zahlung der Liefererschulden		
g) Banküberweisung der Gewerbesteuer		
h) Kauf von Büromaterial		

12. Bilden Sie die Buchungssätze, führen Sie die Erfolgskonten (ohne Gegenkonten) und schließen Sie diese über GuV-Konto ab.

a) Bankgutschrift für erhaltene Provisionen	6.000,– DM
b) Barzahlung für Werbedrucksachen	4.000,– DM
c) Zinsgutschrift auf Bankkonto	3.000,– DM
d) Kauf von Büromaterial bar	1.000,– DM
e) Bankgutschrift für Mieteinnahmen	500,– DM

13. Nach den folgenden Angaben sind Grundbuch, Hauptbuch und Bilanzbuch zu erstellen!

Anfangsbestände:		
	bebaute Grundstücke	120.000,– DM
	Geschäftsausstattung	85.000,– DM
	Forderungen	134.000,– DM
	Bank	16.000,– DM
	Kasse	31.000,– DM
	Darlehen	210.000,– DM
	Verbindlichkeiten	96.000,– DM

Geschäftsfälle:

a) Wareneinkauf auf Ziel	6.500,– DM
b) Banküberweisung eines Kunden	13.000,– DM
c) Banküberweisung der Miete	9.000,– DM
d) Zinsgutschrift durch die Bank	14.000,– DM
e) Tilgung des Darlehens durch Banküberweisung	8.000,– DM
f) Barkauf eines Aktenschrankes	2.500,– DM
g) Einrichtung eines Postgirokontos durch Bareinzahlung	800,– DM
h) Banküberweisung der Gehälter	1.200,– DM
i) Barabhebung vom Bankkonto	1.000,– DM
j) Zahlung an den Lieferer durch Banküberweisung	4.300,– DM

2. Kapitel

Die Buchführung des Großhandels

Kontenrahmen des Großhandels

Um den vielfältigen Anforderungen zu genügen, die an die Geschäftsbuchhaltung gestellt werden, sind alle Buchführungsunterlagen unabhängig vom Geschäftszweig nach einheitlichen Grundsätzen zu verarbeiten.
Dazu gehören einheitliche Bezeichnungen und Kontenabgrenzungen, wie sie

Kontenrahmen für den Großhandel

Kontenklasse 0	Kontenklasse 1	Kontenklasse 2	Kontenklasse 3
Anlage- und Kapitalkonten	Finanzkonten	Abgrenzungskonten	Wareneinkaufskonten Warenbestandskonten
00 Ausstehende Einlagen	10 Forderungen	20 Außerordentliche und sonstige Aufwendungen	30 Warengruppe I
01 Immaterielle Vermögensgegenstände (z. B. Firmenwert)	101 Forderungen a. LL	201 Außerordentliche Aufwendungen i. S. § 277 HGB	301 Wareneingang
02 Grundstücke und Gebäude	102 Zweifelhafte Forderungen	202 Betriebsfremde Aufwendungen	302 Warenbezugskosten
021 Grundstücke	103 Nachnahmeforderungen	203 Periodenfremde Aufwendungen	303 Leihemballagen
023 Gebäude	11 Sonstige Vermögensgegenstände	204 Verluste aus dem Abgang von AV	305 Rücksendungen an Lieferer
03 Anlagen, Maschinen, Betriebs- und Geschäftsausstattung	113 Sonstige Forderungen	205 Verluste aus dem Abgang von UV (außer Vorräte)	306 Nachlässe von Lieferern
031 Technische Anlagen und Maschinen	114 Geleistete Anzahlung	206 Sonstige Aufwendungen	307 Liefererboni
033 Betriebs- und Geschäftsausstattung	115 Forderungen an Gesellschafter	207 Spenden (bei Kapitalgesellschaften)	308 Liefererskonti
034 Fuhrpark	116 Forderungen an Mitarbeiter	21 Zinsen und ähnliche Aufwendungen	31 Warengruppe II
035 Geleistete Anzahlungen	12 Wertpapiere des Umlaufvermögens	211 Zinsaufwendungen	311 Wareneingang
036 Anlagen im Bau	13 Banken	213 Diskontaufwendungen	312 Warenbezugskosten
037 Geringwertige Wirtschaftsgüter	131 Kreditinstitute (= Bank)	214 Zinsähnliche Aufwendungen	313 Leihemballagen
04 Finanzanlagen	132 Postgiroamt	215 Aufwendungen aus Kursdifferenzen	315 Rücksendungen an Lieferer
043 Beteiligungen	14 Vorsteuer	22 Steuern vom Einkommen und Vermögensteuer	316 Nachlässe von Lieferern
045 Wertpapiere des Anlagevermögens	141 Vorsteuer (14%)	221 Körperschaftsteuer	317 Liefererboni
046 Sonstige Ausleihungen (Darlehen)	142 Vorsteuer (7%)	223 Kapitalertragsteuer	318 Liefererskonti
05 Wertberichtigungen	143 Einfuhrumsatzsteuer	224 Vermögensteuer (bei Kapitalgesellschaften)	32 Warengruppe III
051 Wertberichtigungen bei Sachanlagen	15 Zahlungsmittel	225 Steuernachzahlungen für frühere Jahre	33 Warengruppe IV
052 Wertberichtigungen bei Forderungen	151 Kasse	23 Forderungsverluste	34 Warengruppe V
0521 Einzelwertberichtigungen	152 Schecks	231 Abschreibungen auf Forderungen (übliche Höhe)	35 Warengruppe VI
0522 Pauschalwertberichtigungen	153 Wechselforderungen (Besitzwechsel)	232 Außergewöhnliche Abschreibungen auf Forderungen	39 Warenbestände
06 Eigenkapital	154 Protestwechsel	233 Zuführungen zu Einzelwertberichtigungen	391 Warengruppe I
061 Gezeichnetes Kapital oder Eigenkapital	16 Privatkonten	234 Zuführungen zu Pauschalwertberichtigungen	392 Warengruppe II
062 Kapitalrücklage	161 Privatentnahmen	24 Außerordentliche und sonstige Erträge	393 Warengruppe III
063 Gewinnrücklage	162 Privateinlagen	241 Außerordentliche Erträge i. S. § 277 HGB	394 Warengruppe IV
0631 Gesetzliche Rücklagen	17 Verbindlichkeiten	242 Betriebsfremde Erträge	395 Warengruppe V
0633 Satzungsgemäße Rücklagen	171 Verbindlichkeiten a. LL	2421 Mieterträge	396 Warengruppe VI
0634 Andere Gewinnrücklagen	175 Erhaltene Anzahlungen auf Bestellungen	243 Periodenfremde Erträge	
064 Gewinnvortrag, Verlustvortrag	176 Wechselverbindlichkeiten (Schuldwechsel)	25 Erträge aus Beteiligungen, Wertpapieren und Ausleihungen des Finanzlagevermögens	
065 Jahresüberschuß, Jahresfehlbetrag	18 Umsatzsteuer	251 Erträge aus Beteiligungen	
066 Bilanzgewinn, Bilanzverlust	181 Umsatzsteuer (14%)	252 Erträge aus Wertpapieren des AV	
067 Ergebnisverwendungskonto	182 Umsatzsteuer (7%)	26 Sonstige Zinsen und ähnliche Erträge	
07 Sonderposten mit Rücklageanteil und Rückstellungen	19 Sonstige Verbindlichkeiten	261 Zinserträge	
071 Sonderposten mit Rücklageanteil	191 Verbindlichkeiten aus Steuern	263 Diskonterträge	
072 Rückstellungen	192 Verbindlichkeiten gegenüber Sozialversicherung	264 Zinsähnliche Erträge	
0721 Rückstellungen für Pensionen	193 Verbindlichkeiten gegenüber Gesellschaftern	265 Erträge aus Kursdifferenzen	
0722 Steuerrückstellungen	194 Sonstige Verbindlichkeiten	27 Sonstige betriebliche Erträge	
0724 Sonstige Rückstellungen	195 Verbindlichkeiten aus Vermögensbildung	270 Erlöse aus Anlageabgängen	
08 Verbindlichkeiten	198 Zollverbindlichkeiten	271 Erträge a. d. Abgang von AV	
082 Verbindlichkeiten gegenüber Kreditinstituten (z. B. Darlehen)		272 Erträge aus dem Abgang von UV (außer Vorräte)	
09 Rechnungsabgrenzungsposten		273 Erträge aus Zuschreibungen	
091 Aktive Rechnungsabgrenzungsposten		274 Erträge aus abgeschriebenen Forderungen	
092 Disagio		275 Erträge aus der Auflösung von Wertberichtigungen zu Forderungen	
093 Passive Rechnungsabgrenzungsposten		2751 Auflösung von Einzelwertberichtigungen	
		2752 Auflösung von Pauschalwertberichtigungen	
		276 Erträge aus der Auflösung von Rückstellungen	
		277 Sonstige Erträge	
		278 Eigenverbrauch von Leistungen	
		279 Eigenverbrauch von Anlagegütern (Entnahmen)	
		28 Verrechnete kalkulatorische Kosten[2]	
		29 Abgrenzung innerhalb des Geschäftsjahres[2]	

[2] Kalkulatorische Kosten und innerperiodische Abgrenzungen werden in der Praxis nicht buchhalterisch, sondern stets tabellarisch in der Abgrenzungsrechnung der KLR berücksichtigt.

durch die **Kontenrahmen** für die einzelnen Wirtschaftszweige (Einzelhandel, Großhandel, Industrie, Banken) vorgegeben sind.

Aus ihnen kann sich der einzelne Betrieb den auf die besonderen Bedingungen
abgestellten betriebsindividuellen **Kontenplan** zusammenstellen.

Auch für den Großhandel mußte der Kontenrahmen den durch das Bilanzricht-
linien-Gesetz bedingten Änderungen angepaßt werden. In der vom „Bundesverband des Deutschen Groß- und Außenhandels e. V." herausgegebenen Neufassung sind insbesondere die Gliederungsvorschriften für den Jahresabschluß und
die Kontenbezeichnungen für Bilanz und GuV berücksichtigt.

Kontenklasse 4	Kontenklasse 5	Kontenklasse 6	Kontenklasse 7	Kontenklasse 8	Kontenklasse 9
Konten der Kostenarten	Konten der Kostenstellen[4]	Konten für Umsatzkostenverfahren[3]	frei	Warenverkaufskonten (Umsatzerlöse)	Abschlußkonten

40 Personalkosten
  401 Löhne
  402 Gehälter
  403 Aushilfslöhne
  404 Gesetzliche soziale Aufwendungen
  405 Freiwillige soziale Aufwendungen
  406 Aufwendungen für Altersversorgung
  407 Vermögenswirksame Leistungen
41 Mieten, Pachten, Leasing
42 Steuern, Beiträge, Versicherungen
  421 Gewerbesteuer
    4211 Gewerbeertragsteuer
    4212 Gewerbekapitalsteuer
  422 Kfz-Steuer
  423 Grundsteuer
  424 Sonstige Betriebssteuern
  426 Versicherungen
  427 Beiträge
  428 Gebühren und sonstige Abgaben
43 Energie, Betriebsstoffe
44 Werbe- und Reisekosten
45 Provisionen
46 Kosten der Warenabgabe
  461 Verpackungsmaterial
  462 Ausgangsfrachten
  463 Gewährleistungen
47 Betriebskosten, Instandhaltung
  471 Instandhaltung
  473 Sonstige Betriebskosten
48 Allgemeine Verwaltung
  481 Bürobedarf
  482 Porto, Telefon, Telefax
  483 Kosten der Datenverarbeitung
  484 Rechts- und Beratungskosten
  485 Personalbeschaffungskosten
  486 Kosten des Geldverkehrs
49 Abschreibungen
  491 Abschreibungen auf Sachanlagen
  493 Abschreibungen auf Finanzanlagen des AV
  494 Abschreibungen auf Wertpapiere des UV
	Für die Konten der Kostenstellen sind betriebs- und branchenbedingt unterschiedliche Aufteilungen möglich. Die nachfolgende Untergliederung nach Funktionen ist beispielhaft aufgeführt:
	– Einkauf
	– Lager
	– Vertrieb
	– Verwaltung
	– Fuhrpark
	– Be-/Verarbeitung
	
	[4] Anmerkung: Die Kostenstellenrechnung wird in der Praxis stets tabellarisch und nicht kontenmäßig durchgeführt. Die Kontenklasse 5 bleibt deshalb in der Regel frei.
		[3] Anmerkung: Diese Kontenklasse bleibt in der Regel frei, da Großhandelsunternehmen ihre GuV-Rechnung meist nach dem **Gesamtkostenverfahren** erstellen.		80 Warengruppe I
				  801 Warenverkauf
				  805 Rücksendungen
				  806 Nachlässe
				  807 Kundenboni
				  808 Kundenskonti
				81 Warengruppe II
				  811 Warenverkauf
				  815 Rücksendungen
				  816 Nachlässe
				  817 Kundenboni
				  818 Kundenskonti
				82 Warengruppe III
				83 Warengruppe IV
				84 Warengruppe V
				85 Warengruppe VI
				87 Sonstige Erlöse aus Warenverkäufen
				  871 Eigenverbrauch von Waren
				  872 Provisionserträge
					91 Eröffnungsbilanzkonto
					92 Warenabschlußkonto
					93 Gewinn- und Verlustkonto
					94 Schlußbilanzkonto

Wie alle Kontenrahmen gliedert auch der Großhandelskontenrahmen die Konten systematisch nach dem dekadischen System (0–9). Es werden 10 Kontenklassen eingeteilt, deren Reihenfolge dem Betriebsablauf im Großhandel entspricht (Prozeßgliederungsprinzip).

z. B.: Kontenklasse   3   Wareneinkaufskonten, Warenbestandskonten
       Kontengruppe   30   Warengruppe I
       Kontenart   301 Wareneingang

Kontenklasse 0: Anlage- und Kapitalkonten (Ruhende Konten)

Auf ihnen werden Vermögensteile und Schulden erfaßt, die langfristig dem Betriebszweck dienen. Durch die Kontengruppe „Eigenkapital" wird die Rechtsform des Unternehmens berücksichtigt.

Kontenklasse 1: Finanzkonten

Hierzu gehören die Konten des Geldverkehrs, des kurzfristigen Kreditverkehrs sowie die Privatkonten.

Kontenklasse 2: Abgrenzungskonten

Sie dienen der sachlichen Abgrenzung zwischen dem reinen Warengeschäft (Betriebszweck) und denjenigen Aufwendungen und Erträgen, die als betriebsfremd, außerordentlich oder periodenfremd angesehen werden müssen. Dadurch werden Betriebserfolg und Gesamterfolg getrennt.

Kontenklasse 3: Wareneinkaufs- und Warenbestandskonten

Sie erfassen Wareneingänge und -bestände auf getrennten Konten sowie sämtliche Unterkonten des Wareneingangskontos.

Kontenklasse 4: Konten der Kostenarten

Sie erfassen die durch den Zweck des Warenhandels bedingten, betriebsnotwendigen Aufwendungen (**Kosten**). Die Klasse 4 wird direkt über GuV abgeschlossen.

Kontenklasse 5: Konten der Kostenstellen

Für die betrieblichen Kostenstellen (z. B. Einkauf) könnten entsprechende Konten eingerichtet werden.

Kontenklasse 6: Konten für Umsatzkostenverfahren

Für Kapitalgesellschaften, die ihre GuV in der Form des Umsatzkostenverfahrens veröffentlichen.

Kontenklasse 7: frei

Kontenklasse 8: Warenverkaufskonten (Umsatzerlöse)

Sie erfaßt die betrieblichen Erträge nach Warengruppen entsprechend der Einteilung in der Klasse 3, Unterkonten für Erlösschmälerungen sowie den Eigenverbrauch von Waren.

Kontenklasse 9: Abschlußkonten

Warenkonten im Großhandel

Warenverkäufe sind **Erfolgsvorgänge,** unabhängig davon, ob sie über oder unter dem Einstandspreis erfolgen.
Auf der Basis der Kosten aus der Kontenklasse 4 kalkuliert der Kaufmann seinen Verkaufspreis wie folgt:

BEISPIEL 11

Einstandspreis (= Bezugspreis)	200,– DM
+ Handlungskostenzuschlag 25%	50,– DM
= Selbstkosten	250,– DM
+ Gewinnzuschlag 10%	25,– DM
= Verkaufspreis netto	275,– DM

oder bei einer vereinfachten Kalkulationsform mittels eines **Kalkulationszuschlages** auf Basis des Einstandspreises, in dem Handlungskosten und Gewinn zusammengefaßt werden:

Einstandspreis		200,– DM
+ Kalkulationszuschlag	37,5%	75,– DM
= Verkaufspreis		275,– DM

$$\text{Kalkulationszuschlag} = \frac{(\text{Verkaufspreis} - \text{Einstandspreis}) \times 100}{\text{Einstandspreis}}$$

Eine weitere Möglichkeit besteht in der Ermittlung des Verkaufspreises mittels eines **Kalkulationsfaktors:**

$$\text{Kalkulationsfaktor} = \frac{\text{Verkaufspreis}}{\text{Einstandspreis}}$$

In dem Beispiel wäre der Kalkulationsfaktor (Kf) 1,375. Den Verkaufspreis erhält man durch Multiplikation des Einstandspreises mit dem Kalkulationsfaktor.

$$\text{Verkaufspreis} = \text{Kf} \times \text{Einstandspreis}$$
$$275,- \text{DM} = 1,375 \times 200,-$$

WARENEINGANGS- UND WARENVERKAUFSKONTO

Da die Warenumsätze im Regelfall über, in Ausnahmefällen auch unter den Einstandspreisen erfolgen, lösen die Warenbewegungen **Bestands-** und **Erfolgsvorgänge** aus.

Somit ist eine Trennung vorzunehmen zwischen einem reinen Bestandskonto „39 Warenbestände" und den Erfolgskonten „301 Wareneingang" und „801 Warenverkauf".

BEISPIEL 12

Anfangsbestand an Waren: 150 Stück zum Einstandspreis von 200,– DM je Stück = 30.000,– DM
Einkäufe auf Ziel: 20 Stück zu je 200,– DM = 4.000,– DM
Verkäufe auf Ziel: 70 Stück zu je 275,– DM = 19.250,– DM

Das Konto „**Wareneingang**" erfaßt die Einkäufe im Geschäftsjahr, bewertet zu Einstandspreisen, das Konto „**Warenbestände**" den Anfangsbestand und das Konto „**Warenverkauf**" die Umsätze, bewertet zu Verkaufspreisen.

S	39 Warenbestände	H		S	801 Warenverkauf	H
EBK	30.000,–				Forderungen	19.250,–

S	301 Wareneingang	H
Verbindlich-keiten	4.000,–	

Buchungen:
301 Wareneingang an
17 Verbindlichkeiten 4.000,–
10 Forderungen an
801 Warenverkauf 19.250,–

ABSCHLUSS DER WARENKONTEN

Der Abschluß der Warenkonten kann in der folgenden Weise vorgenommen werden:
1. Ermittlung des Warenendbestandes durch Inventur und Bewertung zu Einstandspreisen.

Anfangsbestand 150 Stück
+ Zugänge   20 Stück
− Abgänge   70 Stück
= Schlußbestand 100 Stück zu je 200,– DM
= Inventurbestand 20.000,– DM

Der Inventurbestand wird auf dem Konto Warenbestände eingetragen.
Buchung: 94 Schlußbilanzkonto an 39 Warenbestände 20.000,– DM

2. In dem vorliegenden Geschäftsjahr wurden mehr Waren verkauft als eingekauft. Dadurch verringert sich der Lagerbestand um 50 Stück.

Endbestand < Anfangsbestand = Warenbestandsminderung d. h.

Einkaufsmenge < Verkaufsmenge

Unter Berücksichtigung dieser Bestandsveränderung kann der **Wareneinsatz**,
d. h. die verkaufte Ware, bewertet zu Einstandspreisen, ermittelt werden.

Dieser Wareneinsatz ist der für die Warenverkäufe **insgesamt** angefallene Aufwand, dessen Ermittlung und Verbuchung bei jedem **einzelnen** Verkauf
umständlich und unzweckmäßig wäre.

	Wareneingänge:	20 Stück zu je 200,– DM =	4.000,– DM
+	Bestandsminderung:	50 Stück zu je 200,– DM =	10.000,– DM
=	Wareneinsatz:	70 Stück zu je 200,– DM =	14.000,– DM
	Verkaufserlöse:	70 Stück zu je 275,– DM =	19.250,– DM
=	Rohgewinn		5.250,– DM

Um den Wareneinsatz buchhalterisch zu ermitteln, ist die Bestandsminderung
(= Saldo des Kontos Warenbestände) auf das Wareneingangskonto umzubuchen.

Buchung: 301 Wareneingang an 39 Warenbestände 10.000,–

3. Auf dem Wareneingangskonto ergibt sich aus dem Einkauf und dem Minderbestand der Wareneinsatz.

Da das Gewinn- und Verlustkonto alle, auch die mit den Warenverkäufen verbundenen Aufwendungen sammelt, wird der Wareneinsatz auf das GuV-
Konto ins Soll übertragen.

Buchung: 93 GuV an 301 Wareneingang 14.000,–

4. Auch der **Warenumsatz**, d. h. die verkaufte Ware zu Verkaufspreisen, ist dem
Wareneinsatz gegenüberzustellen. Dazu muß das Warenverkaufskonto als
Erfolgskonto ebenso über GuV abgeschlossen werden.

Buchung: 801 Warenverkauf an 93 GuV 19.250,–

5. Der Rohgewinn als Differenz aus den mit den Warenumsätzen verbundenen
Aufwendungen und Erträgen ist über das Konto 06 Eigenkapital auszubuchen.

Buchung: 93 GuV an 06 Eigenkapital 5.250,–

Mehrbestände sind in gleicher Weise zu behandeln und entsprechend auf der
jeweils anderen Kontenseite zu buchen:

> Wareneingänge – Bestandserhöhung = Wareneinsatz

BEISPIEL 13

Unter Verwendung der Zahlen aus Beispiel 12 ergibt sich folgendes Kontenbild:

S	39 Warenbestände		H
91	30.000,–	94	20.000,–
		301	10.000,–
	30.000,–		30.000,–

S	801 Warenverkauf		H
93	19.250,–	10	19.250,–

S	301 Wareneingang		H
17	4.000,–	93	14.000,–
39	10.000,–		
	14.000,–		14.000,–

S	93 GuV		H
301	14.000,–	801	19.250,–
06	5.250,–		
	19.250,–		19.250,–

BEISPIEL 14

Unterstellt man unter Verwendung der Zahlen aus Beispiel 13 lediglich Verkäufe auf Ziel von 15 Stück zu je 275,– DM, so ergibt sich unter Berücksichtigung eines Mehrbestandes von 5 Stück das folgende Kontenbild mit den entsprechenden Buchungen:

S	39 Warenbestände		H
91	30.000,–	94	31.000,–
301	1.000,–		
	31.000,–		31.000,–

S	801 Warenverkauf		H
93	4.125,–	10	4.125,–

S	301 Wareneingang		H
17	4.000,–	39	1.000,–
		93	3.000,–
	4.000,–		4.000,–

S	93 GuV		H
301	3.000,–	801	4.125,–

Aus einem Warenumsatz von 4.125,– DM sowie einem Wareneinsatz von 3.000,– DM ergibt sich ein Rohgewinn von 1.125,– DM auf dem GuV-Konto.

MEHRWERTSTEUER

Die Unterlagen der kaufmännischen Buchführung müssen auch den Aufzeichnungspflichten des Umsatzsteuergesetzes (UStG) genügen.

Danach unterliegen die folgenden Umsätze der Mehrwertsteuer (§1 Abs. 1 UStG):

1. Lieferungen und sonstige Leistungen, die ein Unternehmer im Inland gegen Entgelt im Rahmen seines Unternehmens ausführt;

2. der Eigenverbrauch, d. h. die Entnahme von Waren oder betrieblichen Gegenständen für **private** Zwecke (**Entnahmeeigenverbrauch**), sowie deren private Nutzung (**Verwendungseigenverbrauch**) und

3. Lieferungen und sonstige Leistungen, die Kapitalgesellschaften, Personengesellschaften und andere Vereinigungen im Rahmen ihres Unternehmens an Anteilseigner, Gesellschafter, Mitglieder oder diesen nahestehenden Personen ausführen, wenn die Empfänger kein Entgelt aufwenden:

4. die Einfuhr von Gegenständen in das Zollgebiet.

Auf jeder Produktions- oder Handelsstufe wird der Wert besteuert, der dem Produkt durch Weiterverarbeitung oder Weiterveräußerung zugeführt wird (**Mehrwert**). Er schließt Kosten und Gewinn ein und besteht beim Handelsbetrieb in der Differenz zwischen Einstandspreis (**Wareneinsatz**) und Verkaufspreis (**Warenumsatz**) der verkauften Waren.

Die Besteuerung des Mehrwerts erreicht man durch das Instrument des **Vorsteuerabzuges**, d. h. von der vom Nettowarenwert berechneten Steuerschuld (**Traglast**) wird die von den Vorlieferanten in Rechnung gestellte Mehrwertsteuer (**Vorsteuer**) abgesetzt.

Die sich ergebende **Zahllast** ist an das Finanzamt abzuführen oder am 31. 12. als Verbindlichkeit in die Bilanz einzustellen.

BEISPIEL 15

(es wird der zur Zeit gültige Mehrwertsteuersatz von 14% angenommen)

Stufen	Ausgangs-rechnungen	Trag-last 14% von ①	Eingangs-rechnungen	Vor-steuer 14% von ③	Mehr-wert	Zahl-last 14% von ⑤
	①	②	③	④	⑤	⑥
Vorstufe (Produktion)	4.000,– netto + 560,– MwSt 4.560,– brutto	560,–	–	–	4.000,–	560,–
Großhandel (40% Zuschlag)	5.600,– netto + 784,– MwSt 6.384,– brutto	784,–	4.000,– netto + 560,– MwSt 4.560,– brutto	560,–	1.600,–	224,–
Einzel-handel (50% Zuschlag)	8.400,– netto + 1.176,– MwSt 9.576,– brutto	1.176,–	5.600,– netto + 784,– MwSt 6.384,– brutto	784,–	2.800,–	392,–
Verbraucher	9.576,– brutto					
Steuerbelastung						1.176,–
						= 14% aus 8.400,–

Daraus ergibt sich das Wesen der Mehrwertsteuer als **indirekte** Steuer, d. h. Steuerschuldner und Steuerträger sind verschiedene Personen. Steuerschuldner ist jeweils der steuerpflichtige Unternehmer, Steuerträger ist derjenige, auf den die Steuerbelastung überwälzt wird, d. h. der Verbraucher.

Die Steuerschuld entsteht regelmäßig am Ende des Monats, in dem die Lieferung oder Leistung ausgeführt wird. Die Zahllast für den jeweiligen Voranmeldezeitraum (Monat, Vierteljahr) ist binnen 10 Tagen nach seinem Ablauf ans Finanzamt abzuführen.

Zur buchhalterischen Erfassung der Mehrwertsteuer sind zwei Bestandskonten einzurichten, die die Beziehungen des steuerpflichtigen Unternehmers zum Finanzamt wiedergeben.

Dabei ist die den Vorlieferanten gezahlte **Vorsteuer** als Forderung, die auf die Umsatzerlöse entfallende **Umsatzsteuer** als Verbindlichkeit anzusehen.

Entsprechend werden ein aktives Bestandskonto

141 Vorsteuer

und ein passives Bestandskonto

181 Umsatzsteuer

geführt.

Zur Ermittlung der Zahllast durch Vorsteuerabzug wird das Vorsteuerkonto über das Mehrwertsteuerkonto im Rahmen der vorbereitenden Abschlußbuchungen abgeschlossen.

Buchung: 181 Umsatzsteuer an 141 Vorsteuer

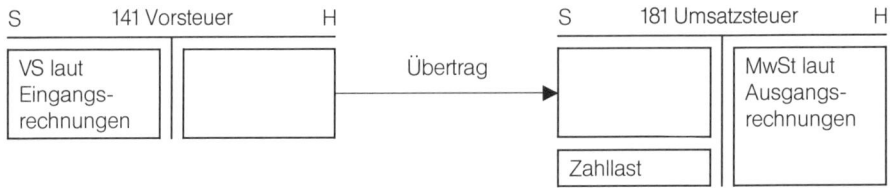

Ist die Vorsteuerforderung höher als die Mehrwertsteuerschuld, so ist mit gleicher Buchung das Umsatzsteuerkonto über das Vorsteuerkonto abzuschließen.

Die Zahllast wird entweder überwiesen oder zur Erstellung der Bilanz passiviert, ein Vorsteuerüberhang wird auf Antrag durch das Finanzamt rücküberwiesen.

Für den Großhandel ergeben sich unter Zugrundelegung der Zahlen aus Beispiel 15 die folgenden Buchungen. Dabei werden die Umsätze jeweils **netto** gebucht, d. h. die darauf entfallende Umsatzsteuer wird buchmäßig getrennt erfaßt (**Nettoverfahren**).

BEISPIEL 16

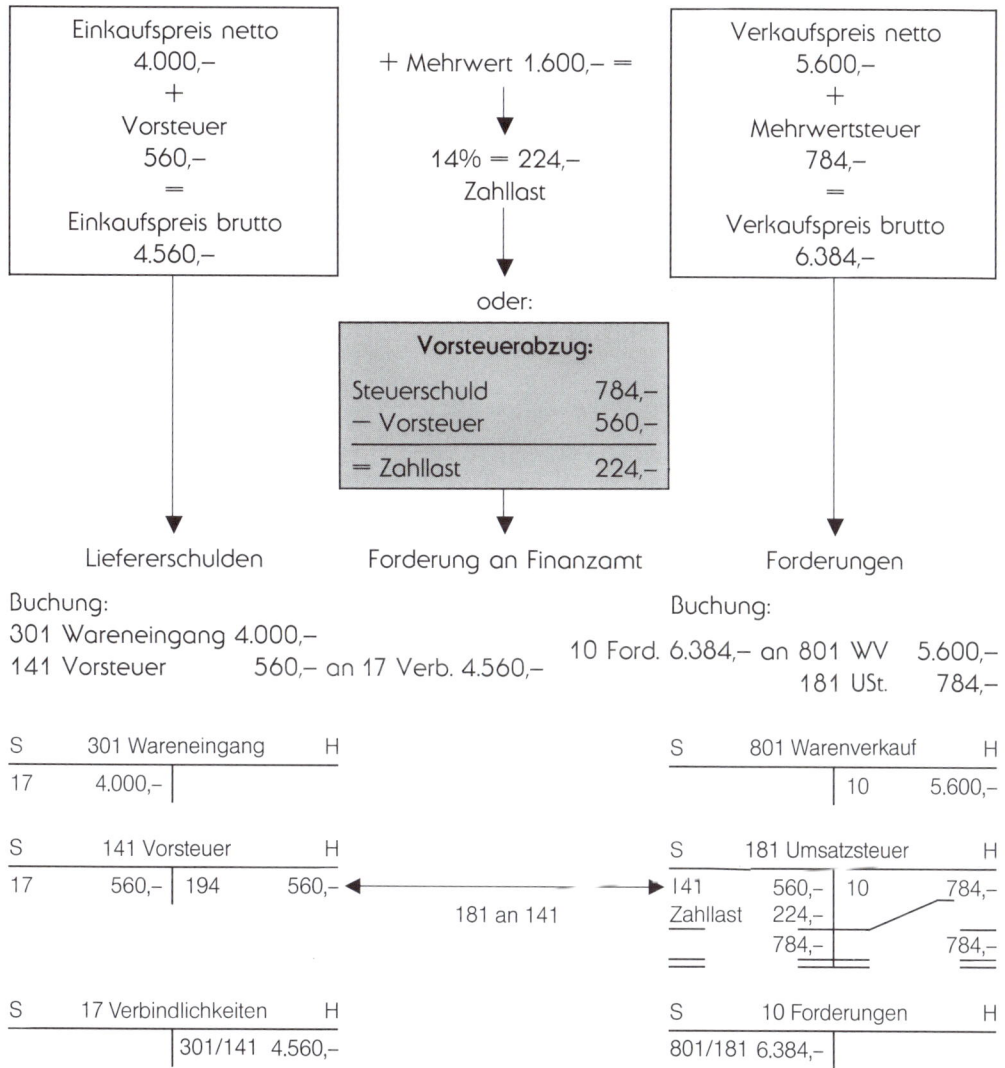

Einkaufspreis netto
4.000,–
+
Vorsteuer
560,–
=
Einkaufspreis brutto
4.560,–

+ Mehrwert 1.600,– =

14% = 224,–
Zahllast

oder:

Vorsteuerabzug:

Steuerschuld	784,–
− Vorsteuer	560,–
= Zahllast	224,–

Verkaufspreis netto
5.600,–
+
Mehrwertsteuer
784,–
=
Verkaufspreis brutto
6.384,–

Liefererschulden

Forderung an Finanzamt

Forderungen

Buchung:
301 Wareneingang 4.000,–
141 Vorsteuer   560,– an 17 Verb. 4.560,–

Buchung:
10 Ford. 6.384,– an 801 WV   5.600,–
                    181 USt.   784,–

S	301 Wareneingang	H
17	4.000,–	

S	801 Warenverkauf	H
		10 5.600,–

S	141 Vorsteuer	H
17	560,–	194 560,–

181 an 141

S	181 Umsatzsteuer	H
141	560,–	10 784,–
Zahllast	224,–	
	784,–	784,–

S	17 Verbindlichkeiten	H
	301/141 4.560,–	

S	10 Forderungen	H
801/181 6.384,–		

Beim **Bruttoverfahren** wird auf eine Einzelberichtigung der Steuer bei jedem Geschäftsfall verzichtet und die Umsätze jeweils brutto, einschließlich Steueranteil gebucht.
Am Ende eines jeden Voranmeldezeitraumes sind die Vor- bzw. Mehrwertsteueranteile aus den Warenkonten herauszuziehen.

S	301 Wareneingang		H		S	801 Warenverkauf		H
17	4.560,–	141	560,–		181	784,–	10	6.384,–

S	141 Vorsteuer		H		S	181 Umsatzsteuer		H
301	560,–						801	784,–

Buchungen: 141 Vorsteuer   an 301 Wareneingang 560,–
               801 Warenverkauf an 181 Umsatzsteuer   784,–

Dieses Verfahren ist angebracht bei Kleinbetragsrechnungen und im Einzelhandel, wenn die Umsatzsteuer nicht gesondert ausgewiesen werden muß, d.h. die Angabe des Bruttopreises mit dem Hinweis, wieviel Prozent Umsatzsteuer enthalten sind, genügt.

Mehrwertsteuer wird auch bei verschiedenen Aufwendungen sowie Käufen von Anlagegütern in Rechnung gestellt. Auch diese gezahlte Mehrwertsteuer kann, da dem Einkauf mehrwertsteuerpflichtige Umsätze gegenüberstehen, als Vorsteuer abgesetzt werden. Ein gesonderter Ausweis auf dem Konto Vorsteuer ist somit erforderlich.

Kauf von Büromaterial bar (120,– DM + 16,80 DM MwSt)

Buchung: 481 Bürobedarf   120,–
               141 Vorsteuer   16,80 an 151 Kasse   136,80

Kauf eines Aktenschrankes durch Banküberweisung (560,– DM + 78,40 DM MwSt)

Buchung: 037 GWG*   560,–
               141 Vorsteuer   78,40 an 131 Bank   638,40

Kauf eines Pkw durch Postüberweisung (10.000,– DM + 1.400,– DM MwSt)

Buchung: 034 Fuhrpark   10.000,–
               141 Vorsteuer   1.400,– an 132 Postgiro   11.400,–

*Geringwertige Wirtschaftsgüter

ÜBERBLICK

Abschluß der Warenkonten

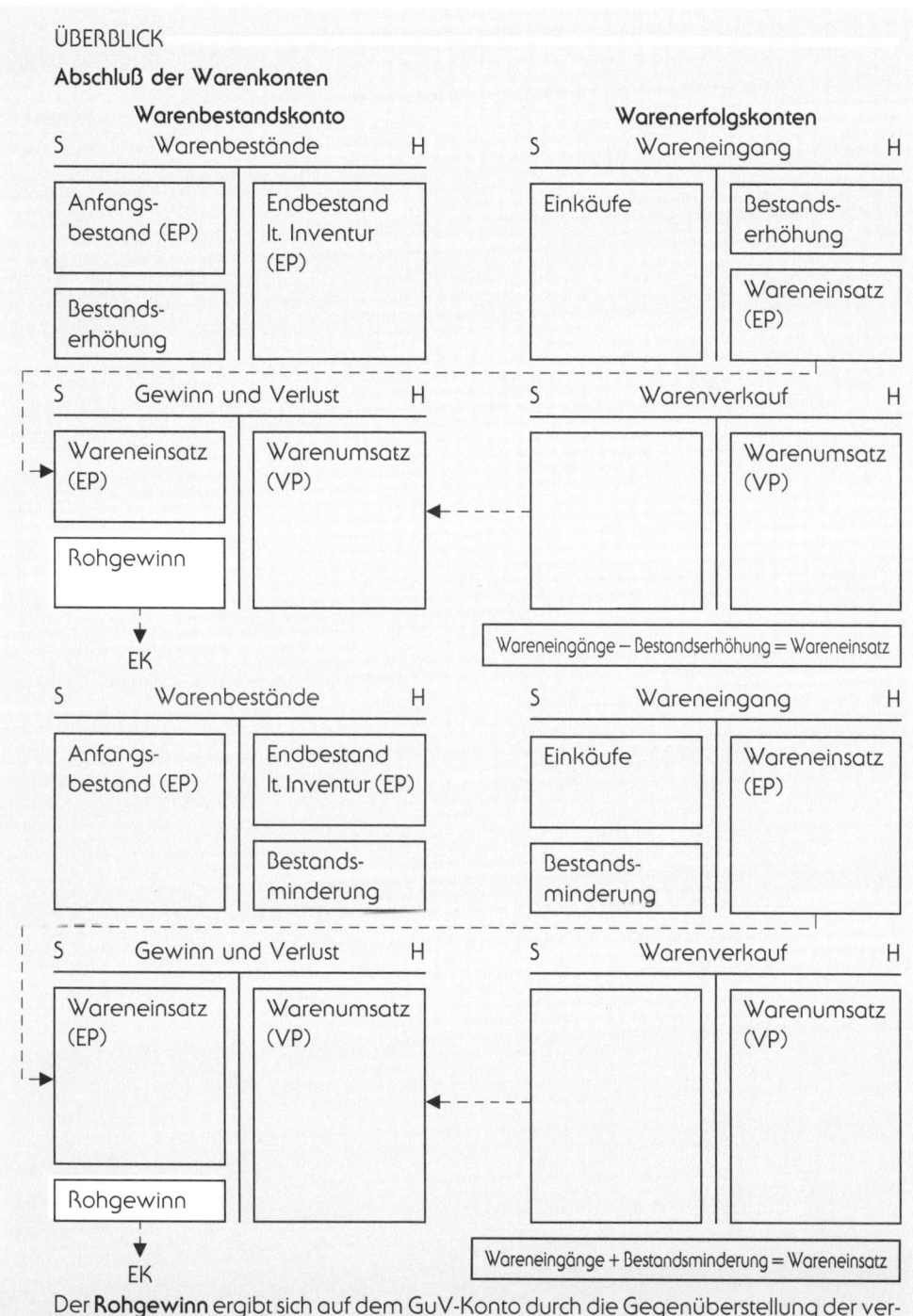

Der **Rohgewinn** ergibt sich auf dem GuV-Konto durch die Gegenüberstellung der verkauften Ware zu Einkaufs- und Verkaufspreisen, Wareneinsatz und Warenumsatz.

Abschluß der Umsatzsteuerkonten

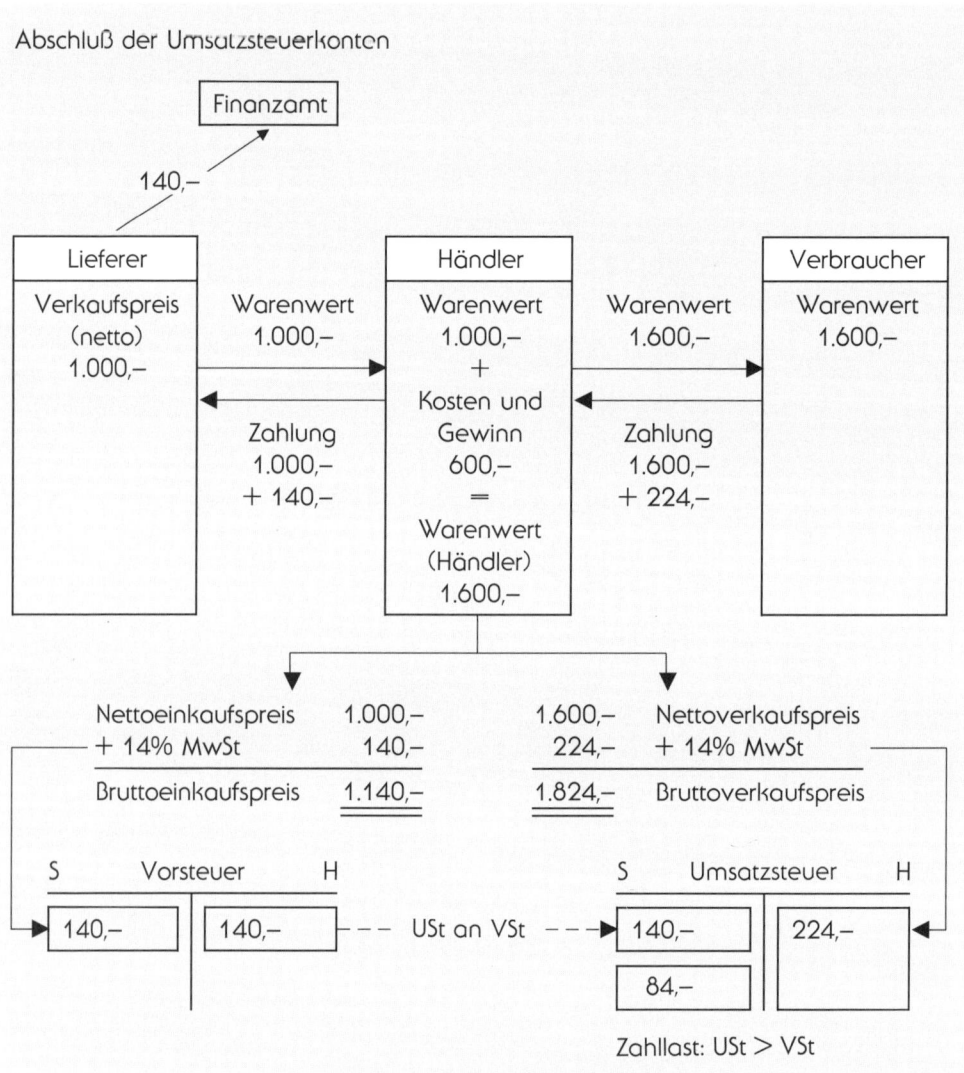

Die Zahllast entspricht 14% des Mehrwerts von 600,– DM.
Wenn MwSt < VSt, ergibt sich ein erstattungsfähiger Vorsteuerüberhang.

AUFGABEN

14. Buchen Sie auf den Konten 10 Forderungen, 17 Verbindlichkeiten, 301 Warenein-
    gang, 80 Warenverkauf, 141 Vorsteuer und 181 Umsatzsteuer und schließen Sie
    diese ab!
    a) Wareneinkauf auf Ziel   (6.000,– + 840,–)
    b) Warenverkauf auf Ziel   (9.000,– + 1.260,–)
    c) Wareneinkauf bar   (5.000,– + 700,–)
    d) Warenverkauf durch Banküberweisung   (6.500,– + 910,–)

15. Anfangsbestände: Geschäftsausstattung   40.000,– DM
                     Warenbestände   60.000,– DM
                     Forderungen   80.000,– DM
                     Kasse   20.000,– DM
                     Verbindlichkeiten   70.000,– DM
                     Bankschulden   30.000,– DM
                     Eigenkapital   ?

    Geschäftsfälle: a) Wareneinkauf auf Ziel   (4.000,– + 560,–)
                     b) Kunde zahlt durch Banküberweisung   6.000,–
                     c) Warenverkauf auf Ziel   (7.500,– + 1.050,–)
                     d) Warenverkauf durch Banküberweisung
                                                         (6.000,– + 840,–)
                     e) Barzahlung einer Lieferrechnung   3.200,–
                     f) Wareneinkauf bar   (2.000,– + 280,–)

    Abschlußangaben: Warenendbestand laut Inventur   56.000,– DM

    Abschluß der Warenkonten a) Nettoabschluß
                             b) Bruttoabschluß

16. Die Wareneinkäufe wurden mit 6.840,– DM und die Warenverkäufe mit
    8.550,– DM brutto gebucht. Bilden Sie die Buchungssätze zur Korrektur der Steuer-
    anteile!

17. Bilden Sie jeweils die Buchungssätze nach dem Nettoverfahren:
    a) Kauf einer Schreibmaschine   (300,– + 42,–) bar
    b) Warenverkauf auf Ziel   (5.000,– + 700,–)
    c) Provisionszahlung durch Banküberweisung   (2.000,– + 280,–)
    d) Verkauf einer gebrauchten Frankiermaschine   (100,– + 14,–)
    e) Barkauf von Büromaterial   (300,– + 42,–)
    f) Wareneinkauf gegen Banküberweisung   (4.000,– + 560,–)
    g) Kauf eines Warenregals durch Postgiroüberweisung (150,– + 21,–)
    h) Barzahlung von Frachtkosten für ausgehende Waren (200,– + 28,–)

Unterkonten der Warenkonten

WARENBEZUGS- UND WARENNEBENKOSTEN

Bisher wurden die Wareneinkäufe zu **Einstandspreisen** gebucht, welche die **Bezugskosten** einschließen.
Dazu gehören im wesentlichen: ● Transportkosten
                                ● Zölle
                                ● Vermittlungsgebühren

Bezugskosten sind **Anschaffungsnebenkosten** und bilden mit dem Kaufpreis (Einkaufspreis) die Anschaffungskosten der Ware im Sinne von § 255 HGB. Für die Warenkalkulation ist es sinnvoll, diese Kosten auf einem Unterkonto des Wareneingangskontos zu erfassen:

302 **Warenbezugskosten**

Dieses ist im Rahmen der „vorbereitenden Abschlußbuchungen" über das Wareneingangskonto abzuschließen, auf dem dann die **Einstandspreise** der Waren erscheinen.
Alle in Rechnung gestellten Bezugskosten sind umsatzsteuerpflichtig.

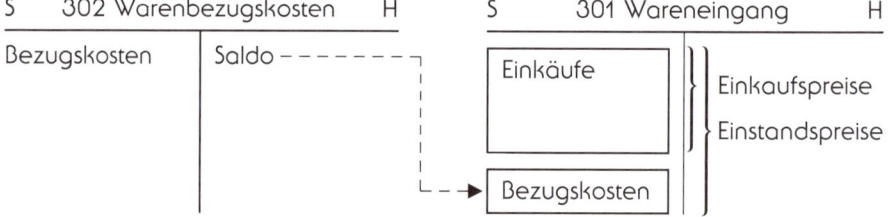

Buchungen: 302 Warenbezugskosten an Finanzkosten
                141 Vorsteuer

vorbereitende Abschlußbuchung 31.12.: 301 Wareneingang an 302 Warenbezugskosten

Bei der Rücksendung von Leihemballagen an den Lieferer wird gebucht:

17 Verbindlichkeiten an 303 Leihemballagen
                        141 Vosteuer

Verbleibende, nicht rückvergütete Beträge werden ebenfalls als Anschaffungsnebenkosten auf das Wareneingangskonto umgebucht.

NEBENKOSTEN BEIM WARENVERKAUF

Vertriebskosten, die der Großhändler auf Grund seiner Lieferungsbedingungen übernimmt, sind für ihn **betrieblicher** Aufwand, der in der entsprechenden Konten-klasse (Kostenarten) zu buchen ist.

Dazu gehören:
- 461 Verpackungsmaterial
- 462 Ausgangsfrachten
- 463 Gewährleistungen
- 45 Verkaufsprovisionen

Buchung: 461 Verpackungsmaterial an Finanzkonten
141 Vorsteuer

Werden Versandkosten dem Kunden in Rechnung gestellt, so sind sie Bestandteil der Verkaufserlöse. Zurückgegebene Leihverpackung wird bei entsprechender Steuerkorrektur auf dem Konto „805 Rücksendungen von Kunden" gebucht.

Die Konten für die Vetriebskosten werden, wie die gesamte Kontenklasse 4, über GuV abgeschlossen. Sie sind keine Unterkonten des Kontos Warenverkauf.

RÜCKSENDUNGEN AN LIEFERER UND GUTSCHRIFTEN VON LIEFERERN

Wird mangelhafte Ware auf Grund einer Mängelrüge an den Lieferer zurückge-schickt oder gewährt dieser nachträglich eine Gutschrift, so werden diese Vor-gänge auf entsprechende Unterkonten des Kontos 301 Wareneingang gebucht. Auf Grund der nachträglichen Minderung der Bemessungsgrundlage ist die Vor-steuer entsprechend zu berichtigen.

- 305 Rücksendungen an Lieferer
- 306 Nachlässe von Lieferern

Diese Konten sind über Wareneingang abzuschließen.

BEISPIEL 19

Warenrücksendungen an einen Lieferer (8.000,– DM + 1.120,– DM MwSt)

Buchung: 17 Verbindlichkeiten 9.120,– an 305 Rücksendungen an Lieferer 8.000,–
141 Vorsteuer 1.120,–

RÜCKSENDUNGEN VON KUNDEN UND GUTSCHRIFTEN AN KUNDEN

Warenrücksendungen von Kunden und ihnen auf Grund von Mängelrügen gewährte Gutschriften mindern die steuerpflichtigen Verkaufserlöse.
Sie werden auf Unterkonten des Kontos 801 Warenverkauf gebucht:

- 805 Rücksendungen von Kunden
- 806 Nachlässe an Kunden

Die auf die Verkaufserlöse entrichtete Umsatzsteuer ist entsprechend zu berichtigen.

BEISPIEL 20

Rücksendung von Kunden (4.000,– DM + 560,– DM MwSt) sowie
Gutschrift an einen Kunden auf Grund seiner Mängelrüge (6.000,– DM + 840,– DM MwSt)

Buchungen: 805 Rücksendungen von Kunden 4.000,– an 10 Forderungen 4.560,–
181 Umsatzsteuer   560,–

806 Nachlässe an Kunden   6.000,– an 10 Forderungen 6.840,–
181 Umsatzsteuer   840,–

vorbereitende Abschlußbuchungen zum 31.12.:

801 Warenverkauf an 805 Rücksendungen von Kunden 4.000,–

801 Warenverkauf an 806 Nachlässe an Kunden   6.000,–

S	801 Warenverkauf	H
Rücksendungen	Verkaufserlöse	
Gutschriften		
GuV ◄ – – Saldo		

Rabatte, Boni und Skonti

Handelsübliche Mengen-, Sonder- und Wiederverkäuferrabatte werden **sofort** bei Rechnungserteilung gewährt. Sie werden weder beim Einkauf noch beim Verkauf gesondert erfaßt und gebucht.

BEISPIEL 21

Listenpreis	8.000,– DM
− 10% Rabatt	800,– DM
Nettopreis	7.200,– DM
+ 14% MwSt	1.008,– DM
Rechnungsbetrag	8.208,– DM

Buchungen: Eingangsrechnung: 301 WE 7.200,–
141 VSt 1.008,– an 17 Verbindlichkeiten 8.208,–

Ausgangsrechnung: 10 Forderungen 8.208,– an   801 WV 7.200,–
181 USt 1.008,–

Boni sind dagegen **nachträglich** (Monat, Jahr) auf den Umsatz gewährte besondere Treue- oder Umsatzrabatte, welche die Einstandspreise und Verkaufspreise und damit die Bemessungsgrundlage für die Umsatzsteuer mindern.

Für derartige Gutschriften werden ebenfalls entsprechende Unterkonten eingerichtet, die im Rahmen der vorbereitenden Abschlußbuchungen über das Wareneingangskonto bzw. Warenverkaufskonto abzuschließen sind:

- 307 Liefererboni
- 807 Kundenboni

Die notwendigen Steuerkorrekturen können unmittelbar bei jeder Bonusgewährung **(Nettoverfahren)** oder spätestens zum Ende des Voranmeldezeitraumes **(Bruttoverfahren)** vorgenommen werden.

Erst dann kann auf den Steuerkonten die Zahllast oder der Vorsteuerüberhang ermittelt werden.

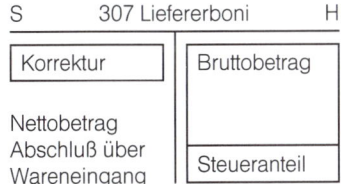

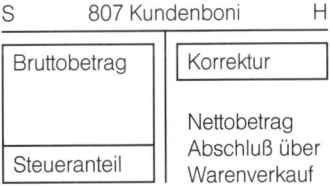

BEISPIEL 22

Liefererboni

Der Lieferer gewährt einen Bonus von 15% auf den Jahresumsatz
(Warenwert 50.000,– DM + 7.000,– DM)

Nettobuchung (sofortige Steuerberichtigung):
17 Verbindlichkeiten 8.550,– an 307 Liefererboni 7.500,–
141 Vorsteuer 1.050,–

Bruttobuchung (spätere Steuerberichtigung):
17 Verbindlichkeiten an 307 Liefererboni 8.550,–

Steuerberichtigung: 307 Liefererboni an 141 Vorsteuer 1.050,–

Kontenabschluß 31.12.: 307 Liefererboni an 301 Wareneingang 7.500,–

BEISPIEL 23

Kundenboni

Der Lieferer bucht selbst auf Basis der Zahlen aus Beispiel 22:

Nettobuchung:
807 Kundenboni 7.500,–
181 Mehrwertsteuer 1.050,– an 10 Forderungen 8.550,–

Bruttobuchung:
807 Kundenboni an 10 Forderungen 8.550,–

Steuerberichtigung: 181 Mehrwertsteuer an 807 Kundenboni 1.050,–

Kontenabschluß 31.12.: 801 Warenverkauf an 807 Kundenboni 7.500,–

Skonti sind besondere Vergütungen für vorzeitige Zahlungen, durch die Lieferantenkredite (Zahlungen auf Ziel) nicht in Anspruch genommen werden.
So schließt die Zahlungsbedingung „innerhalb von 10 Tagen 2% Skonto oder 30 Tage netto" das Angebot eines Lieferantenkredites für 20 Tage bei einem Zinssatz von 36% ein.

Barpreis 98%   Zielpreis 100%
(Kreditbetrag)   (Rückzahlungsbetrag einschließlich Zinsen)

10 Tage   20 Tage Kreditlaufzeit

Umrechnung des Skontosatzes in einen Zinssatz:

20 Tage = 2%

$$360 \text{ Tage} = \frac{2 \times 360}{20} = 36\%$$

Skonti schmälern beim Kunden den Warenwert (Anschaffungskosten) und beim Lieferer die Erlöse. Bei Inanspruchnahme sind daher ebenfalls die Steuerkonten anteilig zu berichtigen, wobei wiederum das **Nettoverfahren** oder das **Bruttoverfahren** angewendet werden kann.

BEISPIEL 24

Liefererskonti

Eine Liefererrechnung (10.000,– + 1.400,–) wird abzüglich 3% Skonto durch Banküberweisung beglichen.

	Rechnungsbetrag	3% Skonto	Zahlungsbetrag
Nettowert + Umsatzsteuer	10.000,– 1.400,–	300,– 42,–	9.700,– 1.358,–
= Bruttowert	11.400,–	342,–	11.058,–

Nettobuchung:
17 Verbindlichkeiten 11.400,– an 131 Bank   11.058,–
308 Liefererskonti   300,–
141 Vorsteuer   42,–

Skonto wird **netto** vom Warenwert (10.000,– DM) berechnet!

Bruttobuchung:
17 Verbindlichkeiten 11.400,– an 131 Bank   11.058,–
308 Liefererskonti   342,–

Skonto wird **brutto** vom Rechnungsbetrag (11.400,– DM) berechnet!

Steuerberichtigung: 308 Liefererskonti an 141 Vorsteuer 42,–

Kontenabschluß 31.12.: 308 Liefererskonti an 301 Wareneingang 300,–

Liefererskonti sind Erträge, da der Warenwert größer ist als die Leistung an den Lieferer. Das Konto „308 Liefererskonti" wird als Unterkonto über 301 Wareneingang abgeschlossen.

Kundenskonti

Kundenskonti sind Aufwendungen, da sie eine Erlösminderung bedeuten. Sie werden auf dem Konto

$$\boxed{\text{808 Kundenskonti}}$$

erfaßt, welches als Unterkonto von „801 Warenverkauf" ebenfalls über dieses abzuschließen ist.

Unter Berücksichtigung der Zahlen aus Beispiel 24 bucht der Lieferer:

Nettobuchung:

131 Bank	11.058,–	
808 Kundenskonti	300,–	
181 Umsatzsteuer	42,–	an 10 Forderungen 11.400,–

Bruttobuchung:

131 Bank	11.058,–	
808 Kundenskonti	342,–	an 10 Forderungen 11.400,–

Steuerberichtigung: 181 Umsatzsteuer an 808 Kundenskonti 42,–

Kontenabschluß 31.12.: 801 Warenverkauf an 808 Kundenskonti 300,–

ÜBERBLICK

Unterkonten der Warenkonten

S	301 Wareneingang	H	S	801 Warenverkauf	H
Einkäufe	Rücksendungen a. L.		Rücksendungen v. K.	Verkäufe	
Warenbezugs-	Nachlässe von L.		Nachlässe		
kosten	Liefererboni		Kundenboni		
Leihemballagen	Liefererskonti		Kundenskonti		

- 302 Warenbezugskosten
- 303 Leihemballagen
- 305 Rücksendungen an Lieferer
- 306 Nachlässe von Lieferern
- 307 Liefererboni
- 308 Liefererskonti

- 805 Rücksendungen
- 806 Nachlässe
- 807 Kundenboni
- 808 Kundenskonti

Vorbereitende Abschlußbuchungen: Abschluß der Unterkonten

Wareneingang	an Warenbezugskosten
Wareneingang	an Leihemballagen
Rücksendungen an Lieferer	an Wareneingang
Nachlässe von Lieferern	an Wareneingang
Liefererboni	an Wareneingang
Liefererskonti	an Wareneingang

Warenverkauf	an Rücksendungen
Warenverkauf	an Nachlässe
Warenverkauf	an Kundenboni
Warenverkauf	an Kundenskonti

Steuerkorrekturen bei Bruttobuchung der Abzüge

S	141 Vorsteuer	H	S	181 Umsatzsteuer	H
Steuerbeträge lt. Eingangs-rechnungen	Korrekturen für: Rücksendungen an Lieferer Nachlässe von Lieferern Liefererskonti Liefererboni		Korrekturen für: Rücksendungen von Kunden Nachlässe Kundenskonti Kundenboni	Steuerbeträge lt. Ausgangs-rechnungen	

Buchungen von Boni und Skonti:

● Bruttobuchungen
(ohne Steuerkorrekturen):

Verbindlichkeiten an Liefererboni

Verbindlichkeiten an Bank
                    Liefererskonti

Kundenboni   an Forderungen

Bank
Kundenskonti   an Forderungen

● Nettobuchungen
(mit Steuerkorrektur):

Verbindlichkeiten an Liefererboni
                    Vorsteuer

Verbindlichkeiten an Bank
                    Liefererskonti
                    Vorsteuer

Kundenboni
Umsatzsteuer   an Forderungen

Bank
Kundenskonti
Umsatzsteuer   an Forderungen

AUFGABEN

18. Bilden Sie die Buchungssätze:
    a) Ein Kunde zahlt bar, abzüglich 3% Skonto (4.000,– + 560,–)
    b) Gutschrift eines Lieferers auf Grund einer Mängelrüge (600,– + 84,–)
    c) Ein Lieferer gewährt einen Umsatzbonus (12.000,– + 1.680,–)
    d) Banküberweisung an einen Lieferer abzüglich 2% Skonto (8.000,– + 1.120,–) – Bruttobuchung
    e) Steuerkorrektur zu d)
    f) Ein Kunde erhält eine Gutschrift auf Grund einer Mängelrüge (3.500,–+490,–)

19. Die Konten 807 Kundenboni und 307 Liefererboni weisen die folgenden Beträge aus. Die enthaltenen Umsatzsteueranteile sind zu korrigieren!

S	807 Kundenboni	H		S	307 Liefererboni	H
6.840,–						6.384,–

Privatkonto

Bei Einzelunternehmen und Personengesellschaften (bei der Kommanditgesellschaft nur bezogen auf die Vollhafter) kann es zu einem Austausch zwischen Geschäfts- und Privatvermögen kommen, wodurch entweder eine Vermehrung (**Privateinlagen**) oder eine Verminderung der Kapitaleinlagen (**Privatentnahmen**) bedingt ist.

Privatentnahmen kommen vor als Geldentnahmen, Eigenverbrauch oder unentgeltliche Lieferungen und sonstige Leistungen an die Anteilseigner. Sie sind **keine** Aufwendungen und mindern daher das Eigenkapital **unmittelbar.**

Zur besseren Abgrenzung werden sie auf einem Unterkonto des Kontos Eigenkapital erfaßt:

> 16 Privatkonto

Im Rahmen der vorbereitenden Abschlußbuchungen wird das Privatkonto über 06 Eigenkapital abgeschlossen, ebenso wie das GuV-Konto.

Zu dem neben den Geldentnahmen auf dem Privatkonto erfaßten umsatzsteuerpflichtigen **Eigenverbrauch** (§ 1 Abs. 2 UStG) gehören:

- die Entnahme von Gegenständen für unternehmensfremde Zwecke
- die private Nutzung von Betriebsgegenständen und
- die Inanspruchnahme von Dienstleistungen des Betriebes für Privatzwecke.

BEISPIEL 26

Die folgenden Geschäftsfälle sind (ohne Gegenkonten) auf dem Privatkonto zu buchen, dieses ist über Eigenkapital abzuschließen!
Bestand Eigenkapital: 120 400,– DM
Gewinn laut GuV-Rechnung: 24.300,– DM
a) Privatentnahmen bar 2.000,– DM
b) Entnahme von Waren zum Eigenverbrauch (Warenwert 3.000,– + 420,–)
c) Ausbuchung des privaten Anteils aus einer Kfz-Rechnung in Höhe von 20% (Rechnungsbetrag 3.000,– + 420,–)

Buchungen
a) 161 Privatentnahmen   an 151 Kasse   2.000,–
b) 161 Privatentnahmen 3.420,– an 871 Eigenverbrauch von Waren 3.000,–
                                                  181 MwSt   420,–

Durch die Umsatzsteuerpflicht beim Eigenverbrauch wird der Unternehmer dem Endverbraucher gleichgestellt, der Vorsteuerabzug beim Einkauf der entnommenen Waren wird ausgeglichen.

c) 161 Privatentnahmen 684,– an 872 Eigenverbrauch von Leistungen 600,–
181 MwSt 84,–

Vorbereitende Abschlußbuchung:
06 Eigenkapital an 161 Privatentnahmen 6.104,–

S	161 Privatentnahmen		H
15	2.000,–	06	6.104,–
871/181	3.420,–		
872/181	684,–		
	6.104,–		6.104,–

S	06 Eigenkapital		H
161	6.104,–	91	120.400,–
94	138.596,–	93	24.300,–
	144.700,–		144.700,–

Bei der Gewinnverteilung sind bei Personengesellschaften die Privatentnahmen entsprechend zu berücksichtigen.

BEISPIEL 27

Gewinnverteilung einer Offenen Handelsgesellschaft (OHG) nach dem HGB (4% der Einlage, Rest nach Köpfen)

Gesell-schafter	Kapital	Privat-ent-nahme	4% der Einlage	Rest-gewinn	Gesamt-gewinn	Kapital zuwachs	neuer Kapital-anteil
A	80.000,–	1.200,–	3.200,–	3.000,–	6.200,–	5.000,–	85.000,–
B	110.000,–	2.300,–	4.400,–	3.000,–	7.400,–	5.100,–	115.100,–
Gesamt	190.000,–	3.500,–	7.600,–	6.000,–	13.600,–	10.100,–	200.100,–

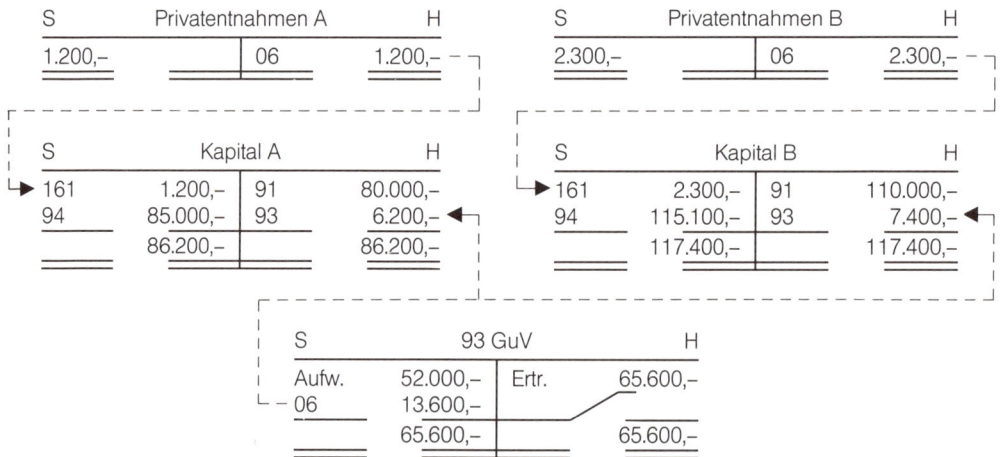

Vorbereitende Abschlußbuchungen:
Kapital A an Privat A 1.200,–
Kapital B an Privat B 2.300,–

Abschlußbuchungen:
GuV an Kapital A 6.200,–
GuV an Kapital B 7.400,–

Privateinlagen sind private Einnahmen, denen keine Erträge gegenüberstehen. Sie wirken kapitalerhöhend und werden ebenfalls auf einem Unterkonto des Eigenkapitals, „162 Privateinlagen" gebucht.
Unter Berücksichtigung von Privatentnahmen und Privateinlagen könnte der steuerpflichtige Gewinn durch Betriebsvermögensvergleich (vgl. Kap. „Inventur-Inventar", S. 15 f.) wie folgt ermittelt werden (Zahlen aus Beispiel 27):

	Gesellschafter A	Gesellschafter B
Betriebsvermögen am Ende des Geschäftsjahres	85.000,–	115.100,–
— Betriebsvermögen am Anfang des Geschäftsjahres	— 80.000,–	— 110.000,–
	5.000,–	5.100,–
+ Privatentnahmen — Privateinlagen	+ 1.200,–	+ 2.300,–
= Gewinn	6.200,–	7.400,–

ÜBERBLICK

Unterkonten des Eigenkapitals

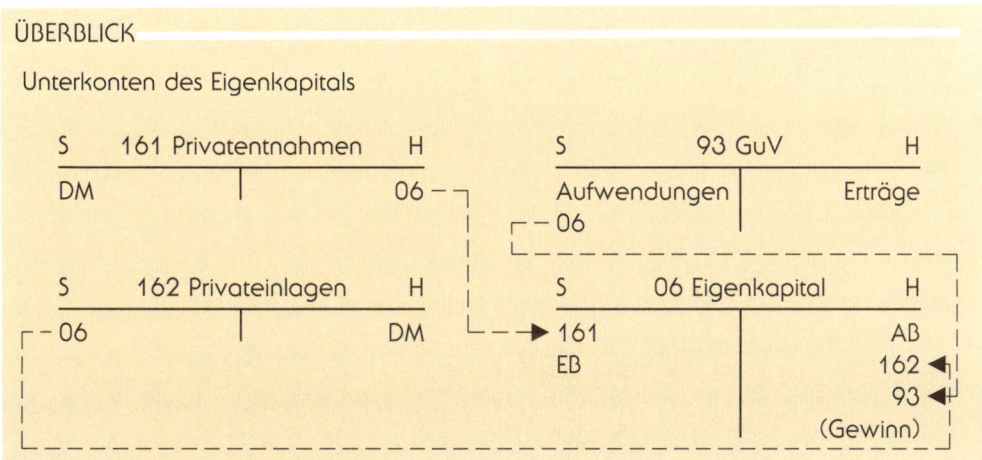

20. Bilden Sie die Buchungssätze, führen Sie Privatkonten (ohne Gegenbuchungen) und schließen Sie diese über Eigenkapital ab!

Anfangsbestand Eigenkapital: 105.000,– DM
Reingewinn: 27.500,– DM
a) Privatentnahme von Waren (Warenwert 850,– + 119,–)
b) Private Nutzung des betriebseigenen PKW's 20%

(Benzinrechnung 600,– + 84,–)
c) Einlage eines Lottogewinnes in das Geschäft bar 6.000,– DM
d) Spende an das Rote Kreuz 150,– DM
e) Privatanteil an einer Telefonrechnung 50% (Rechnungsbetrag 400,– DM) Hierbei ist zu berücksichtigen, daß die private Nutzung als Eigenverbrauch umsatzsteuerpflichtig ist, obwohl die Post selbst keine Mehrwertsteuer berechnet!

Sachliche Abgrenzung der Aufwendungen und Erträge

Die Finanzbuchhaltung und die Kosten- und Leistungsrechnung dienen jeweils unterschiedlichen Zwecken.

Um die eigentlichen betrieblichen Ergebnisquellen ersichtlich zu machen, sind daher die zum Zwecke steuerlicher Gewinnermittlung verbuchten „**Aufwendungen**" und „**Erträge**" von den in der Kostenrechnung zu berücksichtigenden „**Kosten**" und „**Leistungen**" sachlich abzugrenzen.

Diese Aufgabe übernimmt wie auch in der Industrie (vgl. Kap. „Abgrenzungsrechnung", S. 222 ff.) eine Abgrenzungsrechnung, die tabellarisch außerhalb der Geschäftsbuchführung durchgeführt wird.

Da jedoch der Kontenrahmen des Großhandels keine eindeutige Trennung zwischen Abgrenzungskonten und Kostenkonten vorsieht, weil er der Erstellung der Gewinn- und Verlustrechnung dient, kann die folgende Aufspaltung der Aufwendungen und Erträge vorgenommen werden:

Unter **Aufwendungen** versteht man den **gesamten** erfolgswirksamen **Werteverzehr** eines Unternehmens, unabhängig davon, ob er zur Erfüllung des Betriebszweckes (Einzelhandel, Großhandel, Produktion) anfällt oder nicht. Für die Besteuerung ist dies nicht wesentlich.

Erträge sind damit der gesamte erfolgswirksame Wertzuwachs.

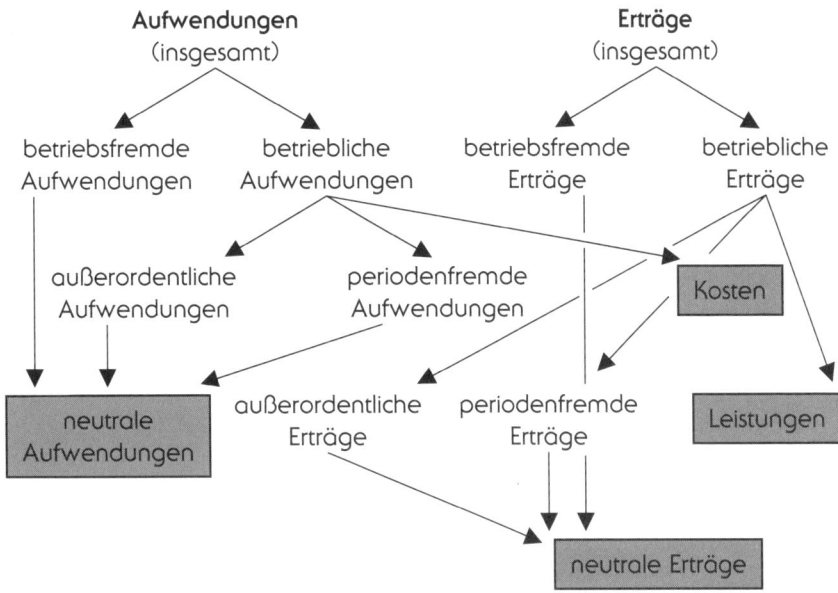

In einer ersten Stufe der Abgrenzungsrechnung werden aus den gesamten Aufwendungen und Erträgen der Finanzbuchhaltung die neutralen Aufwendungen und Erträge herausgerechnet, um lediglich die Kosten und Leistungen weiter zu verrechnen.

Dabei ist zu berücksichtigen, daß weder die Kontenklasse 2 nur reine Abgrenzungskonten enthält noch die Kontenklasse 4 reine Kostenkonten.

Die Abgrenzungen der ersten Stufe werden als **„unternehmensbezogene Abgrenzungen"** bezeichnet.

In einer zweiten Stufe werden korrekturbedürftige betriebliche Aufwendungen durch entsprechende kalkulatorische Ansätze ersetzt. Man bezeichnet diese Abgrenzungen als **„kostenrechnerische Korrekturen".**

So erscheinen in der Kosten- und Leistungsrechnung statt

- bilanzmäßiger Abschreibungen → kalkulatorische Abschreibungen
- Fremdkapitalzinsen → kalkulatorische Zinsen
- eingetretener Wagnisverluste → kalkulatorische Wagnisse

Hinzu kommen z. B.: → kalkulatorische Miete
→ kalkulatorischer Unternehmerlohn

Durch die kostenrechnerischen Korrekturen werden die angefallenen Kosten **verursachungsgerecht** ermittelt und weiterverrechnet.

Für die Firma Heinrich Müller, Elektrogroßhandlung wurde folgende Gewinn- und Verlust-rechnung erstellt (in TDM).

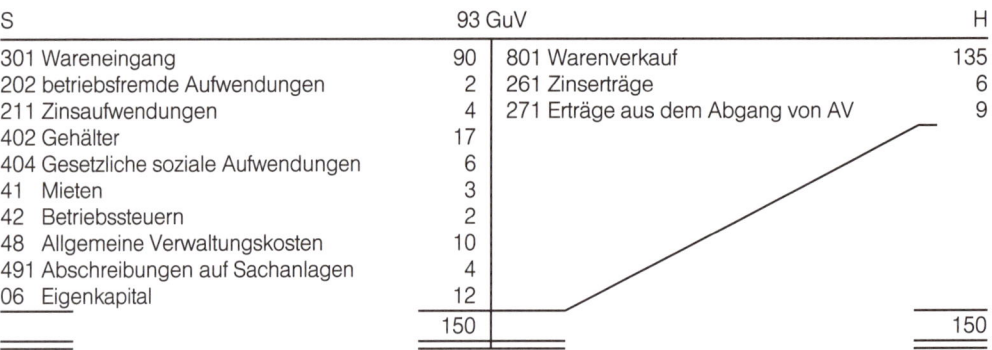

S		93 GuV	H
301 Wareneingang	90	801 Warenverkauf	135
202 betriebsfremde Aufwendungen	2	261 Zinserträge	6
211 Zinsaufwendungen	4	271 Erträge aus dem Abgang von AV	9
402 Gehälter	17		
404 Gesetzliche soziale Aufwendungen	6		
41 Mieten	3		
42 Betriebssteuern	2		
48 Allgemeine Verwaltungskosten	10		
491 Abschreibungen auf Sachanlagen	4		
06 Eigenkapital	12		
	150		150

Zum Zwecke der Kosten- und Leistungsrechnung sollen die folgenden Aufwendungen korri-giert werden:

Für die bilanziellen Abschreibungen werden kalkulatorische Abschreibungen von 5.000,– DM verrechnet und an Stelle der Fremdkapitalzinsen kalkulatorische Zinsen von 7.000,– DM.

Für die Arbeitsleistung des Inhabers wird zusätzlich ein kalkulatorischer Unternehmerlohn von 4.000,– DM verrechnet.

Zusätzlich zu diesen **kostenrechnerischen Korrekturen** sind folgende **unternehmensbezogene Abgrenzungen** vorzunehmen:

Sachliche Abgrenzung, d. h. Herausnahme aus der Kosten- und Leistungsrechnung folgender Konten:

> 202 betriebsfremde Aufwendungen
> 261 Zinserträge
> 271 Erträge aus dem Abgang von Anlagevermögen

Diese Erfolgspositionen sind hinsichtlich des Betriebszweckes als **neutral** anzusehen.

BEISPIEL 28

Kto. Nr.	Rechnungskreis I Erfolgsbereich/GB		Rechnungskreis II					
			Abgrenzungsbereich				KLR-Bereich	
			unternehmensbezogene Abgrenzungen		kostenrechnerische Korrekturen			
	Aufwend.	Erträge	Neutr. Aufw.	Neutr. Ertr.	Aufw. lt. GB	verr. Kosten	Kosten	Leistungen
202	2.000,–		2.000,–					
211	4.000,–				4.000,–			
261		6.000,–		6.000,–				
271		9.000,–		9.000,–				
301	90.000,–						90.000,–	
402	17.000,–						17.000,–	
404	6.000,–						6.000,–	
41	3.000,–						3.000,–	
42	2.000,–						2.000,–	
48	10.000,–						10.000,–	
491	4.000,–				4.000,–			
801		135.000,–						135.000,–
kalk. Ab.						5.000,–	5.000,–	
kalk. Z						7.000,–	7.000,–	
kalk. U.I.						4.000,–	4.000,–	
	138.000,– +12.000,– Gesamtergeb.	150.000,–	2.000,– +13.000,– Neutr. Ergebnis	15.000,–	8.000,– +8.000,– Ergeb. kostenrechn. Korrek.	16.000,–	144.000,– Betriebsergebnis	135.000,– –9.000,–
	150.000,–	150.000,–	15.000,–	15.000,–	16.000,–	16.000,–	144.000,–	144.000,–

Die Abgrenzungsrechnung ergibt trotz eines steuerpflichtigen Gewinns von 12.000,– DM ein **negatives** Betriebsergebnis aus der eigentlichen Betriebstätigkeit als Großhandel. Zur Beurteilung der Wirtschaftlichkeit der Leistungserstellung ist eine derartige Erfolgsaufspaltung unerläßlich.

ÜBERBLICK

Geschäfts-buchführung		Kosten- und Leistungsrechnung					
Erfolgsbereich		Abgrenzungsbereich				KLR-Bereich	
Aufwen-dungen	Erträge	Neutr. A.	Neutr. E.	Auf. l. GB	verr. Kosten	Kosten	Leistun-gen

1. ⊢ – ▶
                      unveränderte Übernahme in die KLR-Rechnung

2.   ⊢ – ▶

3. ⊢ – – – – – – – – ▶
    sachliche Abgrenzung, weil
    betriebsfremd, außerordent-
    lich oder periodenfremd

4.   ⊢ – – – – – – – – – ▶

5. Übernahme in die KLR-Rechnung nach
       kostenrechnerischer Korrektur
⊢ – ▶   ◀ – – – ⊣

6. Zusätzliche Verrechnung in die KLR-Rechnung ◀ – – – ⊣

AUFGABEN

21. Ordnen Sie zu!

	Kosten	Leistungen	neutrale Auf-wendungen	neutrale Erträge
a) Spenden				
b) Gehälter				
c) Provisionen für Vertreter				
d) Körperschaftssteuer				
e) Kursgewinn aus Wertpapiergeschäft				
f) Zinsgutschrift				
g) periodenfremde Aufwendungen				
h) Verkaufserlöse				

22. Welche der in der Aufgabe 21 genannten Konten werden in die Warenkalkulation übernommen?

23. Aus welchen Gründen wird bei der Erfolgsrechnung eine Trennung zwischen den betrieblich bedingten Erfolgen und den neutralen Vorgängen vorgenommen?

Buchungen im Wechselverkehr

Bei den Warenverkäufen „auf Ziel" entstehen Kundenforderungen, zu deren Sicherung im Geschäftsleben häufig die Akzeptierung (Annahme) eines Wechsels gefordert wird.

Wechsel dienen somit der Kreditierung von Warenforderungen, die in Wechselforderungen umgewandelt werden.

Durch seine Unterschrift (Akzept) auf dem Wechsel verpflichtet sich der Bezogene (Kunde) am Fälligkeitstag an denjenigen zu zahlen, der den Wechsel vorlegt (Lieferer oder anderer Begünstigter).

Die wechselrechtlichen Beziehungen lassen sich wie folgt darstellen:

Der Großhändler Krause OHG, Wiesbaden, erhält von seinem Kunden, Karl Schneider, Frankfurt am Main, für seine Warenforderung (Warenwert 1.500,– + 210,– Mehrwertsteuer) einen Wechsel zahlungshalber.

Aussteller	1. Tratte	Bezogener
Krause OHG	2. Akzept	Karl Schneider

1. Vorlage einer Tratte zwecks Akzeptierung durch den Bezogenen (Tratte = gezogener Wechsel)
2. Akzeptierung und Rücksendung des unterschriebenen Wechsels (Akzept = vom Bezogenen unterschriebener Wechsel)

Aus der Sicht des Bezogenen ist mit der Akzeptierung des Wechsels aus einer Warenverbindlichkeit eine Wechselschuld entstanden, die auf dem passiven Bestandskonto

| 176 Schuldwechsel |

zu erfassen ist.
Dabei lassen sich die folgenden Fälle unterscheiden:

1. Ausgleich der Liefererschuld durch Akzeptierung eines Wechsels
(1.500,– DM + 210,– DM MwSt)

Buchung:
17 Verbindlichkeiten an 176 Schuldwechsel 1.710,–

2. Barzahlung der Wechselsteuer, wenn diese noch unversteuert war
(0,15 DM je angefangene 100,– DM)

Buchung:
486 Kosten des Geldverkehrs an 151 Kasse 2,70

3. Wird die Warenrechnung unmittelbar nach der Lieferung durch Akzept beglichen, so ist zu buchen:
301 Wareneingang 1.500,–
141 Vorsteuer   210,– an 176 Schuldwechsel 1.710,–

Bei der Einlösung des Wechsels am Verfalltag bucht der Schuldner:
176 Schuldwechsel an 13 Bank 1.710,–

Der Aussteller erfaßt den auf seinen Kunden gezogenen Wechsel nach dessen Akzeptierung auf dem aktiven Bestandskonto

| 153 Besitzwechsel |

Er bucht damit die Akzeptleistung:
1. unmittelbar bei der Rechnungsstellung:
153 Besitzwechsel 1.710,– an 801 Warenverkauf 1.500,–
181 Umsatzsteuer   210,–

2. bei der Umwandlung einer Kundenforderung in eine Wechselforderung:
153 Besitzwechsel an 10 Forderungen 1.710,–

Hinsichtlich der Verwendung des erhaltenen Kundenakzeptes hat der Aussteller verschiedene Möglichkeiten.

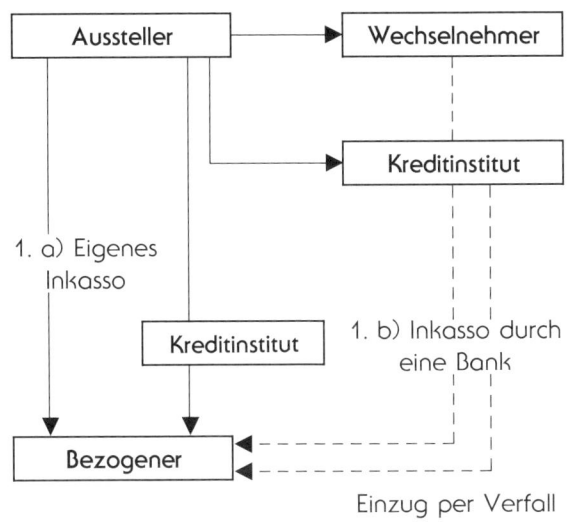

2. Weitergabe an einen Dritten (z. B. eigenen Lieferer)

3. Verkauf (Diskontierung) vor Verfall an eine Bank

Einzug per Verfall

Die verschiedenen Verwendungsmöglichkeiten lösen die folgenden Buchungen aus:

1. a) Der Aussteller legt den Wechsel am Verfalltag dem Bezogenen zwecks Einlösung vor. Dieser zahlt bar.

   Buchung:
   15 Kasse an 153 Besitzwechsel 1.710,–

   b) Der Aussteller beauftragt ein Kreditinstitut mit dem Wechselinkasso per Verfall.

   Buchung:
   13 Bank   1.690,–
   486 Kosten des Geldverkehrs   20,– an 153 Besitzwechsel 1.710,–

2. Der Aussteller gibt den Wechsel an einen Lieferer zum Ausgleich einer Rechnung weiter.

   Buchung:
   17 Verbindlichkeiten an 153 Besitzwechsel 1.710,–

   oder

   301 Wareneingang 1.500,–
   141 Vorsteuer   210,– an 153 Besitzwechsel 1.710,–

3. Der Aussteller verkauft den Wechsel vor dem Verfalltag an ein Kreditinstitut. Da es sich hierbei um einen Diskontkredit handelt, zieht die Bank vom Wechselbetrag Zinsen **(Diskont)** für die Restlaufzeit des Wechsels ab und schreibt dem Kunden den **Barwert** des Wechsels gut.

BEISPIEL 29

Der Wechsel in Höhe von 1.710,– DM, fällig 15.6.19.. wird am 15.5.19.. zu 8% Diskont an die Bank verkauft (ohne Spesen).

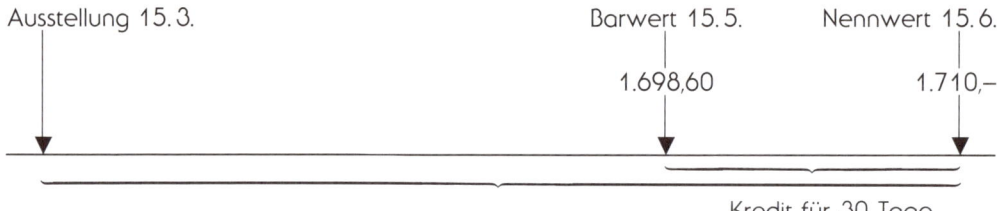

Ausstellung 15.3.

Barwert 15.5.
1.698,60

Nennwert 15.6.
1.710,–

Kredit für 30 Tage

Wechsellaufzeit = 90 Tage

Diskontabrechnung:

Wechselbetrag, fällig 15.6.19..	1.710,–	DM
− Diskont 8% für 30 Tage	11,40	DM
= Barwert, fällig 15.5.19..	1.698,60	DM

Anfallende Bankspesen verbucht man auf dem Konto 486 Kosten des Geldverkehrs. Ebenso wie bei der Verbuchung von Boni und Skonti wird durch den Diskontabzug der Rechnungsbetrag (Besteuerungsgrundlage) nachträglich gemindert (BFH-Urteil vom 27.10.1967).
Entsprechend ist bei der Wechseldiskontierung die Umsatzsteuerschuld zu korrigieren.

Nettobuchung:
13 Bank   1.698,60
213 Diskontaufwendungen   10,–
181 Umsatzsteuer   1,40 an 153 Besitzwechsel 1.710,–

Bruttobuchung:
13 Bank   1.698,60
213 Diskontaufwendungen   11,40 an 153 Besitzwechsel 1.710,–

Korrektur: 181 USt an 213 Diskontaufwendungen 1,40

Für die Steuerbilanz ist zudem die Verbuchung der Entgeltsminderung als Abschlußbuchung erforderlich:

801 Warenverkauf an 213 Diskontaufwendungen 10,–

Der Zinsaufwand kann dem Kunden in Rechnung gestellt werden, der dann die Umsatz-steuer (Vorsteuer) ebenso korrigieren muß. Dies setzt nach § 17 Abs. 4 UStG eine Benachrich-tigung des Kunden voraus.

Buchung beim Lieferer:
10 Forderungen 11,40 an 263 Diskonterträge 10,–
                      181 Umsatzsteuer   1,40

Buchung beim Kunden:
213 Diskontaufwendungen 10,–
141 Vorsteuer   1,40 an 17 Verbindlichkeiten 11,40

Da sich die Steuerkorrektur beim Lieferer aber aufhebt, kann sie in der Praxis aus Verein-fachungsgründen auch unterbleiben, damit auch die Behandlung des Diskonts als Entgelts-minderung. Nebenkosten, wie z. B. Bankspesen sind, sofern sie dem Kunden in Rechnung gestellt werden, in jedem Falle mehrwertsteuerpflichtig.*
Löst der Bezogene den Wechsel am Verfalltag nicht oder nicht rechtzeitig ein, so geht er mangels Zahlung **„zu Protest".** Protestierte Wechsel sind buchmäßig von dem übrigen Wechselmaterial zu trennen und auf einem gesonderten Konto

154 Protestwechsel

auszuweisen.

Die notwendigen Protestkosten und Barauslagen für Porti (Benachrichtigung) sind Neben-kosten des Geldverkehrs.

Buchung der **Protesterhebung** (Wechselbetrag 8.000,– DM):
154 Protestwechsel an 153 Besitzwechsel 8.000,–

486 Kosten des Geldverkehrs 30,–
141 Vorsteuer   4,20 an 15 Kasse 34,20

---

* Die Diskontierung des Wechsels sowie die Belastung der Aufwendungen wird in den einschlägigen Büchern sehr unterschiedlich dargestellt. So entspricht die in der Praxis vorherrschende Methode im Gegensatz zu der im Beispiel aufgezeigten Form der Tatsache, daß der Diskont, den die Bank berechnet, ein **Nettoaufwand** ist. Damit ist die richtige Steuerkorrektur nicht 1,40 DM sondern 1,60 DM.

Nettoerlös	1.500,– DM		MwSt	210,– DM
Erlösminderung	11,40 DM			
	1.488,60 DM		MwSt	208,40 DM
			Steueranteil	1,60 DM

Der letzte Wechselinhaber stellt den Protestwechsel mit einer **Rückrechnung** seinem **Vormann** zu und belastet diesen mit:

1. Wechselbetrag   8.000,– DM
2. Protestkosten   30,– DM
3. Auslagen   5,– DM (Porto)
4. Provision ⅓% v. 8.000,–   26,67 DM
5. 9% Zinsen für 15 Tage   30,– DM

Verzugszinsen und die übrigen in Rechnung gestellten Vergütungen sind nicht umsatzsteuerbar.

Buchung:

10 Forderungen 8.091,67 an 154 Protestwechsel   8.000,–
                           277 Sonstige Erträge   61,67
                           261 Zinserträge   30,–

Entsprechend bucht der Vormann:

154 Protestwechsel   8.000,–   an 17 Verbindlichkeiten 8.091,67
486 Kosten des Geldverkehrs   61,67
211 Zinsaufwendungen   30,–

ÜBERBLICK

S	153 Besitzwechsel	H	S	176 Schuldwechsel	H

Anfangsbestand
+ eigene
   Ziehungen
+ Kunden-
   indossamente
	— eigene Indossa-
	   mente (Weiter-
	   gegebene
	   Wechsel)
	— diskontierte
	   Wechsel
	— Inkassowechsel
	Endbestand
			— eingelöste
			   eigene Akzepte
			Endbestand
				Anfangsbestand
				+ eigene Akzepte	

● **Besitzwechsel:**

Wechselforderungen gegenüber Kunden (Lieferer ist selbst der Aussteller) oder gegenüber Dritten (Lieferer hat den Wechsel vom Kunden durch Indossament erhalten, Bezogener ist nicht der Kunde)

→ Aktivkonto „153 Besitzwechsel"

● **Schuldwechsel:**

Wechselschulden, die durch Akzeptierung von Tratten entstehen, welche Lieferanten ausstellen

→ Passivkonto „176 Schuldwechsel"

AUFGABEN

24. Bilden Sie zu den folgenden Geschäftsfällen die Buchungssätze:

	Soll	Haben

a) Umwandlung einer Liefererschuld in eine
   Wechselschuld 3.500,– DM
b) Diskontierung eines Wechsels (6.000,– DM)
   durch die Bank (Diskont 150,– + 21,–)
c) Wechselzahlung durch einen Kunden
   5.000,– DM
d) Einlösung eines Schuldwechsels durch die Bank
   5.200,– DM; 34,– DM Spesen
e) Warenverkauf gegen Kundenakzept
   (4.000,– + 560,–)
f) Belastung eines Kunden mit Diskont
   (100,– + 14,–)
g) Ein Wechsel über 4.000,– DM geht zu Protest
h) Eigenes Inkasso bar; Wechselbetrag 3.500,– DM
i) Barzahlung der Wechselsteuer
   (Wechselbetrag 8.700,– DM)
j) Belastungsanzeige eines Liefers für Diskont
   (80,– + 11,20)

Buchungen im Personalbereich

Als Entgelt für ihre Arbeitsleistungen erhalten Angestellte Gehälter und Arbeiter Löhne, welche für den Betrieb betriebsnotwendige Aufwendungen, d. h. **Kosten** darstellen.

Hinzu kommen die Nebenkosten, insbesondere der vom Arbeitgeber auf Grund gesetzlicher Vorschriften zu zahlende Anteil zur Sozialversicherung (**Arbeitgeberanteil**). Dieser stellt für den Betrieb soziale Aufwendungen und damit ebenso Kosten dar, die wie die Löhne und Gehälter in der Kontenklasse 4 (Konten der Kostenarten) zu verbuchen sind.

Der Arbeitnehmeranteil zur Sozialversicherung wird ebenso wie die zu zahlende Lohn- und Kirchensteuer vom Arbeitgeber einbehalten (Abzugsverfahren) und zusammen mit dem Arbeitgeberanteil an das Finanzamt (Steuer) und die Krankenkasse (Sozialversicherung) abgeführt. Die Höhe der Lohnsteuer richtet sich nach den in der **Lohnsteuerkarte** eingetragenen Besteuerungsmerkmalen des Arbeitnehmers, insbesondere Steuerklasse und Kinderzahl.

Auszug aus der Lohnsteuertabelle für monatliche Lohn- und Gehaltszahlung:

Steuer in Steuerklasse V und VI (Steuer in DM)

Monatsarbeitslohn in DM bis	Steuerklasse V	Steuerklasse VI
2713,65	656,33	715,50
2718,15	657,66	717,33
2722,65	659,50	718,83
2727,15	661,00	720,50
2731,65	662,66	722,33
2736,15	664,16	723,83
2740,65	665,83	725,50
2745,15	667,33	727,00
2749,65	669,00	728,83
2754,15	670,50	730,50
2758,65	672,00	732,00
2763,15	673,66	733,66
2767,65	675,66	735,33
2772,15	676,83	737,00
2776,65	678,50	738,66
2781,15	680,16	740,33
2785,65	681,66	742,00
2790,15	683,16	743,66
2794,65	684,83	745,33
2799,15	686,50	746,83
2803,65	688,16	748,50
2808,15	689,66	750,33

Steuer in DM nach Steuerklasse (I, II, III, IV) und Zahl der Kinderfreibeträge

Monatslohn bis	StKl	0	0,5	1	1,5	2	2,5	3
2713,65	I	380,41	349,58	319,33	289,66	260,58	232,08	204,16
	II	–	241,58	213,08	185,33	157,66	131,25	105,50
	III	212,83	187,50	162,33	137,50	113,00	88,83	64,83
	IV	380,41	364,91	349,58	334,41	319,33	304,41	289,66
2718,15	I	381,58	350,66	320,41	290,75	261,66	233,08	205,16
	II	–	241,58	213,08	185,58	158,58	132,16	106,41
	III	214,66	189,16	164,16	139,33	114,83	90,66	66,66
	IV	381,58	366,08	350,66	335,50	320,41	305,50	290,75
2722,65	I	382,66	351,75	321,50	291,83	262,66	234,08	206,16
	II	–	242,25	214,08	186,50	159,50	133,16	107,33
	III	214,66	189,16	164,16	139,33	114,83	90,66	66,66
	IV	382,66	367,16	351,75	336,58	321,50	306,58	291,83
2727,15	I	383,75	352,91	322,58	292,83	263,66	235,08	207,16
	II	–	243,25	215,08	187,50	160,50	134,08	108,25
	III	214,66	189,16	164,16	139,33	114,83	90,66	66,66
	IV	383,75	368,25	352,91	337,66	322,58	307,66	292,83
2731,65	I	384,91	354,00	323,66	293,91	264,75	236,16	208,08
	II	–	244,25	216,08	188,50	161,41	135,00	109,16
	III	216,50	191,00	166,00	141,16	116,50	92,33	68,33
	IV	384,91	369,33	354,00	338,75	323,66	308,66	293,91
2736,15	I	386,00	355,08	324,75	294,91	265,75	237,16	208,08
	II	–	245,25	217,08	189,50	162,41	135,91	110,08
	III	216,50	191,00	166,00	141,16	116,50	92,33	68,33
	IV	386,00	370,50	355,08	339,83	324,75	309,75	294,91
2740,65	I	388,25	357,25	326,83	297,08	267,83	239,16	211,16
	II	–	247,33	219,08	191,41	164,33	137,83	111,91
	III	218,33	192,83	167,66	142,83	118,33	94,00	70,00
	IV	388,25	372,66	357,25	342,00	326,83	311,66	297,08
2745,15	I	389,33	358,33	327,91	298,08	268,83	240,16	212,08
	II	–	248,33	220,08	192,33	165,25	138,75	112,83
	III	218,33	192,83	167,66	142,83	118,33	94,00	70,00
	IV	389,33	373,75	358,33	343,08	327,91	312,91	298,08
2749,65	I	390,50	359,41	329,00	299,16	269,91	241,16	213,08
	II	–	249,33	221,08	193,33	166,25	139,66	113,75
	III	220,16	194,66	169,50	144,66	120,00	95,83	71,66
	IV	390,50	374,91	359,41	344,16	329,00	314,00	299,16
2754,15	I	391,58	360,58	330,08	300,25	270,91	242,25	214,08
	II	–	250,33	222,08	194,33	167,16	140,58	114,66
	III	220,16	194,66	169,50	144,66	120,00	95,83	71,66
	IV	391,58	376,00	360,58	345,25	330,08	315,08	300,25
2758,65	I	392,66	361,66	331,16	301,25	272,00	243,25	215,08
	II	–	251,41	223,08	195,33	168,16	141,58	115,58
	III	220,16	194,66	169,50	144,66	120,00	95,83	71,66
	IV	392,66	377,08	361,66	346,33	331,16	316,16	301,25
2763,15	I	393,83	362,75	332,25	302,33	273,00	244,25	216,08
	II	–	252,41	224,08	196,33	169,08	142,50	116,50
	III	222,00	196,50	171,33	146,33	121,83	97,50	73,50
	IV	393,83	378,25	362,75	347,41	332,25	317,25	302,33
2767,65	I	394,91	363,83	333,33	303,41	274,00	245,25	217,08
	II	–	253,41	225,08	197,25	170,08	143,41	117,41
	III	222,00	196,50	171,33	146,33	121,83	97,50	73,50
	IV	394,91	379,33	363,83	348,50	333,33	318,33	303,41
2772,15	I	396,08	364,91	334,41	304,41	275,08	246,25	218,08
	II	–	254,41	226,08	198,25	171,00	144,41	118,33
	III	223,83	198,33	173,00	148,16	123,50	99,16	75,16
	IV	396,08	380,41	364,91	349,58	334,41	319,33	304,41
2776,65	I	397,16	366,08	335,50	305,50	276,08	247,33	219,08
	II	–	255,50	227,08	199,25	172,00	145,33	119,25
	III	223,83	198,33	173,00	148,16	123,50	99,16	75,16
	IV	397,16	381,58	366,08	350,66	335,50	320,41	305,50
2781,15	I	398,33	367,16	336,58	306,58	277,16	248,33	220,08
	II	–	256,50	228,00	200,25	172,91	146,25	120,16
	III	223,83	198,33	173,00	148,16	123,50	99,16	75,16
	IV	398,33	381,58	367,16	351,75	336,58	321,50	306,58
2785,65	I	399,41	368,25	337,66	307,66	278,16	249,33	221,08
	II	–	257,50	229,08	201,25	173,91	147,25	121,08
	III	225,66	200,16	174,83	150,00	125,33	101,00	76,83
	IV	399,41	383,75	368,25	352,91	337,66	322,58	307,66
2790,15	I	400,58	369,33	338,75	308,66	279,25	250,33	222,00
	II	–	258,58	230,08	202,16	174,91	148,16	122,00
	III	225,66	200,16	174,83	150,00	125,33	101,00	76,83
	IV	400,58	384,91	369,33	354,00	338,75	323,66	308,66
2794,65	I	401,66	370,50	339,83	309,75	280,25	251,41	223,08
	II	–	259,58	231,08	203,16	175,83	149,03	122,91
	III	227,50	201,83	176,66	151,66	127,00	102,66	78,66
	IV	401,66	386,00	370,50	355,08	339,83	324,75	309,75
2799,15	I	402,83	371,58	340,91	310,83	281,33	252,41	224,08
	II	–	260,58	232,08	204,16	176,83	150,00	123,83
	III	227,50	201,83	176,66	151,66	127,00	102,66	78,66
	IV	402,83	387,08	371,58	356,16	340,91	325,83	310,83
2803,65	I	403,91	372,66	342,00	311,91	282,33	253,41	225,08
	II	–	261,66	233,08	205,16	177,75	151,00	124,75
	III	227,50	201,83	176,66	151,66	127,00	102,66	78,66
	IV	403,91	388,25	372,66	357,25	342,00	326,83	311,91
2808,15	I	405,08	373,75	343,08	312,91	283,41	254,41	226,08
	II	–	262,66	234,08	206,16	178,75	151,91	125,66
	III	229,33	203,66	178,50	153,50	128,83	104,33	80,33
	IV	405,08	389,33	373,91	358,33	343,08	327,91	312,91

Nach dem Einkommensteuergesetz werden die folgenden Steuerklassen unterschieden: Steuerklasse I: Ledige, verwitwete, geschiedene sowie verheiratete Arbeitnehmer, die dauernd getrennt leben. Steuerklasse II: Arbeitnehmer der Steuerklasse I mit mindestens einem Kind. Steuerklasse III: Verheiratete Arbeitnehmer, die nicht dauernd getrennt leben, deren Ehepartner keinen Arbeitslohn bezieht oder in Steuerklasse V eingestuft wird. Steuerklasse IV: Verheiratete, die beide Arbeitslohn beziehen, nach Klasse IV versteuert werden und nicht dauernd getrennt leben. Steuerklasse V: Arbeitnehmer, deren Ehegatte in Steuerklasse III eingestuft ist. Steuerklasse VI: Arbeitnehmer, die gleichzeitig Arbeitslohn von mehreren Arbeitgebern beziehen.

Arbeiter und Angestellte sind pflichtversichert in den folgenden Zweigen der Sozialversicherung:

Rentenversicherung: Versicherungspflicht unabhängig von der Höhe des Arbeitslohnes.

Krankenversicherung: Unbeschränkte Versicherungspflicht für Arbeiter. Versicherungspflicht für Angestellte bis zur jeweiligen Krankenversicherungspflichtgrenze.

Arbeitslosenversicherung: Versicherungspflicht für alle Arbeiter und Angestellten.

Für die Beitragsberechnung werden jährlich Höchstgrenzen (= Beitragsbemessungsgrenzen) festgelegt.
Die buchungstechnische Problematik ist unabhängig von dem jeweils aktuellen Stand.

Die derzeit gültigen Sätze sind: Rentenversicherung 18,7%
Krankenversicherung 11 bis 14%
Arbeitslosenversicherung 4,3%

Auszug aus der Abzugstabelle für monatliche Lohn- und Gehaltszahlung:

Abzüge an Sozialversicherung bei einem maßgebenden Beitrag zur Kranken-Versicherung (in %) von

10,7 / 12,6 / 14,5 (G/H/F)	10,8 / 12,7 / 14,6	10,9 / 12,8 / 14,7	11,0 / 12,9 / 14,8	11,1 / 13,0 / 14,9	11,2 / 13,1 / 15,0	11,3 / 13,2 / 15,1	11,4 / 13,3 / 15,2	11,5 / 13,4 / 15,3	Arbeitsentgelt bis DM	11,6 / 13,5 / 15,4	11,7 / 13,6 / 15,5	11,8 / 13,7 / 15,6	11,9 / 13,8 / 15,7	12,0 / 13,9 / 15,8	12,1 / 14,0 / 15,9	12,2 / 14,1 / 16,0	12,3 / 14,2 / 16,1	12,4 / 14,3 / 16,2	Sozial-Vers. K/L / M / N/O
147,30 / 173,45 / 199,61	148,67 / 174,83 / 200,99	150,05 / 176,21 / 202,36	151,43 / 177,58 / 203,74	152,80 / 178,96 / 205,12	154,18 / 180,34 / 206,49	155,56 / 181,71 / 207,87	156,93 / 183,09 / 209,25	158,31 / 184,47 / 210,62	2755,49	159,69 / 185,84 / 212,00	161,06 / 187,22 / 213,38	162,44 / 188,60 / 214,75	163,82 / 189,97 / 216,13	165,19 / 191,35 / 217,51	166,57 / 192,73 / 218,88	167,95 / 194,10 / 220,26	169,32 / 195,48 / 221,64	170,70 / 196,86 / 223,01	257,43 / 59,19 / 316,62
147,54 / 173,74 / 199,94	148,92 / 175,12 / 201,32	150,30 / 176,50 / 202,69	151,68 / 177,87 / 204,07	153,05 / 179,25 / 205,45	154,43 / 180,63 / 206,83	155,81 / 182,01 / 208,21	157,19 / 183,39 / 209,59	158,57 / 184,77 / 210,97	2759,99	159,95 / 186,15 / 212,35	161,33 / 187,53 / 213,72	162,71 / 188,91 / 215,10	164,09 / 190,28 / 216,48	165,46 / 191,66 / 217,86	166,84 / 193,04 / 219,24	168,22 / 194,42 / 220,62	169,60 / 195,80 / 222,00	170,98 / 197,18 / 223,38	257,85 / 59,29 / 317,14
147,78 / 174,02 / 200,26	149,16 / 175,40 / 201,64	150,54 / 176,78 / 203,02	151,92 / 178,16 / 204,41	153,30 / 179,55 / 205,79	154,69 / 180,93 / 207,17	156,07 / 182,31 / 208,55	157,45 / 183,69 / 209,93	158,83 / 185,07 / 211,31	2764,49	160,21 / 186,45 / 212,69	161,59 / 187,83 / 214,07	162,97 / 189,21 / 215,45	164,35 / 190,59 / 216,84	165,73 / 191,98 / 218,22	167,12 / 193,36 / 219,60	168,50 / 194,74 / 220,98	169,88 / 196,12 / 222,36	171,26 / 197,50 / 223,74	258,27 / 50,39 / 317,66
148,02 / 174,30 / 200,59	149,40 / 175,69 / 201,97	150,79 / 177,07 / 203,36	152,17 / 178,45 / 204,74	153,55 / 179,84 / 206,12	154,94 / 181,22 / 207,51	156,32 / 182,60 / 208,89	157,70 / 183,99 / 210,27	159,09 / 185,37 / 211,66	2768,99	160,47 / 186,75 / 213,04	161,85 / 188,14 / 214,42	163,24 / 189,52 / 215,81	164,62 / 190,91 / 217,19	166,00 / 192,29 / 218,57	167,39 / 193,67 / 219,96	168,77 / 195,06 / 221,34	170,15 / 196,44 / 222,72	171,54 / 197,82 / 224,11	258,69 / 59,48 / 318,18
148,26 / 174,59 / 200,91	149,65 / 175,97 / 202,30	151,03 / 177,36 / 203,69	152,42 / 178,74 / 205,07	153,80 / 180,13 / 206,46	155,19 / 181,52 / 207,84	156,58 / 182,90 / 209,23	157,96 / 184,29 / 210,61	159,35 / 185,67 / 212,00	2773,49	160,73 / 187,06 / 213,39	162,12 / 188,44 / 214,77	163,50 / 189,83 / 216,16	164,89 / 191,22 / 217,54	166,27 / 192,60 / 218,93	167,66 / 193,99 / 220,31	169,05 / 195,37 / 221,70	170,43 / 196,76 / 223,08	171,82 / 198,14 / 224,47	259,11 / 59,58 / 318,69
148,50 / 174,87 / 201,24	149,89 / 176,26 / 202,63	151,28 / 177,65 / 204,02	152,67 / 179,04 / 205,40	154,05 / 180,42 / 206,79	155,44 / 181,81 / 208,18	156,83 / 183,20 / 209,57	158,22 / 184,59 / 210,96	159,61 / 185,97 / 212,34	2777,99	160,99 / 187,36 / 213,73	162,38 / 188,75 / 215,12	163,77 / 190,14 / 216,51	165,16 / 191,53 / 217,90	166,54 / 192,91 / 219,28	167,93 / 194,30 / 220,67	169,32 / 195,69 / 222,06	170,71 / 197,08 / 223,45	172,10 / 198,47 / 224,83	259,53 / 59,68 / 319,21
148,74 / 175,16 / 201,57	150,13 / 176,55 / 202,96	151,52 / 177,94 / 204,35	152,91 / 179,33 / 205,74	154,30 / 180,72 / 207,13	155,69 / 182,11 / 208,52	157,08 / 183,50 / 209,91	158,47 / 184,89 / 211,30	159,86 / 186,28 / 212,69	2782,49	161,25 / 187,67 / 214,08	162,64 / 189,06 / 215,47	164,03 / 190,45 / 216,86	165,42 / 191,84 / 218,25	166,81 / 193,23 / 219,64	168,20 / 194,62 / 221,03	169,59 / 196,01 / 222,42	170,98 / 197,40 / 223,81	172,37 / 198,79 / 225,20	259,95 / 59,78 / 319,73
148,98 / 175,44 / 201,89	150,38 / 176,83 / 203,29	151,77 / 178,22 / 204,68	153,16 / 179,62 / 206,07	154,55 / 181,01 / 207,46	155,95 / 182,40 / 208,86	157,34 / 183,79 / 210,25	158,73 / 185,19 / 211,64	160,12 / 186,58 / 213,03	2786,99	161,51 / 187,97 / 214,42	162,91 / 189,36 / 215,82	164,30 / 190,75 / 217,21	165,69 / 192,15 / 218,60	167,08 / 193,54 / 219,99	168,48 / 194,93 / 221,39	169,87 / 196,32 / 222,78	171,26 / 197,72 / 224,17	172,65 / 199,11 / 225,56	260,37 / 59,87 / 320,25

Bis zur Überweisung der Steuer- und Sozialversicherungsabzüge entsteht für den Betrieb jeweils eine kurzfristige Verbindlichkeit, die auf den Konten

- 191 Verbindlichkeiten aus Steuern und
- 192 Verbindlichkeiten aus Sozialversicherung

erfaßt wird.

Die Beiträge zur Unfallversicherung sind vom Arbeitgeber in voller Höhe zu tragen.

BEISPIEL 31

Gehaltsabrechnung eines Angestellten (Steuerklasse III, keine Kinder, Kirchensteuer 8%, Krankenversicherungsbeitrag 14%). Zahlung durch Banküberweisung.

Bruttogehalt	2.760,– DM
− Lohnsteuer	222,– DM
− Kirchensteuer	17,76 DM
− Sozialversicherung (Arbeitnehmeranteil)	511,02 DM
Nettogehalt	2.009,22 DM
Arbeitgeberanteil zur Sozialversicherung	511,02 DM

Buchungen:

402 Gehälter 2.760,– an   13 Bank   2.009,22
                              191 Verbindlichkeiten aus Steuern   239,76
                              192 Verbindlichkeiten aus Sozialversicherung   511,02

404 Gesetzliche soziale Aufwendungen an 192 Verbindlichkeiten
                                                       aus Sozialversicherung 511,02

Bei Überweisung der einbehaltenen Abzüge sowie des Arbeitgeberanteils ist zu buchen:
191 Verbindlichkeiten aus Steuern   239,76 an 13 Bank 1.261,80
192 Verbindlichkeiten aus Sozialversicherung 1.022,04

Erhält ein Arbeitnehmer einen **Vorschuß**, der mit der späteren Lohn- und Gehaltszahlung verrechnet wird, so ist damit eine Forderung auf Leistung gegenüber dem Arbeitnehmer verbunden, welche auf dem Konto

116 Forderungen an Mitarbeiter

erfaßt wird.

Hat zum Beispiel der Angestellte (Beispiel 30) einen Vorschuß von 500,– DM erhalten, so ergeben sich die folgenden Buchungen:
Bei Zahlung des Vorschusses:
116 Forderungen an Mitarbeiter an 13 Bank 500,–

Bei der Abschlußzahlung:
402 Gehälter 2.760,– an   13 Bank   1.509,22
                              116 Forderungen an Mitarbeiter   500,–
                              191 Verbindlichkeiten aus Steuern   239,76
                              192 Verbindlichkeiten aus Sozialversicherung   511,02

In gleicher Weise wird eine etwaige Miete für die Firmenwohnung mit dem Lohn oder Gehalt verrechnet. Die Nettoauszahlung verringert sich entsprechend. Die Miete ist für den Betrieb als „Mieterträge" zu erfassen.

Abschlagszahlungen sind ein Entgelt für bereits geleistete Arbeit. Sie werden unmittelbar auf dem Konto Personalkosten gebucht und später verrechnet.

Ein Angestellter erhält eine Abschlagszahlung von 400,– DM (Zahlen aus Beispiel 30).

Buchungen:
402 Gehälter an 15 Kasse 400,–

Bei der Abschlußzahlung wird der Abschlag berücksichtigt und Steuern und Sozialversicherung insgesamt abgezogen.

```
402 Gehälter 2.360,– an   13 Bank                                      1.609,22
                          191 Verbindlichkeiten aus Steuern             239,76
                          192 Verbindlichkeiten aus Sozialverischerung  511,02
```

Buchung des Arbeitgeberanteils wie oben.

Eine Besonderheit ist die Zahlung **„Vermögenswirksamer Leistungen"** (Anlagen nach dem 5. Vermögensbildungsgesetz).
Zahlt diese der Arbeitgeber, so erhöhen sich die Personalkosten um den Betrag. Zahlt der Arbeitnehmer, so stellt dies eine Gehaltsverwendung dar, die den Auszahlungsbetrag entsprechend verringert. Die Auszahlung der Arbeitnehmersparzulage erfolgt ab 1990 durch das Finanzamt nach Ablauf des jeweiligen Jahres.
Unabhängig davon, ob der Arbeitgeber oder der Arbeitnehmer die vermögenswirksamen Leistungen trägt, werden sie in jedem Fall einbehalten und auf das entsprechende Sparkonto überwiesen.
Erhält zum Beispiel der Angestellte aus Beispiel 30 vom Arbeitgeber eine vermögenswirksame Leistung von 26,– DM und legt er monatlich 52,– DM an, so ergeben sich die folgenden Buchungen:

Bruttogehalt	2.760,– DM
+ vermögenswirksame Leistung	26,– DM
steuer- und sozialversicherungspflichtige Bruttobezüge	2.786,– DM
— vermögenswirksame Leistung	52,– DM
— Lohn- und Kirchensteuer	243,71 DM
— Sozialversicherung (AN-Anteil)	515,17 DM
Nettogehalt	1.975,12 DM

```
402 Gehälter                      2.760,– an  13 Bank                        1.975,12
407 Vermögenswirksame Leistungen     26,–     191 Verbindlichkeiten
                                                   aus Steuern                243,71
                                              192 Verbindlichkeiten
                                                   aus Sozialversicherung     515,17
                                              195 Verbindlichkeiten
                                                   aus Vermögensbildung        52,–
```

Buchung des Arbeitgeberanteils wie oben.

ÜBERBLICK

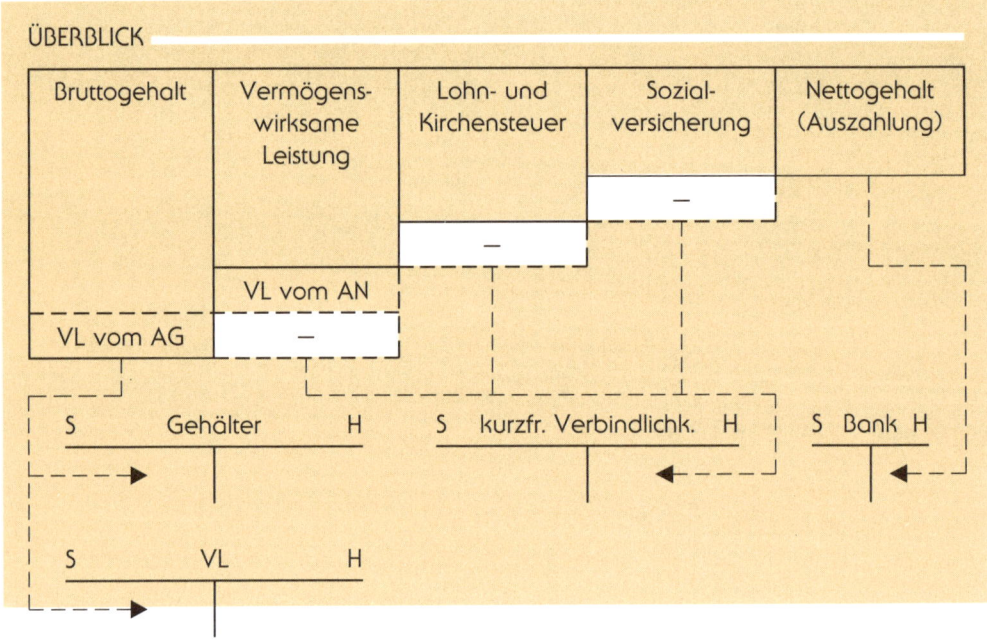

AUFGABEN

25. Gehaltszahlung für einen Angestellten durch Banküberweisung, brutto 2.770,– DM (Steuerklasse II, 1 Kind, Kirchensteuer 8%, Krankenversicherung 12%)

26. Gehaltszahlung für einen Angestellten durch Banküberweisung, brutto 2.755,– DM (Steuerklasse III, keine Kinder, 52,– Vermögenswirksame Leistung, vom Arbeitnehmer getragen, Kirchensteuer 8%, Mietwert der Firmenwohnung 260,– DM, Krankenversicherung 13%

27. In der Praxis werden die Löhne und Gehälter nicht einzeln, sondern pauschal nach Listen verbucht (Krankenversicherung 14%):

Name	Steuer-klasse	Brutto-gehalt	Lohn-steuer	8% Kirchen-steuer	Sozialver-sicherung	Netto-gehalt	AG-Anteil
Müller, H.	III/2	2.780,–					
Kunz, J.	I	2.760,–					
Schulz, K.	II/1	2.765,50					

Buchung der Steuern

Neben der Umsatzsteuer (Mehrwertsteuer) und der vom Arbeitnehmer einbehaltenen Lohn- und Kirchensteuer fallen in einem Betrieb die folgenden Steuern an:

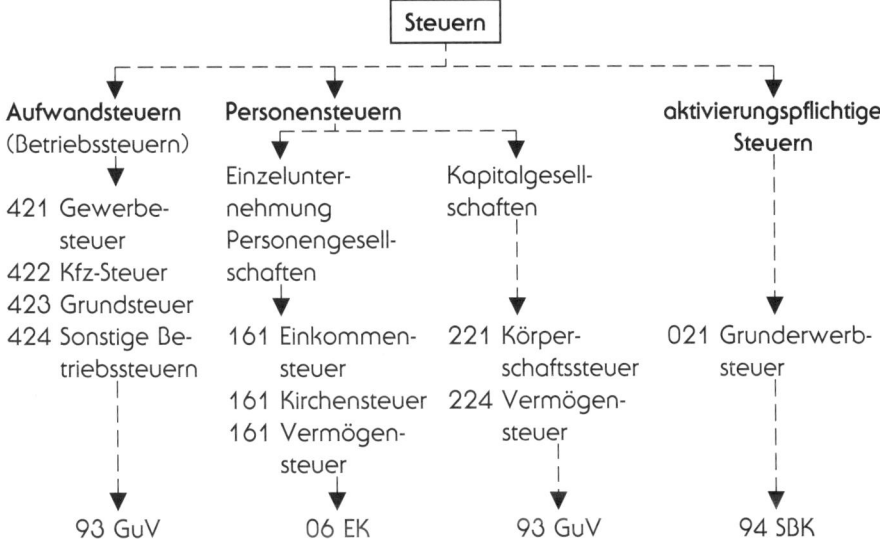

- **Durchlaufsteuern**

Die Unternehmen sind gesetzlich verpflichtet, vom Steuerpflichtigen Lohn- und Kirchensteuer sowie die Mehrwertsteuer im Auftrag des Finanzamtes einzuziehen. Diese Steuern sind für das Unternehmen **„durchlaufende Posten"** und werden daher als kurzfristige Verbindlichkeiten gegenüber dem Finanzamt gebucht.

- **Aufwandsteuern**

Hierzu sind alle Steuern zu zählen, welche für das Unternehmen gewinnmindernden Aufwand darstellen. Als **Kostensteuern** gehen sie in die Kalkulation ein und sind in der entsprechenden Kontenklasse für die Kostenarten zu buchen.

- **Personensteuern**

Personensteuern sind aus dem Gewinn zu zahlen. Sie werden daher nicht als Aufwand behandelt.
Bei Einzelunternehmen und Personengesellschaften betreffen sie die Person der Unternehmer und sind als **Privatentnahmen** auf den entsprechenden Konten zu buchen.
Bei Kapitalgesellschaften fällt an Stelle der Einkommensteuer Körperschaftsteuer an. Diese ist wie auch die Vermögensteuer als Aufwand zu buchen, da Kapitalgesellschaften keine Privatkonten führen können. Zur Gewinnermittlung sind diese nicht abzugsfähigen Ausgaben dann wieder hinzuzurechnen.

● **Aktivierungspflichtige Steuern**

Derartige Steuern sind als **Anschaffungsnebenkosten** und somit Bestandteil des Anschaffungswertes auf den entsprechenden Bestandskonten zu aktivieren. Hierzu gehört insbesondere die beim Erwerb von Grundstücken und Gebäuden einmalig zu zahlende Grunderwerbsteuer sowie die Börsenumsatzsteuer beim Erwerb von Wertpapieren.

AUFGABEN

28. Bilden Sie die Buchungssätze zu den folgenden Geschäftsfällen:
    a) Banküberweisung der Umsatzsteuer   6.700,– DM
    b) Banküberweisung der Einkommensteuer   5.600,– DM
       sowie der Grundsteuer   2.300,– DM
    c) Barzahlung der Gewerbesteuer   3.760,– DM
       sowie der Kfz-Steuer   2.100,– DM
    d) Überweisung der einbehaltenen Lohn- und Kirchensteuer   14.700,– DM

29. Ordnen Sie zu: Abschluß über:

	GuV	SBK	EK
a) Einkommensteuer			
b) Grundsteuer			
c) Lohnsteuer der Arbeitnehmer			
d) Vermögensteuer (OHG)			
e) Wechselsteuer			
f) Grunderwerbsteuer			
g) Kfz-Steuer			
h) Gewerbesteuer			
j) Mehrwertsteuer			

30. Welche der Steuern aus Aufgabe 29 sind durchlaufende Steuern?
31. Welche der Steuern aus Aufgabe 29 sind Kostensteuern?

3. Kapitel

Jahresabschluß der Unternehmung*

*In diesem Kapitel wird auf die Angabe von Kontonummern verzichtet, da die Probleme und Kontierungen unabhängig von dem verwendeten Kontenrahmen sind.

Das neue 3. Buch des HGB enthällt eine geschlossene Darstellung der handelsrechtlichen Vorschriften. Der 1. Abschnitt (§§ 238–263 HGB) ist für **alle** Kaufleute anzuwenden und regelt für Einzelunternehmen und Personenhandelsgesellschaften den Jahresabschluß abschließend. Für Kapitalgesellschaften und Genossenschaften hat er den Charakter eines allgemeinen Teiles. Für sie gelten ergänzend der 2. (Kapitalgesellschaften) und 3. Abschnitt (eingetragene Genossenschaften).
Der Jahresabschluß der Kapitalgesellschaften besteht nach § 264 HGB aus drei Teilen:

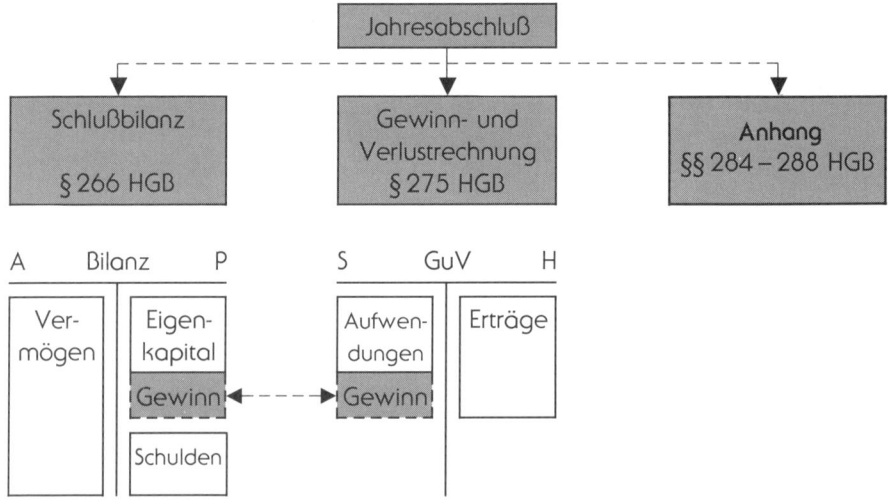

- **Schlußbilanz:**
  Sie dient als Zeitpunktrechnung dem Abschluß der Bestandskonten und gibt Auskunft über die Höhe des Erfolges.
- **Gewinn- und Verlustrechnung:**
  Sie dient als Zeitraumrechnung dem Abschluß der Erfolgskonten und gibt Auskunft über die Entstehung des Erfolges.
- **Anhang:**
  Er soll die Bilanz und die GuV-Rechnung in den einzelnen Positionen näher erläutern, um sicherzustellen, daß der Jahresabschluß ein den tatsächlichen Verhältnissen entsprechendes Bild der Vermögens-, Finanz- und Ertragslage liefert. Neben dem Jahresabschluß haben Kapitalgesellschaften einen **Lagebericht** zu erstellen, der den Geschäftsverlauf und die Lage des Unternehmens entsprechend den tatsächlichen Verhältnissen darstellt.

Bei der Erstellung des Jahresabschlusses ergeben sich besondere buchungstechnische Probleme, die in den folgenden Kapiteln ausführlich erörtert werden.

Zeitliche Abgrenzung des Jahreserfolges

Zu den Grundsätzen ordnungsmäßiger Bilanzierung gehört auch das Erfordernis einer **richtigen Periodenabgrenzung,** d. h. periodengerechte Ermittlung des Jahreserfolges bezogen auf den Bilanzstichtag.

Dies erfordert:

1. Die Erfassung derjenigen Aufwendungen und Erträge, die dem abzuschließenden Geschäftsjahr ursächlich zuzuordnen sind, unabhängig davon, wann für sie Zahlungen geleistet werden bzw. Zahlungen Dritter eingehen.

2. Die Übertragung aller Aufwendungen und Erträge, die dem neuen Geschäftsjahr ursächlich zuzurechnen sind, in die neue Abrechnungsperiode, auch wenn dafür bereits im alten Jahr Zahlungen an Dritte geleistet wurden bzw. Zahlungen von Dritten eingegangen sind.

   Dabei können die folgenden vier Fälle unterschieden werden:

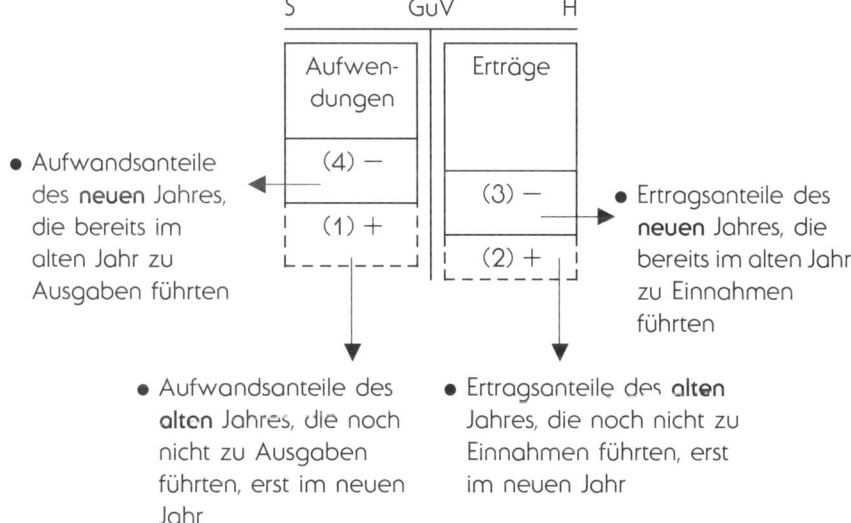

In allen diesen Fällen fallen die Kategorien des Zahlungsverkehrs (**Einnahmen** und **Ausgaben**) in eine andere Abrechnungsperiode als die Kategorien der Erfolgsrechnung (**Erträge** und **Aufwendungen**).

Für die Aufstellung der Gewinn- und Verlustrechnung ist jedoch nicht entscheidend, wann für Aufwendungen und Erträge Zahlungen geleistet werden oder Zahlungen eingehen, sondern welcher Abrechnungsperiode diese verursachungsgemäß zugerechnet werden müssen.

Die dargestellten vier Fälle lassen sich hinsichtlich der rechtlichen Interpretation wie folgt unterscheiden:

altes Jahr	Rechtsgrund	31.12.	neues Jahr	Rechtsfolge
1. Ertrag	Anspruch auf	↑	Einnahme	Geldleistung von Dritten
2. Aufwand	Verpflichtung zu		Ausgabe	eigener Geldleistung
3. Einnahme	Verpflichtung zu		Ertrag	eigener Sachleistung
4. Ausgabe	Anspruch auf	↓	Aufwand	Sachleistung von Dritten

SONSTIGE FORDERUNGEN UND SONSTIGE VERBINDLICHKEITEN

Einnahmen nach dem Bilanzstichtag für **Erträge,** die verursachungsgemäß einem Zeitraum **vor** diesem Tag zuzurechnen sind, da die geldmäßige Verrechnung erst im neuen Jahr erfolgt, werden in der Bilanz als echte Geldforderungen erfaßt, da sonst sowohl die Bilanz als auch die Gewinn- und Verlustrechnung ein falsches Bild ergeben.

Fall 1:

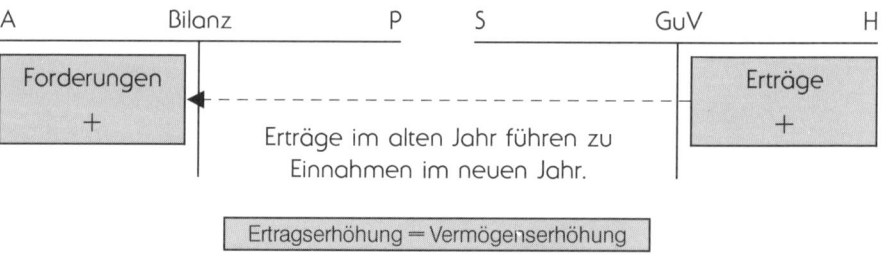

Ertragserhöhung = Vermögenserhöhung

Zur buchungstechnischen Abwicklung derartiger Fälle zum Bilanzstichtag wird das aktive Bestandskonto

Sonstige Forderungen

eingeschaltet.

Sonstige Forderungen stellen als Ansprüche auf Geldleistungen echte Vermögenswerte dar, welche die Liquidität des Unternehmens erhöhen, sobald sie ausgeglichen werden.

BEISPIEL 32

Ein Mieter zahlt die Garagenmiete vereinbarungsgemäß für drei Monate (450,– DM insgesamt) im nachhinein am 1. Februar des neuen Jahres durch Banküberweisung.

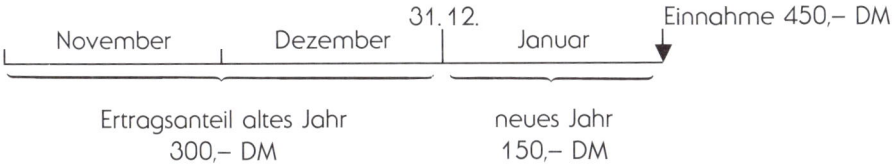

| November | Dezember | 31.12. | Januar | Einnahme 450,– DM |

Ertragsanteil altes Jahr
300,– DM

neues Jahr
150,– DM

Buchungen:
31.12.
Sonstige Forderungen an Haus- und Grundstückserträge 300,–

Haus- und Grundstückserträge an Abgrenzungssammelkonto (Industrie: GuV) 300,–

Schlußbilanzkonto an Sonstige Forderungen 300,–

Im neuen Jahr wird das Konto „Sonstige Forderungen" wieder eröffnet:
2.1.
Sonstige Forderungen an Eröffnungsbilanzkonto 300,–

1.2.
Bank 450,– an Sonstige Forderungen   300,–
                    Haus- und Grundstückserträge 150,–

Damit ist es gelungen, die Ertragsanteile (altes Jahr – 300,– DM, neues Jahr – 150,– DM) periodengerecht zuzuordnen.
Die gleiche Abgrenzung erfolgt für **Ausgaben** nach dem Bilanzstichtag für **Aufwendungen**, die wirtschaftlich **vor** diesem Tag zu erfassen sind.
Am 31. 12. stehen diesen Aufwendungen echte Schulden gegenüber, da die Zahlungen noch ausstehen, rechtlich bereits aber eine Verpflichtung zur Zahlung im neuen Jahr durch die Inanspruchnahme von Leistungen begründet wurde. Durch den Ausgleich dieser Schulden werden die liquiden Mittel (Kasse, Postgiro, Bank) gemindert. Hinsichtlich dieses qualitativen Unterschiedes in der Liquiditätsbetrachtung sind die sonstigen Forderungen und Verbindlichkeiten eindeutig von den Posten der Rechnungsabgrenzung zu trennen.

Fall 2:

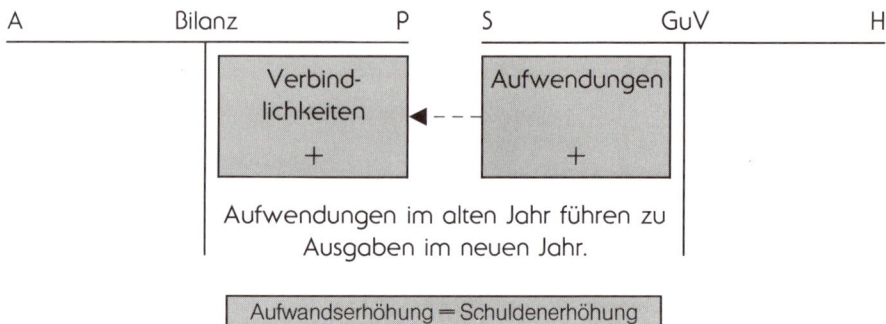

A   Bilanz   P   S   GuV   H

Verbind-
lichkeiten

+

Aufwendungen

+

Aufwendungen im alten Jahr führen zu
Ausgaben im neuen Jahr.

Aufwandserhöhung = Schuldenerhöhung

Zur Bilanzierung per 31. 12. wird das passive Bestandskonto

Sonstige Verbindlichkeiten

eingeschaltet.

BEISPIEL 33

Die Darlehenszinsen werden von uns halbjährlich, nachträglich gezahlt. Letzte zahlung am
1. 11. des alten Jahres (600,– DM insgesamt)

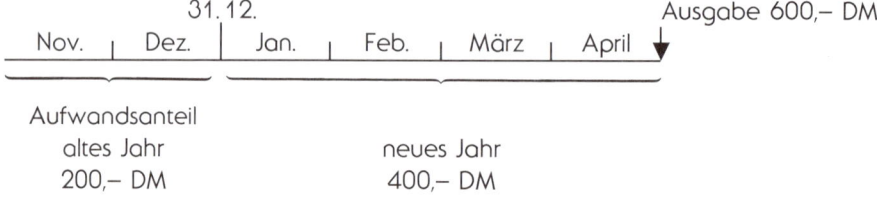

| | 31.12. | | | | | Ausgabe 600,– DM |
| Nov. | Dez. | Jan. | Feb. | März | April | ↓ |

Aufwandsanteil
altes Jahr
200,– DM

neues Jahr
400,– DM

Buchungen:
31. 12.
Zinsaufwendungen an Sonstige Verbindlichkeiten 200,–
Gewinn- und Verlustkonto an Zinsaufwendungen 200,–
Sonstige Verbindlichkeiten an Schlußbilanzkonto 200,–
Das Konto „Sonstige Verbindlichkeiten" wird im neuen Jahr wieder eröffnet.

2. 1.
Eröffnungsbilanzkonto an Sonstige Verbindlichkeiten 200,–

1. 5.
Sonstige Verbindlichkeiten 200,–
Zinsaufwendungen   400,– an Bank 600,–

RECHNUNGSABGRENZUNGSPOSTEN

Sonstige Forderungen und sonstige Verbindlichkeiten betrafen Erträge oder Aufwendungen vor dem Bilanzstichtag, für die die Zahlungsvorgänge erst in dem folgenden Geschäftsjahr erfolgen. Dagegen ist die Einstellung von **Rechnungsabgrenzungsposten** in die Bilanz an die folgenden Voraussetzungen geknüpft:

1. Es muß sich um **Ausgaben** oder **Einnahmen vor** dem Bilanzstichtag handeln.
2. Die Erfolgswirksamkeit dieser Zahlungen in der Form von Aufwendungen und Erträgen erstreckt sich auf eine bestimmte Zeit **nach** dem Bilanzstichtag.

Im voraus gezahlte Erträge werden durch das passive Bestandskonto

> Passive Rechnungsabgrenzungsposten

über die Schlußbilanz aus der Erfolgsrechnung des alten Jahres in die Erfolgsrechnung des neuen Jahres übertragen.

Fall 3:

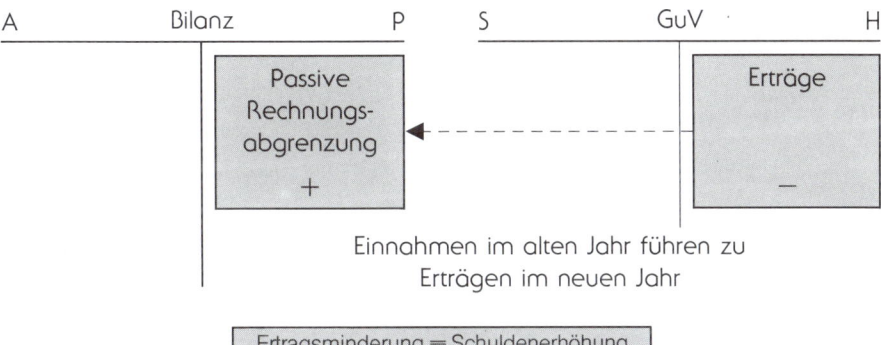

Einnahmen im alten Jahr führen zu
Erträgen im neuen Jahr

> Ertragsminderung = Schuldenerhöhung

BEISPIEL 34

Unser Darlehensschuldner zahlt die Vierteljahreszinsen vereinbarungsgemäß am 1. 11. im voraus durch Banküberweisung (900,– DM insgesamt).

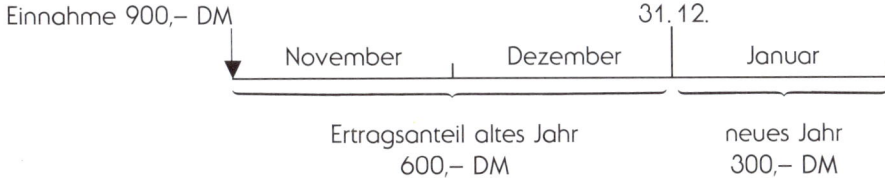

Buchungen:
1.11.
Bank an Zinserträge 900,–

oder bei sofortiger Abgrenzung der Zinserträge:
Bank 900,– an Zinserträge   600,–
                         Passive Rechnungsabgrenzung 300,–

Wurde bei der Zahlung zum 1.11. der Ertrag noch nicht zeitlich abgegrenzt, so ist dies bei der Bilanzerstellung zum 31.12. vorzunehmen.
31.12.
Zinserträge an Passive Rechnungsabgrenzung 300,–

Zinserträge an GuV 600,–

Damit wird nur der Ertragsanteil des alten Jahres in die Gewinn- und Verlustrechnung übernommen.
Passive Rechnungsabgrenzung an Schlußbilanzkonto 300,–

Sinn und Zweck der Bilanzposition „Passive Rechnungsabgrenzung" ist die Übertragung der Ertragsanteile des neuen Jahres in diese Periode.
Das Konto ist damit im neuen Jahr nach der Eröffnung wieder aufzulösen:
2.1.
Eröffnungsbilanzkonto an Passive Rechnungsabgrenzung 300,–

Passive Rechnungsabgrenzung an Zinserträge 300,–

Im voraus gezahlte Aufwendungen werden durch das aktive Bestandskonto

Aktive Rechnungsabgrenzungsposten

in die Erfolgsrechnung des neuen Jahres übertragen.

Fall 4:

Ausgaben im alten Jahr führen zu
Aufwendungen im neuen Jahr

Aufwandsminderung = Vermögenserhöhung

BEISPIEL 35 ——

Die Kfz-Steuer (300,– DM) wurde am 1.9. des alten Jahres für ein Jahr im voraus gezahlt.

Ausgabe 300,– DM   31.12.

| S | O | N | D | J | F | M | A | M | J | J | A |

Aufwandsanteil altes Jahr   neues Jahr
        100,– DM   200,– DM

Buchungen:
1.9.
Kosten des Fuhr- und Wagenparks an Bank 300,–
oder bei gleichzeitiger Abgrenzung der Aufwendungen:
Kosten des Fuhr- und Wagenparks 100,–
Aktive Rechnungsabgrenzung   200,– an Bank 300,–
31.12. ohne vorherige Abgrenzung:
Aktive Rechnungsabgrenzung an Kosten des Fuhr- und Wagenparks 200,–
GuV an Kosten des Fuhr- und Wagenparks 100,–
Schlußbilanzkonto an Aktive Rechnungsabgrenzung 200,–

ÜBERBLICK

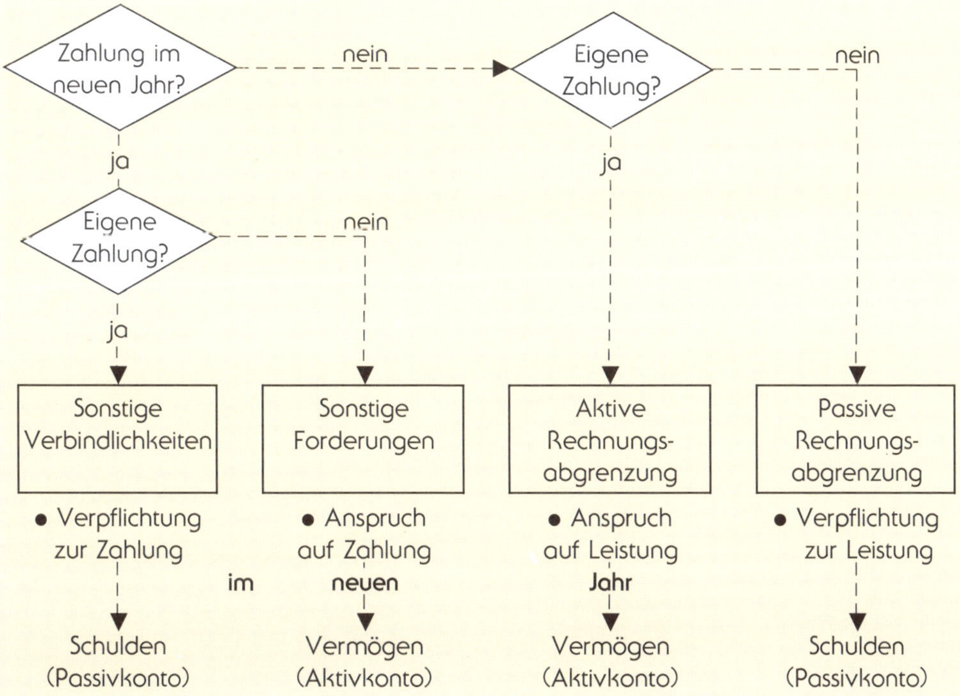

```
  ┌ Zahlung im ┐      nein        ┌ Eigene ┐       nein
  │ neuen Jahr?│ - - - - - - - →  │Zahlung?│ - - - - - -
  └────────────┘                  └────────┘
        │ ja                          │ ja
  ┌ Eigene ┐         nein             │
  │Zahlung?│ - - - - - - -            │
  └────────┘             │            │
        │ ja             │            │
        ▼                ▼            ▼                  ▼
┌──────────────┐  ┌──────────┐  ┌──────────┐     ┌──────────┐
│   Sonstige   │  │ Sonstige │  │  Aktive  │     │ Passive  │
│Verbindlich-  │  │Forderungen│ │Rechnungs-│     │Rechnungs-│
│   keiten     │  │          │  │abgrenzung│     │abgrenzung│
└──────────────┘  └──────────┘  └──────────┘     └──────────┘
```

• Verpflichtung   • Anspruch   • Anspruch   • Verpflichtung
  zur Zahlung   auf Zahlung   auf Leistung   zur Leistung

              im   **neuen**   **Jahr**

Schulden   Vermögen   Vermögen   Schulden
(Passivkonto)   (Aktivkonto)   (Aktivkonto)   (Passivkonto)

AUFGABEN

32. Ordnen Sie zu:

	Sonstige Forderungen	Sonstige Verbind- lichkeiten	ARAP	PRAP
a) Aufwand jetzt – Ausgabe später				
b) Einnahme jetzt – Ertrag später				
c) Ausgabe jetzt – Aufwand später				
d) Ertrag jetzt – Einnahme später				

33. Buchen Sie jeweils zum 31. 12.:
   a) Am 31. 12. haben wir die Dezembermiete (800,– DM) noch nicht überwiesen.
   b) Die Zinsgutschrift der Bank für das letzte Vierteljahr des alten Jahres (760,– DM) steht noch aus. Sie erfolgt erst im Januar.
   c) Der Handelskammerbeitrag für das letzte Vierteljahr des alten Jahres ist noch nicht gezahlt (240,– DM).
   d) Die Kfz-Steuer für den LKW in Höhe von 360,– DM wurde am 1. 10. für ein Jahr durch die Bank überwiesen.
   e) Ende April des nächsten Jahres überweisen wir Darlehenszinsen rückwirkend für ein halbes Jahr durch die Bank 1.200,– DM
   f) Die Miete für das Geschäftshaus wurde am 1. 12. für drei Monate im voraus durch die Bank überwiesen (2.400,– DM).
   g) Wir haben am 31. 12. fällige Darlehenszinsen für die Zeit vom 1. 10. bis 31. 12. in Höhe von 500,– DM monatlich noch nicht erhalten.
   h) Am 6. 12. wurden Bezugskosten für eine Fachzeitschrift in Höhe von 150,– DM netto durch die Bank überwiesen.
   i) Am 1. 12. gingen durch Banküberweisung Mietzahlungen für Dezember bis Februar in Höhe von insgesamt 900,– DM ein.
   j) Wir zahlen am 1. 11. Darlehenszinsen in Höhe von 900.– DM für ein Vierteljahr vorschüssig durch Banküberweisung.
   k) Die Feuerversicherungsprämie in Höhe von 300,– DM wurde am 1. 9. des laufenden Geschäftsjahres für ein Jahr im voraus überwiesen.
   l) Auf Grund eines Steuerbescheides steht noch eine Gewerbesteuerzahlung in Höhe von 870,– DM aus.

Rückstellungen

Ebenso wie die sonstigen Verbindlichkeiten haben **Rückstellungen** als Schulden-positionen in der Bilanz die Aufgabe, Aufwendungen, die erst in einer späteren Periode zu Ausgaben führen, der Periode ihrer Verursachung zuzurechnen.
Im Gegensatz zu den sonstigen Verbindlichkeiten ist bei Rückstellungen jedoch weder die **Höhe** der Schuld noch der genaue **Fälligkeitstermin** am Bilanzstichtag bekannt.

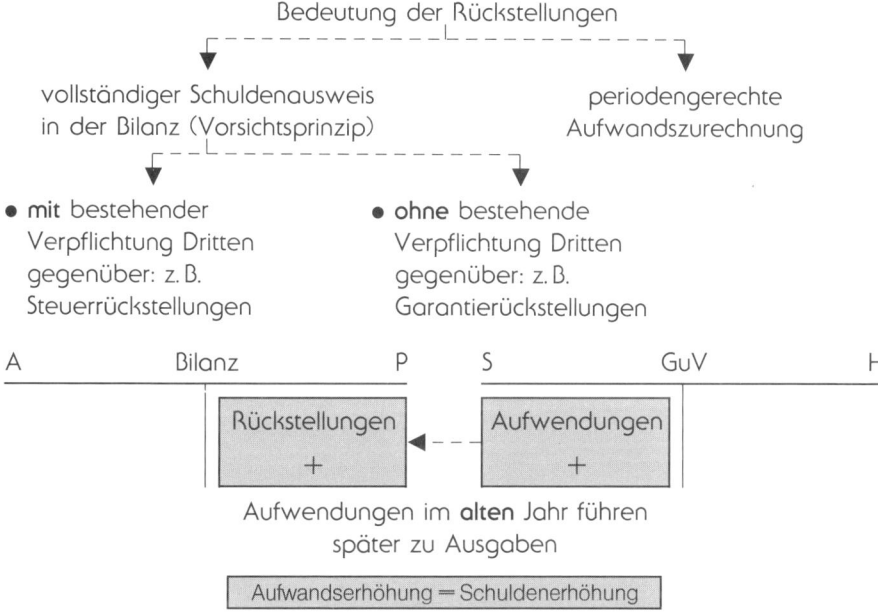

Bedeutung der Rückstellungen

vollständiger Schuldenausweis
in der Bilanz (Vorsichtsprinzip)

periodengerechte
Aufwandszurechnung

- **mit** bestehender
  Verpflichtung Dritten
  gegenüber: z. B.
  Steuerrückstellungen

- **ohne** bestehende
  Verpflichtung Dritten
  gegenüber: z. B.
  Garantierückstellungen

| A | Bilanz | P | S | GuV | H |

Rückstellungen + ◄--- Aufwendungen +

Aufwendungen im **alten** Jahr führen
später zu Ausgaben

Aufwandserhöhung = Schuldenerhöhung

Die Verpflichtung zur Bildung von Rückstellungen ergibt sich aus den Grundsätzen ordnungsmäßiger Bilanzierung, wonach **mögliche** Verluste in der Bilanz auszu-weisen sind. Ihre Höhe ist zu schätzen.
Rückstellungen sind nach § 249 Abs. 1 und 2 HGB) für ungewisse Verbindlichkeiten und drohende Verluste aus schwebenden Geschäften zu bilden.
Ebenso sind sie zu bilden für 1. im Geschäftsjahr unterlassene Aufwendungen für Instandhaltung, die im folgenden Geschäftsjahr innerhalb von drei Monaten, oder für Abraumbeseitigung, die im folgenden Geschäftsjahr nachgeholt werden,
2. Gewährleistungen, die ohne rechtliche Verpflichtung erbracht werden.
Rückstellungen **dürfen** für unterlassene Aufwendungen für Instandhaltung auch gebildet werden, wenn die Instandhaltung nach Ablauf der Frist nach Satz 2 Nr. 1 innerhalb des Geschäftsjahres nachgeholt wird. Sie dürfen außerdem für ihrer Eigenart nach genau umschriebene, dem Geschäftsjahr zuzuordnende Aufwen-dungen gebildet werden, die am Abschlußstichtag wahrscheinlich oder sicher hin-sichtlich ihrer Höhe und des Zeitpunktes ihres Eintritts unbestimmt sind.

Die Rückstellungen werden in der Bilanz auf dem Passivkonto

> Rückstellungen

ausgewiesen.

Auf Grund einer Betriebsprüfung wird am 31. 12. mit einer Gewerbesteuernachzahlung von 12.000,– DM gerechnet.
Dieser Aufwand ist ursächlich der abgelaufenen Periode zuzurechnen. Höhe und Fälligkeitszeitpunkt sind nicht bekannt. Zu Lasten des Aufwandskontos „Steuern" ist somit eine Rückstellung in der Bilanz einzustellen.

Buchung 31. 12.:
Steuern, Gebühren Beiträge an Rückstellungen   12.000,–
GuV   an Steuern   12.000,–
Rückstellungen   an Schlußbilanzkonto 12.000,–

Rückstellungen sind aufzulösen, wenn
1. der Grund für ihre Bildung entfällt oder
2. die erwarte Schuld der Höhe nach feststeht.
So sind bei Zahlung der Steuerschuld durch Banküberweisung in der nächsten Periode die folgenden drei Fälle denkbar:
1. Die Steuerzahlung entspricht der Höhe der Rückstellung, eine erfolgwirksame Korrektur wird nicht erforderlich.

    Buchung:
    Rückstellungen an Bank 12.000,–

2. Die Steuerzahlung ist größer als die Rückstellung, eine erfolgwirksame Korrektur wird erforderlich.

    Buchung:
    Rückstellungen   12.000,–
    außerordentliche Aufwendungen   2.000,– an Bank 14.000,–

3. Die Steuerzahlung ist kleiner als die Rückstellung, eine erfolgswirksame Korrektur wird ebenso erforderlich.

    Buchung:
    Rückstellungen 12.000,– an Bank   9.000,–
                                  außerordentliche Erträge 3.000,–

Nach §253 Abs. 1 HGB sind Rückstellungen in der Höhe des Betrages anzusetzen, der nach vernünftiger kaufmännischer Beurteilung notwendig ist.
Das HGB regelt im Rahmen der Ansatzvorschriften die Zwecke, für die Rückstellungen zu bilden sind. Es wird dabei zwischen Ansatzpflichten und Wahlrechten unterschieden.

ÜBERBLICK

Rückstellungen:
Passive Bilanzposition für echte, hinsichtlich Höhe und Zeitpunkt jedoch ungewisse Schulden, gebildet zu Lasten von **Aufwandskonten.**
Da sie geschätzt werden müssen, können bei der Auflösung „außerordentliche Aufwendungen" (Rückstellung < Zahlung) oder „außerordentliche Erträge" (Rückstellung > Zahlung) entstehen. Der Ausweis von Rückstellungen entspricht dem Gläubigerschutzprinzip.

AUFGABEN

34. Für einen schwebenden Prozeß wird eine Rückstellung von 4.500,– DM gebildet (Konto: Allgemeine Verwaltungskosten)

35. Nach Abschluß des Prozesses werden an das Gericht und den Prozeßgegner überwiesen
    a) 3.900,– DM
    b) 5.100,– DM
    c) 4.500,– DM

36. Worin unterscheiden sich Sonstige Verbindlichkeiten und Rückstellungen in der Bilanz?

Gewinnverteilung bei verschiedenen Unternehmensformen

GEWINNVERTEILUNG BEI DER EINZELUNTERNEHMUNG

Der Jahresabschluß bei der Einzelunternehmung weist keine besonderen Probleme auf, da lediglich ein Kapitalkonto mit den Unterkonten „Privat" und „Gewinn- und Verlustkonto" zu führen ist.

GEWINNVERTEILUNG BEI DER OFFENEN HANDELSGESELLSCHAFT (OHG)

Wie bei der Einzelunternehmung sind die Kapitalkonten der OHG-Gesellschafter **variable** Kapitalkonten, die sich durch Entnahmen und Einlagen, Gewinne und Verluste laufend ändern.
Die Verteilung des Gewinnes ist entweder vertraglich geregelt oder entspricht den Bestimmungen des HGB (§121).
Danach erhalten die Gesellschafter jeweils ihre Kapitaleinlage mit 4% verzinst, der Rest des Gewinnes wird nach Köpfen verteilt.
Am Verlust sind alle Gesellschafter gleichmäßig beteiligt. Für ihre zusätzlichen Arbeitsleistungen können geschäftsführende Gesellschafter **vorab** Gewinnanteile erhalten.

BEISPIEL 37

An einer OHG sind drei Gesellschafter mit folgenden Einlagen beteiligt:

A 60.000,– DM   B 50.000,– DM   C 40.000,– DM

Die Verteilung des Gewinnes erfolgt nach den Bestimmungen des HGB, wobei B jedoch vorab 5.000,– DM für die Geschäftsführung erhält. Der Gewinn beträgt 35.000,– DM.

Gesell- schafter	Kapital Anfang des Jahres	Vorabanteil	4% der Einlage	Rest	Gesamt- gewinn	Kapital Ende des Jahres
A	60.000,–	–	2.400,–	8.000,–	10.400,–	70.400,–
B	50.000,–	5.000,–	2.000,–	8.000,–	15.000,–	65.000,–
C	40.000,–	–	1.600,–	8.000,–	9.600,–	49.600,–
	150.000,–	5.000,–	6.000,–	24.000,–	35.000,–	185.000,–

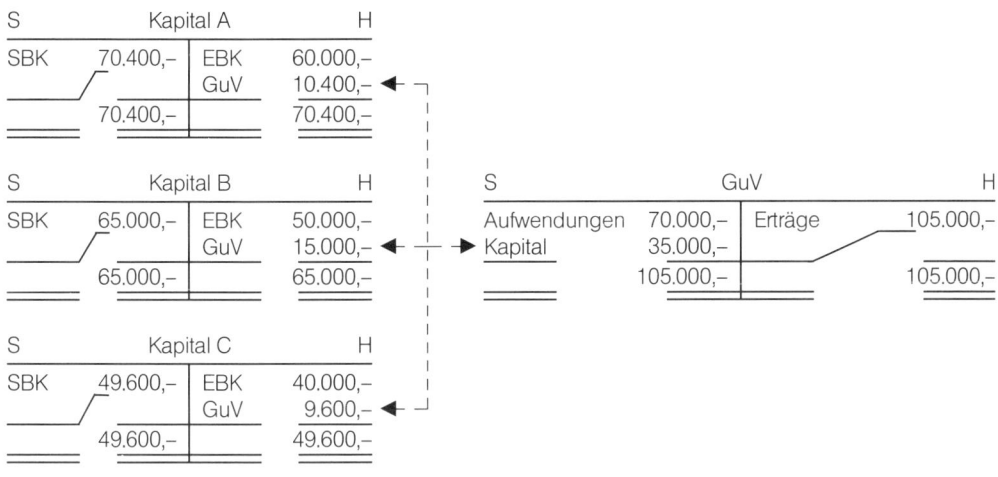

Abschlußbuchungen:

GuV   35.000,– an Kapital A   10.400,–
                    Kapital B   15.000,–
                    Kapital C   9.600,–

Kapital A 70.400,–
Kapital B 65.000,–
Kapital C 49.600,– an Schlußbilanzkonto 185.000,–

GEWINNVERTEILUNG BEI DER KOMMANDITGESELLSCHAFT (KG)

Auch die Gewinnverteilung bei der KG richtet sich, sofern nicht eine vertragliche Regelung besteht, nach den Bestimmungen des HGB (§168).

Danach erhalten die Vollhafter (Komplementäre) wie auch die Teilhafter (Kommanditisten) zunächst ihre Kapitaleinlage mit 4% verzinst. Der Restgewinn ist in **angemessenem** Verhältnis zu verteilen, wobei auf Grund des höheren Risikos den Vollhaftern entsprechend mehr zusteht.

Am Verlust nehmen alle Gesellschafter in angemessenem Verhältnis teil.

Im Gegensatz zu den Vollhaftern bei OHG und KG verfügen die Teilhafter der KG jedoch nicht über Privatkonten und variable Kapitalkonten. Sie haben vielmehr **feste** Einlagen. Ihre Gewinnanteile sind als **„Sonstige Verbindlichkeiten"** zu verbuchen und zu bilanzieren, die die Einlagen nicht erhöhen.

Für die Vollhafter werden dagegen wie bei der OHG **variable** Kapitalkonten geführt.

An einer KG sind beteiligt:
Vollhafter A mit 50.000,– DM
Teilhafter B mit 30.000,– DM
Vom Gesamtgewinn von 12.200,– DM soll jeder Gesellschafter zunächst 4% seiner Einlage erhalten. Der Restgewinn soll im Verhältnis 2 : 1 auf die Gesellschafter verteilt werden.

Gesell-schafter	Kapital Anfang des Jahres	4% der Einlage	Rest	Gesamt-gewinn	Kapital Ende des Jahres
A B	50.000,– 30.000,–	2.000,– 1.200,–	6.000,– 3.000,–	8.000,– 4.200,–	58.000,– 30.000,–
	80.000,–	3.200,–	9.000,–	12.200,–	88.000,–

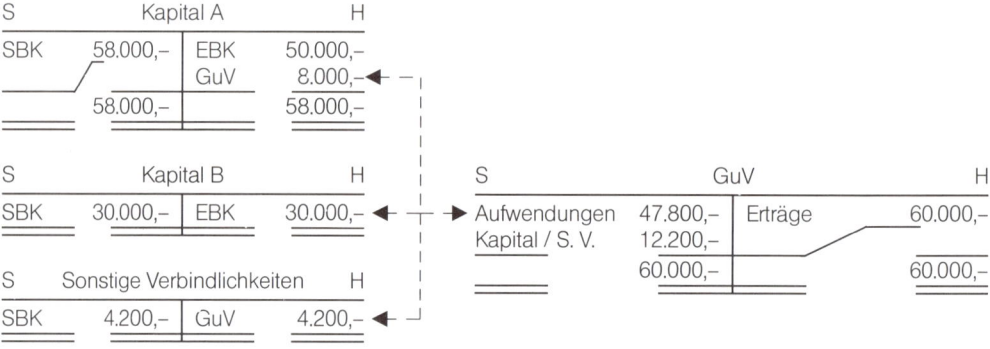

GEWINNVERTEILUNG BEI DER AKTIENGESELLSCHAFT (AG)

Die Bilanz der AG muß den Gliederungsvorschriften entsprechen (§151 AktG). Sie hat nach dem Grundsatz der Bilanzklarheit nicht nur für die AG Gültigkeit, sondern ist auch auf andere Rechtsformen anzuwenden.
Beim **Aufbau** der Bilanz gelten folgende Prinzipien:
- **Aktivseite:** Kapitalbildungsfristen, langfristig im Anlagevermögen, mittel- und kurzfristig im Umlaufvermögen.
- **Passivseite:** Kapitalüberlassungsfristen bei langfristigem und kurzfristigem Kapital.

Die Gliederung der zu **veröffentlichenden** Bilanzen richtet sich nach dem HGB zum Schutz kleiner und mittelgroßer Kapitalgesellschaften nach der Größe des Unternehmens.

Vollständiges Gliederungsschema nach §266 Abs. 2 und 3 HGB für große Kapital-gesellschaften:

Aktivseite	Passivseite
A. Ausstehende Einlagen auf das gezeichnete Kapital – davon eingefordert	A. Eigenkapital:
	I. Gezeichnetes Kapital
B. Aufwendungen für die Ingangsetzung und Erweiterung des Geschäftsbetriebes	II. Kapitalrücklage
	1. Eingeforderte Nachschüsse;
C. Anlagevermögen:	2. Übrige Kapitalrücklage;
I. Immaterielle Vermögensgegenstände:	III. Gewinnrücklagen:
1. Konzessionen, gewerbliche Schutzrechte und ähnliche Rechte und Werte sowie Lizenzen an solchen Rechten und Werten;	1. Rücklage für eigene Anteile;
	2. Satzungsmäßige Rücklagen;
	3. Andere Gewinnrücklagen;
2. Geschäfts- oder Firmenwert;	IV. Gewinnvortrag/Verlustvortrag
3. Geleistete Anzahlungen;	V. Jahresüberschuß/Jahresfehlbetrag
II. Sachanlagen:	B.
1. Grundstücke, grundstücksgleiche Rechte und Bauten einschließlich der Bauten auf fremden Grundstücken;	C. Rückstellungen:
	1. Rückstellungen für Pensionen und ähnliche Verpflichtungen;
2. Technische Anlagen und Maschinen;	2. Steuerrückstellungen;
3. Andere Anlagen, Betriebs- und Geschäftsausstattung;	3. Rückstellung für latenten Steueraufwand;
4. Geleistete Anzahlungen und Anlagen im Bau;	4. Sonstige Rückstellungen;
III. Finanzanlagen:	D. Verbindlichkeiten:
1. Anteile an verbundenen Unternehmen;	1. Anleihen, davon konvertibel – davon mit einer Restlaufzeit bis zu einem Jahr;
2. Ausleihungen an verbundene Unternehmen;	2. Verbindlichkeiten gegenüber Kreditinstituten – davon mit einer Restlaufzeit bis zu einem Jahr;
3. Beteiligungen;	
4. Ausleihungen an Unternehmen, mit denen ein Beteiligungsverhältnis besteht;	3. Erhaltene Anzahlungen auf Bestellungen;
5. Wertpapiere des Anlagevermögens;	4. Verbindlichkeiten aus Lieferungen und Leistungen – davon mit einer Restlaufzeit bis zu einem Jahr;
6. Ausleihungen an Gesellschafter;	
7. Sonstige Ausleihungen;	5. Verbindlichkeiten aus der Annahme gezogener Wechsel und der Ausstellung eigener Wechsel – davon mit einer Restlaufzeit bis zu einem Jahr;
D. Umlaufvermögen:	
I. Vorräte:	6. Verbindlichkeiten gegenüber verbundenen Unternehmen – davon mit einer Restlaufzeit bis zu einem Jahr;
1. Roh-, Hilfs- und Betriebsstoffe;	
2. Unfertige Erzeugnisse, unfertige Leistungen;	
3. Fertige Erzeugnisse und Waren;	7. Verbindlichkeiten gegenüber Unternehmen, mit denen ein Beteiligungsverhältnis besteht – davon mit einer Restlaufzeit bis zu einem Jahr;
4. Geleistete Anzahlungen;	
II. Forderungen und sonstige Vermögensgegenstände:	
1. Forderungen aus Lieferungen und Leistungen – davon mit einer Restlaufzeit von mehr als einem Jahr;	8. Verbindlichkeiten gegenüber Gesellschaftern – davon mit einer Restlaufzeit bis zu einem Jahr;
2. Forderungen gegen verbundene Unternehmen – davon mit einer Restlaufzeit von mehr als einem Jahr;	9. Sonstige Verbindlichkeiten, davon aus Steuern, davon im Rahmen der sozialen Sicherheit – davon mit einer Restlaufzeit bis zu einem Jahr;
3. Forderungen gegen Unternehmen, mit denen ein Beteiligungsverhältnis besteht – davon mit einer Restlaufzeit von mehr als einem Jahr;	
4. Forderungen gegenüber Gesellschaftern – davon mit einer Restlaufzeit von mehr als einem Jahr;	E. Rechnungsabgrenzungsposten
5. Eingeforderte Nachschüsse;	
6. Sonstige Vermögensgegenstände;	
III. Wertpapiere:	
1. Anteile an verbundenen Unternehmen;	
2. Eigene Anteile;	
3. Sonstige Wertpapiere;	
IV. Schecks, Kassenbestand, Bundesbank- und Postgiroguthaben, Guthaben bei Kreditinstituten;	
E. Rechnungsabgrenzungsposten:	
I. Unterschiedsbetrag zwischen Ausgabebetrag und Rückzahlungsbetrag bei Verbindlichkeiten	
II. Übrige Rechnungsabgrenzungsposten	
F. Aktivische latente Steuern	
G. Nicht durch das Eigenkapital gedeckter Fehlbetrag	

In der Bilanz werden alle Posten des Eigenkapitals bei Kapitalgesellschaften zu einer Gruppe „A. Eigenkapital" zusammengefaßt.

Zum Eigenkapital der AG gehören die folgenden Kapitalpositionen:

1. **Gezeichnetes Kapital:** Es entspricht der Summe der Nennwerte (Nominalwerte) aller ausgegebenen Aktien. Es ist nominell fest gebunden und kann nur durch entsprechenden Beschluß der Hauptversammlung, etwa bei einer Kapitalerhöhung durch Ausgabe junger Aktien, verändert werden.

   Das entsprechende Konto ist somit als **starres** Kapitalkonto zu führen, ebenso wie bei einer GmbH.

2. **Rücklagen:** Rücklagen sind getrennt ausgewiesenes Eigenkapital, das es nur bei Kapitalgesellschaften wegen des konstanten „gezeichneten Kapitals" gibt.

   Danach, ob sie in der Bilanz unmittelbar zum Ausdruck kommen, können die folgenden Arten der Rücklagen unterschieden werden:

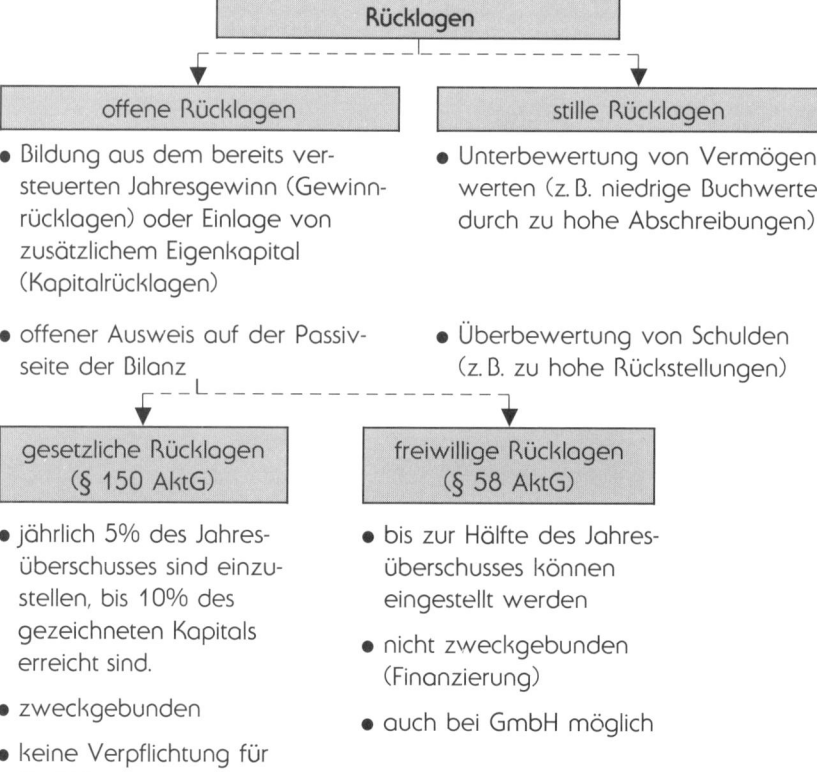

Rücklagen sind zusätzliches Haftungskapital. Sie werden im Verlustfall zunächst aufgelöst, bevor das Nominalkapital berichtigt werden muß.

3. **Jahresüberschuß/Jahresfehlbetrag:** Dies ist das Ergebnis des Geschäftsjahres, das im Regelfall unverteilt in die Bilanz eingestellt wird. Die Verwendung erfolgt buchhalterisch im neuen Jahr.

Die Ermittlung des Jahresüberschusses/Jahresfehlbetrages erfolgt durch die GuV-Rechnung, die bereits mittelgroße Kapitalgesellschaften in Staffelform (§ 275 HGB) veröffentlichen müssen.

1. Umsatzerlöse . . . .
2. Erhöhung oder Verminderung des Bestandes an fertigen und unfertigen Erzeugnissen . . . .
3. Andere aktivierte Eigenleistungen . . . .
4. Sonstige betriebliche Erträge . . . .
5. Materialaufwand:
   a) Aufwendungen für Roh-, Hilfs- und Betriebsstoffe und für bezogene Waren . . . .
   b) Aufwendungen für bezogene Leistungen . . . .
6. Personalaufwand:
   a) Löhne und Gehälter . . . .
   b) Soziale Abgaben und Aufwendungen für Altersversorgung und Unterstützung, davon für Altersversorgung . . . .
7. Abschreibungen
   a) Auf immaterielle Vermögensgegenstände des Anlagevermögens und Sachanlagen sowie auf aktivierte Aufwendungen für die Ingangsetzung und Erweiterung des Geschäftsbetriebs . . . .
   b) Auf Vermögensgegenstände des Umlaufvermögens, soweit diese die in Kapitalgesellschaft üblichen Abschreibungen überschreiten . . . .
   c) Außerplanmäßige Abschreibungen auf Vermögensgegenstände des Anlagevermögens . . . .
   d) Außerplanmäßige Abschreibungen auf Vermögensgegenstände des Umlaufvermögens . . . .
8. Sonstige betriebliche Aufwendungen . . . .
9. Erträge aus Beteiligungen, davon aus verbundenen Unternehmen . . . . . .
10. Erträge aus Verlustübernahme . . . .
11. Aufgrund einer Gewinngemeinschaft eines Gewinnabführungs- oder eines Teilgewinnabführungsvertrags erhaltene Gewinne . . . .
12. Erträge aus anderen Wertpapieren und Ausleihungen des Finanzanlagevermögens, davon aus verbundenen Unternehmen . . . .
13. Sonstige Zinsen und ähnliche Erträge, davon aus verbundenen Unternehmen . . . .
14. Abschreibungen auf Finanzanlagen und auf Wertpapiere des Umlaufvermögens . . . .
15. Aufwendungen aus Verlustübernahme . . . .
16. Aufgrund einer Gewinngemeinschaft, eines Gewinnabführungs- oder eines Teilgewinnabführungsvertrages abgeführte Gewinne . . . .
17. Zinsen und ähnliche Aufwendungen, davon an verbundene Unternehmen
18. Ergebnis der gewöhnlichen Geschäftstätigkeit . . . .
19. Außerordentliche Erträge . . . .
20. Außerordentliche Aufwendungen . . . .
21. Außerordentliches Ergebnis . . . .
22. Steuern vom Einkommen und vom Ertrag . . . .
23. Sonstige Steuern . . . .
24. Jahresüberschuß/Jahresfehlbetrag . . . .

Für die Gewinnverteilung einer AG sind die folgenden Zahlen vorgegeben:
Gezeichnetes Kapital 4.000.000,– DM
Vorläufiger Jahresüberschuß 350.000,– DM
Zuführung zur gesetzlichen Rücklage 5% des Jahresüberschusses
Zuführung zur freien Rücklage 12.500,– DM
Vorstandstantieme 5% nach § 86 AktG
Aufsichtsratstantieme 5% nach § 113 AktG

Zur Berechnung ist eine Vordividende von 4% anzusetzen, Gesamtdividende 7%.

Berechnung der Tantiemen:

Vorstand:

Jahresüberschuß	350.000,– DM
– Zuführung zu den Rücklagen	30.000,– DM
	320.000,– DM
5% = 16.000,– DM	

Aufsichtsrat:

Bilanzgewinn	320.000,– DM
– Vordividende	160.000,– DM
	160.000,– DM
5% = 8.000,– DM	

Berechnung des **Gewinnvortrages:**

Jahresüberschuß	350.000,– DM
– Verlustvortrag	
+ Gewinnvortrag	–
– Zuführung zur gesetz- lichen Rücklage	17.500,– DM
– Zuführung zur freien Rücklage	12.500,– DM
Bilanzgewinn	320.000,– DM
– Vorstandstantiemen	16.000,– DM
– Vordividende	160.000,– DM
– Aufsichtsratstantiemen	8.000,– DM
– Restdividende	120.000,– DM
Gewinnvortrag	16.000,– DM

Buchungen zur Ermittlung des Bilanzgewinnes **vor** Feststellung des Jahresabschlusses:

GuV 350.000,– an	gesetzliche Rücklagen	17.500,–
	andere Gewinnrücklagen	12.500,–
	Bilanzgewinn	320.000,–

Buchungen zur Verwendung des Bilanzgewinnes **nach** Feststellung des Jahresabschlusses:

Bilanzgewinn 320.000,– an	sonstige Verbindlichkeiten (Dividende)	280.000,–
	sonstige Verbindlichkeiten (AR und Vorstand)	24.000,–
	Gewinnvortrag	16.000,–

Das in § 266 vorgeschriebene Gliederungsschema der Bilanz geht von der Aufstellung **vor** Gewinnverwendung aus. An die Stelle des Postens „Bilanzgewinn" tritt der Posten „Jahresüberschuß". Die nach § 150 Abs. 1 u. 2 zu bildenden gesetzlichen Rücklagen sind aber bereits bei Aufstellung der Bilanz zu berücksichtigen.

GEWINNVERTEILUNG BEI DER GMBH

Im Gegensatz zur AG gibt es bei der GmbH nur freiwillige Rücklagen bzw. durch Satzung bestimmte Rücklagen. Das nominell ebenso fest gebundene Stammkapital wird in der Bilanz auch als „gezeichnetes Kapital" ausgewiesen.

ÜBERBLICK: GEWINNVERTEILUNG

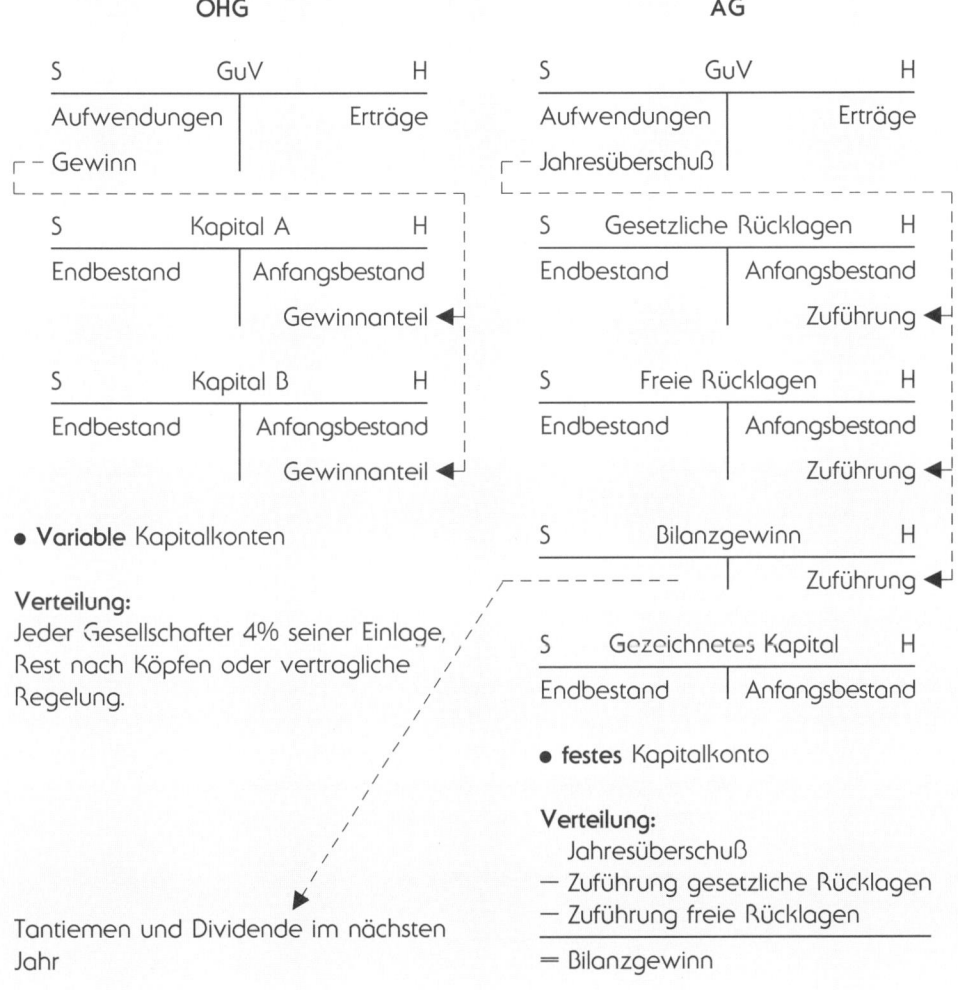

OHG

S	GuV	H
Aufwendungen		Erträge
Gewinn		

S	Kapital A	H
Endbestand	Anfangsbestand	
	Gewinnanteil	

S	Kapital B	H
Endbestand	Anfangsbestand	
	Gewinnanteil	

● **Variable** Kapitalkonten

Verteilung:
Jeder Gesellschafter 4% seiner Einlage, Rest nach Köpfen oder vertragliche Regelung.

Tantiemen und Dividende im nächsten Jahr

AG

S	GuV	H
Aufwendungen		Erträge
Jahresüberschuß		

S	Gesetzliche Rücklagen	H
Endbestand	Anfangsbestand	
	Zuführung	

S	Freie Rücklagen	H
Endbestand	Anfangsbestand	
	Zuführung	

S	Bilanzgewinn	H
	Zuführung	

S	Gezeichnetes Kapital	H
Endbestand	Anfangsbestand	

● **festes** Kapitalkonto

Verteilung:
Jahresüberschuß
− Zuführung gesetzliche Rücklagen
− Zuführung freie Rücklagen
= Bilanzgewinn

AUFGABEN

37. An einer OHG sind die Gesellschafter A mit 40.000,– DM, B mit 20.000,– DM und C mit 50.000,– DM beteiligt. Die Privatentnahmen betrugen im Laufe des Geschäftsjahres bei A 2.000,– DM, B 1.500,– DM und C 500,– DM.
    Das GuV-Konto weist einen Gewinn von 16.400,– DM aus, der nach den Bestimmungen des HGB zu verteilen ist.
    Bilden Sie die entsprechenden Buchungssätze zum Jahresabschluß!

38. Für eine AG gelten beim Jahresabschluß die folgenden Werte:
    gezeichnetes Kapital 4.000.000,– DM
    gesetzliche Rücklagen 250.000,– DM
    freie Rücklagen 200.000,– DM
    Aufwendungen 6.250.000,– DM
    Erträge 7.450.000,– DM

    Gewinnverteilung: 5% Zuführung zur gesetzlichen Rücklage,
    35.000,– DM zur freien Rücklage.
    Der verbleibende Restgewinn ist auf ein Konto Bilanzgewinn zu übertragen und zu bilanzieren.
    Im nächsten Jahr beschließt die Hauptversammlung eine Dividende von 10% und genehmigt Tantiemen für Aufsichtsrat und Vorstand in Höhe von 60.000,– DM.

Bewertungsprobleme in der Bilanz

Der Gesetzgeber verlangt regelmäßig zum Ende des Geschäftsjahres die Aufstellung einer **Handelsbilanz** zur Rechenschaftslegung und Dokumentation sowie einer **Steuerbilanz** zur Ermittlung der Steuerbemessungsgrundlagen. Dabei fordert er eine Bewertung aller Vermögens- und Schuldposten.
Diese Bewertung wird dann erschwert, wenn die folgenden Bedingungen vorliegen:
1. Die Bilanzpositionen unterliegen **Wertschwankungen**, z. B. Wertpapiere;
2. sie unterliegen **Wertminderungen** durch technische und wirtschaftliche Faktoren, z. B. abnutzbare Anlagegüter (PKW);
3. der Wertansatz ist von der **Bewertungsmethode** abhängig, z. B. Bewertung des Umlaufvermögens (zu schätzende Forderungsausfälle);
4. für die Bewertung besteht ein **Wahlrecht**, z. B. Rückstellungen.

BEWERTUNGSGRUNDSÄTZE

Die Bewertung in der Handelsbilanz* wird bestimmt durch den Grundsatz **„kaufmännischer Vorsicht"**. Er dient dem Schutz der Gesellschafter und Gläubiger vor Vermögensverlusten sowie der Kapitalerhaltung des Unternehmens durch die Festlegung einer **oberen** Grenze für die Bewertung der Vermögenswerte sowie einer **unteren** Grenze für die Bewertung der Schulden.

Diesem Vorsichtsprinzip entsprechen die folgenden Bewertungsgrundsätze, die zugleich für die Aufstellung der Steuerbilanz gelten:

1. **Realisationsprinzip** (Anschaffungswertprinzip):
   Gewinne und Verluste dürfen in der Bilanz erst ausgewiesen werden, wenn sie durch Umsätze auch bewirkt wurden. Dieser Grundsatz schließt Wertsteigerungen über die **Anschaffungs-** oder **Herstellungskosten** hinaus aus. Vielmehr bilden diese Werte die oberste Grenze für die Bewertung von Wirtschaftsgütern in der Bilanz.

2. **Imparitätsprinzip:**
   Danach sind neben **realisierten** Gewinnen und Verlusten **auch** die nicht durch Umsatzprozesse realisierten **Verluste** (nicht Gewinne, daher auch „Prinzip der Inkonsequenz") im Jahr ihrer Verursachung in der Bilanz auszuweisen.

Dies entspricht dem Erfordernis einer vorsichtigen Bewertung im Sinne des Gläubigerschutzes sowie der Kapitalerhaltung (§§252–256 HGB).

Die Bewertung wird erreicht durch die Anwendung des **Niederstwertprinzips** auf der Aktivseite der Bilanz sowie des **Höchstwertprinzips** auf der Passivseite.

Niederstwertprinzip:

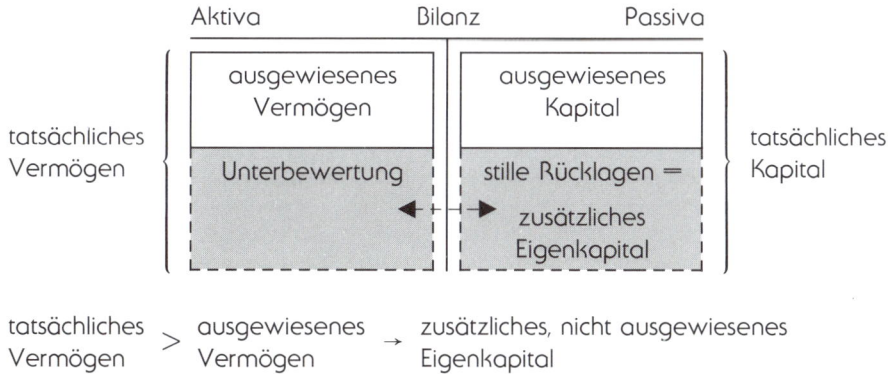

tatsächliches Vermögen > ausgewiesenes Vermögen → zusätzliches, nicht ausgewiesenes Eigenkapital

- Unterbewertung von Vermögen

---

*Auf die Bewertungsprobleme in der Steuerbilanz kann im Rahmen eines einführenden Überblicks nicht eingegangen werden.

Das Niederstwertprinzip kommt in zwei Formen vor:
- **gemildertes Niederstwertprinzip:**
Es gilt für das Anlagevermögen und verlangt, daß von zwei alternativen Wertansätzen (Anschaffungswert oder Tageswert am Bilanzstichtag) der niedrigere zu wählen ist. Eine **vorübergehende**, nicht nachhaltige Wertminderung muß **nicht** berücksichtigt werden. Dieses Wahlrecht entfällt bei dauernder Wertminderung.
- **strenges Niederstwertprinzip:**
Es gilt für das Umlaufvermögen und besagt, daß die Bewertung zum jeweils niedrigeren Wert zwingend vorgeschrieben ist. Dabei sind zwei Fälle denkbar:
Anschaffungswert > Tageswert zum 31. 12. → Bilanzansatz zum Tageswert
Die in diesem Fall nicht durch Umsätze realisierten Verluste müssen ausgewiesen werden.
Anschaffungswert < Tageswert zum 31. 12. → Bilanzansatz zum Anschaffungswert
In diesem Fall entstehen zum 31. 12. nicht realisierte Gewinne, die nicht in der Bilanz ausgewiesen werden dürfen.
- **Höchstwertprinzip:**
Es gilt für die Passivseite der Bilanz. Danach sind Schulden mit dem Rückzahlungsbetrag (100%) zu passivieren, z. B. Hypothekendarlehen. Ein Disagio (etwa bei Auszahlung von 94%, Disagio = 6%) ist steuerlich aktiv abzugrenzen und planmäßig abzuschreiben.

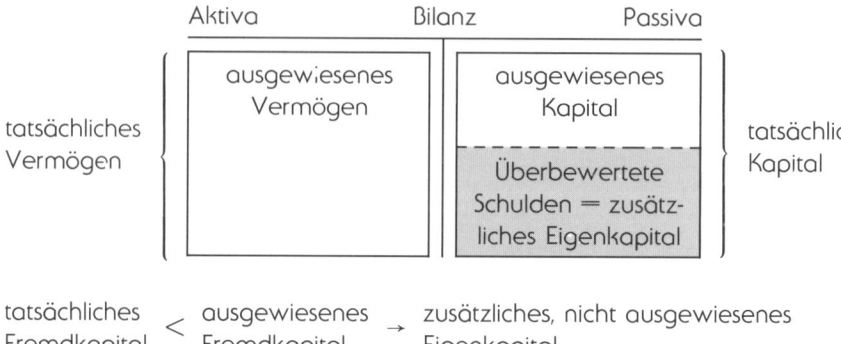

3. **Grundsatz der Einzelbewertung und Stichtagsbezogenheit**
   Alle Vermögensgegenstände und Schulden sind **einzeln** zu erfassen und zu bewerten. Dadurch soll verhindert werden, daß durch Zusammenfassung von Wirtschaftsgütern Wertminderungen und Wertsteigerungen verrechnet werden können.
   Die Wertansätze müssen dem Wert des Zeitpunkts entsprechen, für den die Aufstellung stattfindet.
   Der Grundsatz der Einzelbewertung kann nach § 240 Abs. 3 und 4 HGB unter den hier genannten Voraussetzungen durchbrochen werden.

Danach können Vermögensgegenstände des Sachanlagevermögens sowie Roh-, Hilfs- und Betriebsstoffe mit einem **Festwert** angesetzt werden, wenn

- die Vermögensgegenstände regelmäßig ersetzt werden,
- ihr Gesamtwert für das Unternehmen von nachrangiger Bedeutung ist,
- ihr Bestand in seiner Größe, seinem Wert und seiner Zusammensetzung nur geringfügigen Veränderungen unterliegt.

Gruppenbewertung ist zulässig für gleichartige Vermögensgegenstände des Vorratsvermögens sowie für andere gleichartige oder annähernd gleichwertige bewegliche Vermögensgegenstände.

WERTANSÄTZE IN DER BILANZ

Der Bewertung in der Handelsbilanz dienen die folgenden Werte:
1. **Anschaffungskosten:** Wertansatz für beschaffte Wirtschaftsgüter des Anlage- und Umlaufvermögens (§ 255 HGB).

> Anschaffungspreis
> + Einzelkosten zur Erreichung eines betriebsbereiten Zustands
> + Anschaffungsnebenkosten (Transportkosten)
> − Anschaffungspreisminderungen (Skonti)
> _____
> = Anschaffungskosten

2. **Herstellungskosten:** Wertansatz für selbsterstellte Anlagen, für den Verbrauch von Gütern (z. B. Material) und Inanspruchnahme von Diensten (z. B. Löhne) bei der Erstellung.

> Fertigungsmaterial
> + Materialgemeinkosten
> _____
> (1) Materialkosten
> + Fertigungslöhne
> + Fertigungsgemeinkosten
> + Sondereinzelkosten der Fertigung
> (2) Fertigungskosten
> (1) + (2) Herstellungskosten

Vertriebskosten gehören nicht zu den Herstellungskosten, allgemeine Verwaltungskosten können einbezogen werden.
3. **Markt- oder Börsenwert:** Wertansatz für Gegenstände des Umlaufvermögens. Er entspricht dem Wiederbeschaffungswert (Tageswert) am Bilanzstichtag.
4. **Fortgeführte** Anschaffungs- oder Herstellungskosten:

> Anschaffungs- oder Herstellungskosten
> − planmäßige oder außerplanmäßige Abschreibungen
> _____
> = fortgeführte Anschaffungs- oder Herstellungskosten

5. **Rückzahlungsbetrag:** Wert der Schulden am Verfalltag

ÜBERBLICK

Bewertungsprinzipien	Auswirkung auf die Bilanz
Grundsatz der **Einzelbewertung**	Keine Kompensierung von Werterhöhungen und Wertminderungen verschiedener Gegenstände, d. h. individuelle Zurechenbarkeit. Evtl. Gruppen- und Festbewertung
Grundsatz der **Vorsicht**	
Realisationsprinzip ● realisierte Gewinne	Anschaffungswert < umsatzbedingte Erlöse → Ausweis in der Bilanz
● realisierte Verluste	Anschaffungswert > umsatzbedingte Erlöse → Ausweis in der Bilanz
Imparitätsprinzip ● nicht realisierte (Niederstwert- Gewinne prinzip)	Anschaffungswert < Tageswert 31. 12. → kein Bilanzausweis
= Aktivseite ● nicht realisierte Verluste (Bewertungsverluste)	Anschaffungswert > Tageswert 31. 12. → Ausweis in der Bilanz
strenge Form (Umlaufvermögen)	Zwingender Ansatz zum niedrigeren Wert
gemilderte Form (Anlagevermögen)	Ansatz zum niedrigeren Wert nur dann verpflichtend bei voraussichtlich dauernder Wertminderung
Imparitätsprinzip (Höchstwertprinzip) = Passivseite ● nicht realisierte Verluste	Auszahlungsbetrag < Rückzahlungsbetrag → Ausweis in der Bilanz
	Verlustvorwegnahme z. B. aus schwebenden Geschäften → Ausweis in der Bilanz

Wertansätze: ● Anschaffungskosten
● Herstellungskosten
● Markt- oder Börsenpreis
● fortgeführte Anschaffungs- und Herstellungskosten
● Rückzahlungsbetrag

AUFGABEN

39. Erläutern Sie
    a) Realisationsprinzip
    b) Imparitätsprinzip
    c) Niederstwertprinzip
    d) Höchstwertprinzip

40. Mit welchem Wert sind die folgenden Vermögens- und Schuldwerte jeweils zu bilanzieren?
    a) 6.000 kg Lack, Listenpreis 5,– DM, Rabatt 10%, Skonto 3%, Fracht 150,– DM, Umsatzsteuer 14%
    b) PKW, Anschaffungswert 16.000,– DM, Überführungskosten 480,– DM, Zulassungskosten 120,– DM
    c) Grundpfandrechtlich gesichertes Darlehen (Hypothek) über 60.000,– DM, rückzahlbar in 10 Jahren, Auszahlung zu 98%
    d) Grundstück, 600 qm, Kaufpreis 30,– DM/qm, Tageswert am 31. 12. 65,– DM/qm
    e) Devisen aus einem Exportgeschäft 560.000,– skr, Kurs bei Lieferung 48,– DM, zum 31. 12. 56,– DM
    f) Warenvorräte, Einstandspreis 45.000,– DM, Marktpreis zum 31. 12. auf Grund einer dauerhaften Wertminderung 42.000,– DM

41. In welchen Fällen der Aufgabe 40 liegen vor:
    a) nicht realisierte Verluste,
    b) nicht realisierte Gewinne?

BEWERTUNG DER AKTIVA

Für die Wertansätze der einzelnen Vermögenswerte gelten die folgenden handelsrechtlichen Regelungen (§§ 253, 254 HGB):

Vermögenswert	obere Wertgrenze	untere Wertgrenze
1. Anlagevermögen a) Sachanlagen mit zeitlich nicht begrenzter Nutzung (Grund und Boden) Finanzanlagen	Anschaffungskosten ∅	Niedrigerer Wert bei voraussichtlich **dauernder** Wertminderung, d. h. Bildung **außerplanmäßiger** Abschreibungen (gemildertes Niederstwertprinzip) Niedrigerer Ansatz darf beibehalten werden, auch wenn die Gründe dafür nicht mehr bestehen.
b) Sachanlagen mit zeitlich begrenzter Nutzung (abnutzbare Anlagegüter)	Anschaffungs- oder Herstellungskosten abzüglich **planmäßige** Abschreibungen für vorhersehbare Wertminderungen (fortgeführte AHK)	Anschaffungs- oder Herstellungskosten abzüglich **außerplanmäßige** Abschreibungen bei voraussichtlich dauernder Wertminderung (gemildertes Niederstwertprinzip)
2. Umlaufvermögen a) Vorräte	Anschaffungs- oder Herstellungskosten	Anschaffungs- oder Herstellungskosten oder niedrigerer Tageswert (strenges Niederstwertprinzip)
b) Forderungen	Nennwert (Nominalwert) + Zinsen und Provisionen, die zu kapitalisieren sind. Uneinbringliche Forderungen sind direkt abzuschreiben.	
c) Flüssige Mittel	Nennwert	

Steuerliche Vorschriften werden dadurch berücksichtigt, daß Abschreibungen auch vorgenommen werden können, um die Gegenstände des Anlage- oder Umlaufvermögens mit einem niedrigeren Wert anzusetzen, der nur auf einer steuerlich zulässigen Abschreibung beruht (§ 254 HGB).

Eine **bewußte** Unterbewertung von Vermögensgegenständen läßt das Aktiengesetz nur in Ausnahmefällen zu:
1. Wenn steuerlich zulässige Werte angesetzt werden, die unter den sonst maßgeblichen Wertansätzen liegen;
2. wenn niedrigere Werte des Abschlußtages fortgeführt werden, obwohl die Gründe für die niedrigere Bewertung entfallen sind;
3. wenn bei Gegenständen des Umlaufvermögens eine Unterbewertung bei vernünftiger kaufmännischer Beurteilung erforderlich ist, um zu verhindern, daß der Wertansatz in der nächsten Zukunft auf Grund von Wertschwankungen berichtigt werden muß.

Steuerlich gilt der Grundsatz der „Maßgeblichkeit der Handelsbilanz für die Steuerbilanz" (§5 EStG), d.h. die Wertansätze für Aktiva sind ebenfalls die Anschaffungs- oder Herstellungskosten, vermindert um zulässige Abschreibungen (Absetzungen für Abnutzung - AfA).

ABSCHREIBUNG AUF SACHANLAGEN

Wirtschaftsgüter des **Anlagevermögens** verlieren im Zeitablauf aus drei Gründen an Wert:

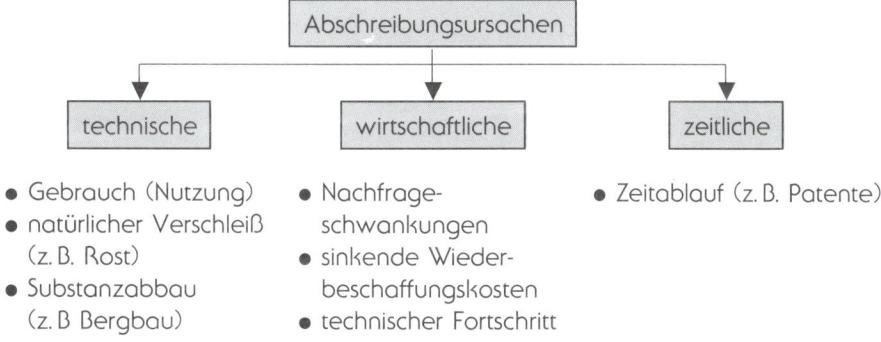

Dieser **Werteverzehr** ist beim Bilanzansatz **abnutzbarer** Anlagegüter durch planmäßige und außerplanmäßige Abschreibungen sowie bei **nicht abnutzbaren** Anlagegütern durch außerplanmäßige Abschreibungen zu erfassen.

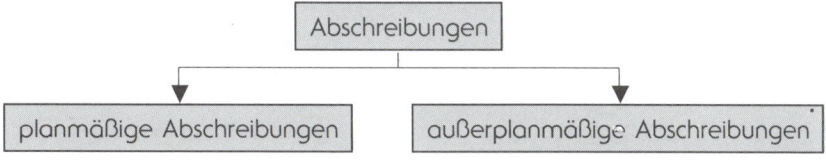

- vorhersehbare, kalkulatorisch erfaßbare Wertminderung (Abnutzung, Alterung, technischer Fortschritt) abnutzbarer Gegenstände (§ 253 Abs. 2 HGB)
- nicht vorhersehbare, kalkulatorisch nicht erfaßbare Wertminderung (höhere Gewalt, nicht vorhersehbarer technischer Fortschritt) (§ 279 Abs. 1 HGB) (§ 253 Abs. 2 und 3 HGB)

Abschreibungen haben im wesentlichen die folgenden Aufgaben:

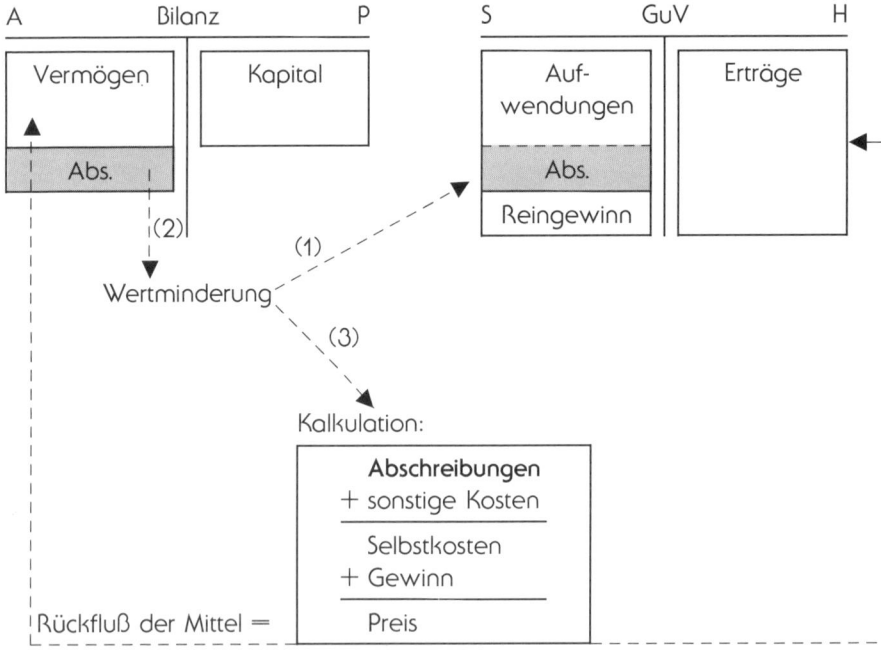

(1) Steuermindernde Erfassung der Abschreibungen (AfA) als Aufwand in der GuV-Rechnung,
(2) Erfassung in der Bilanz als Wertminderung der Vermögenswerte und Verteilung der Anschaffungskosten auf die Nutzungsjahre,
(3) Kalkulatorische Erfassung als Kosten in der Kosten- und Leistungsrechnung einschließlich Kalkulation.

Durch die Abschreibungen als **Kostenbestandteil** wird durch den Absatz der Produkte der Werteverzehr über den Markt wieder „verdient" und somit die finanziellen Mittel für die Ersatzbeschaffung abgenutzter Anlagegüter bereitgestellt.

Allerdings unterschieden sich die nach handels- und steuerrechtlichen Vorschriften ermittelten Abschreibungen der Geschäftsbuchhaltung (AfA) von den kalkulatorischen Ansätzen der Kosten- und Leistungsrechnung durch unterschiedliche Wertansätze, Bewertungsmethoden und Nutzungszeiträume.

Zur Ermittlung der jährlichen Beträge bei der **planmäßigen** Abschreibung können die folgenden Verfahren angewendet werden, sofern sie den Grundsätzen ordnungsmäßiger Buchführung entsprechen:

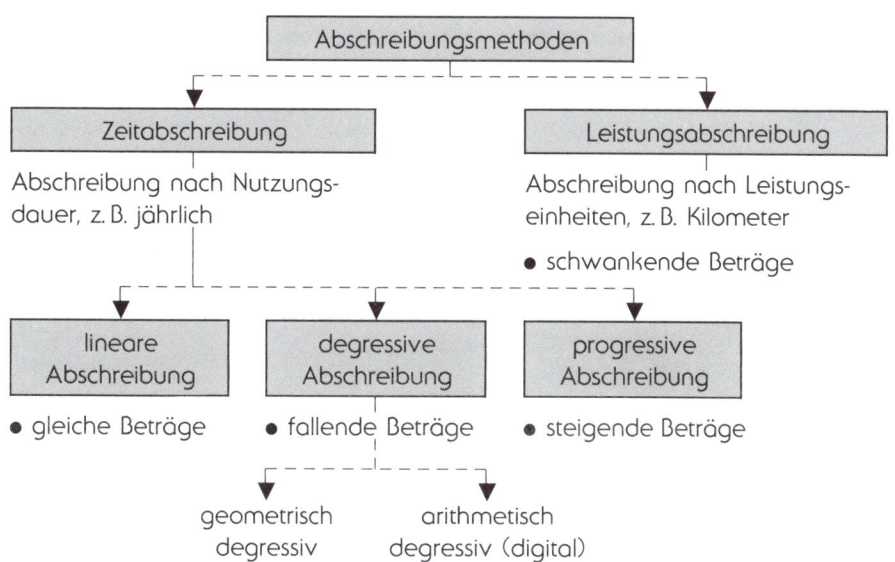

1. **Lineare Abschreibung** (Abschreibung vom Anschaffungswert)
Bei dieser Berechnungsmethode werden die Anschaffungs- oder Herstellungskosten abnutzbarer **beweglicher** und **unbeweglicher** Anlagegüter gleichmäßig auf die Nutzungsdauer verteilt.
Bei unbeweglichen Wirtschaftsgütern ist ausschließlich diese Form der Abschreibung möglich.

BEISPIEL 40

Anschaffungskosten für einen Buchungsautomaten 8.000,– DM, wirtschaftliche Nutzungsdauer 10 Jahre.

$$\text{Jährlicher Abschreibungssatz} = \frac{100}{\text{Nutzungsdauer}}$$

In dem Beispiel wäre der Abschreibungssatz 10% ($\frac{100}{10}$)

$$\text{Jährliche Abschreibungsquote} = \frac{\text{Anschaffungskosten}}{\text{Nutzungsdauer}}$$

Der jährliche Abschreibungsbetrag wäre 800,– DM ($\frac{8.000,–}{10}$).

Unter Berücksichtigung eines Restwertes (Schrottwert) kann die Abschreibungsquote vermindert werden:

$$\text{Jährliche Abschreibungsquote} = \frac{\text{Anschaffungskosten} - \text{Restwert}}{\text{Nutzungsdauer}}$$

Bei einem angenommenen Restwert von 500,– DM wäre der jährliche Abschreibungsbetrag 750,– DM $(\frac{8.000,- - 500,-}{10})$.

Von der wirtschaftlichen Nutzungsdauer ist die technische Lebensdauer zu unterscheiden; sie ist meistens länger. Wird daher ein völlig abgeschriebener Anlagengegenstand über die wirtschaftliche Nutzungsdauer hinaus verwendet, kann er in der Bilanz mit einem Erinnerungswert von 1,– DM angesetzt werden, wodurch stille Reserven gebildet werden.

Die wirtschaftliche Nutzungsdauer ist in der folgenden AfA-Tabelle festgelegt:

Gesetzlich begrenzte Abschreibungssätze		
Anlagegegenstände	Gesamtnutzungs- dauer in Jahren	Abschreibung vom Anschaffungswert (%)
Grund und Boden	40–50	0
Geschäftshäuser	40–50	2 – 2,5
Fabrikgebäude (massiv-normale Belastung)	33–50	2 – 3
Maschinen	3–12	8,5–33,3
Maschinelle Anlagen	10–15	7 –10
(Dampfmaschinen, Turbinen, Kessel)		
(Elektro-, Gas-, Benzin-, Dieselmotoren)	8–12	8,5–12
Personenwagen	4– 7	15 –25
Lastkraftwagen	3– 5	20 –33
Betriebseinrichtungen	5–10	10 –20
Büroeinrichtungen	5–20	5 –20
Büromöbel	10	10
Büromaschinen	5	20
Patente	5	20

Bei normaler betrieblicher Inanspruchnahme sind die angegebenen Mindestsätze anzusetzen, die jeweiligen Höchstsätze bei entsprechend verstärkter Belastung der Anlagegüter.

Als Richtsätze zur Verhinderung willkürlich bestimmter Abschreibungswerte wird die Beachtung der Tabellen von den Finanzbehörden gefordert, wobei im Einzelfall dessen besondere Eigenart zu beachten ist.

Für das Anlagegut aus Beispiel 40 kann der folgende Abschreibungsplan erstellt werden:

Jahr	Werte	DM
	Anschaffungswert	8.000,–
1.	— AfA	800,–
	Restbuchwert	7.200,–
2.	— AfA	800,–
	Restbuchwert	6.400,–
3.	— AfA	800,–
	Restbuchwert	5.600,–
4.	— AfA	800,–
	Restbuchwert	4.800,–
5.	— AfA	800,–
	Restbuchwert	4.000,–
6.	— AfA	800,–
	Restbuchwert	3.200,–
7.	— AfA	800,–
	Restbuchwert	2.400,–
8.	— AfA	800,–
	Restbuchwert	1.600,–
9.	— AfA	800,–
	Restbuchwert	800,–
10.	— AfA	799,–
	Erinnerungswert	1,–

Die lineare Abschreibungsmethode erfaßt im Regelfall die Wertminderung nicht realistisch. Sie berücksichtigt zudem keine plötzlichen Wertminderungen etwa auf Grund technischer Neuheiten.

2. **Degressive Abschreibung**
Bei diesem Verfahren werden die Anschaffungs- oder Herstellungskosten der beweglichen Anlagegüter mittels **sinkender** Abschreibungsquoten auf die Nutzungsdauer verteilt.
Dadurch wird der Tatsache Rechnung getragen, daß ein Wirtschaftsgut im Regelfall in den ersten Nutzungsjahren mehr an Wert verliert als in den folgenden Jahren. Dem Prinzip der kaufmännischen Vorsicht entsprechend werden diese Wertverluste bei der degressiven Methode berücksichtigt. Zudem wird eine gleichmäßige Verteilung des Gesamtaufwands erreicht, da die Reparaturaufwendungen mit den Nutzungsjahren steigen.
Bei der degressiven Abschreibung sind zwei Verfahren zu unterscheiden.
a) **Geometrisch degressive Abschreibung** (Abschreibung vom Buchwert)
Die jährliche Abschreibungsquote wird durch einen gleichbleibenden Prozentsatz vom Buchwert ermittelt.

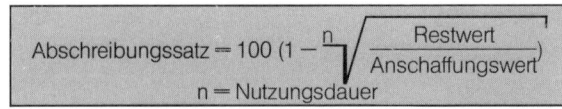

$$\text{Abschreibungssatz} = 100\ (1 - \sqrt[n]{\frac{\text{Restwert}}{\text{Anschaffungswert}}})$$
$$n = \text{Nutzungsdauer}$$

Diese Methode der Abschreibung führt nicht zu einem Restwert von Null, berücksichtigt aber den bei bestimmten Wirtschaftsgütern (z. B. Fahrzeugen) in den ersten Nutzungsjahren höheren Wertverlust. Ein verbleibender Restwert ist nach Ablauf der wirtschaftlichen Nutzungsdauer im letzten Jahr voll abzuschreiben, da der Gesetzgeber nicht das Ziel hat, die betriebsgewöhnliche Nutzungsdauer zu verlängern.

Die Methode ist steuerlich nur zulässig, wenn

1. der Prozentsatz der degressiven Abschreibung nicht höher ist als das **dreifache** des linearen Satzes und

2. er unabhängig von der ersten Bedingung 30% nicht übersteigt (§7 Abs. 2 EStG).

Im Zeitablauf kann sich herausstellen, daß eine weitere planmäßige Abschreibung nach dem Abschreibungsplan zu einer Verfälschung der Bilanz- und GuV-Werte führt.

Der Plan ist dann zu ändern, etwa durch eine Änderung der geschätzten Nutzungsdauer oder eine Änderung der Abschreibungsmethode.

Für eine neu geschätzte Restnutzungsdauer ist dann ein neuer Abschreibungsplan zu erstellen, worin der Buchwert des Anlagegutes auf die neue Restnutzungsdauer zu verteilen ist.

Einen Wechsel der Abschreibungsmethoden verbietet der Grundsatz der Bilanzkontinuität. So ist nach dem Einkommenssteuergesetz (§ 7 Abs. 3) lediglich der Übergang von der degressiven zur linearen Methode möglich, nicht dagegen von einer degressiven Methode zur anderen oder von der linearen zur degressiven. Der Übergang kann dadurch begründet werden, daß so die erhebliche Restwertabschreibung im letzten Jahr der Nutzungsdauer vermieden wird.

Ist eine Absetzung für außergewöhnliche Abnutzung notwendig, welche neben der degressiven Methode nicht gestattet ist, so ist ebenso ein Übergang auf die lineare Abschreibung notwendig.

Unter Verwendung der Zahlen aus Beispiel 40 ist für das Anlagegut ein Abschreibungsplan für eine degressive Abschreibung mit einem Satz von 30% zu erstellen.
Es ist zudem der Zeitpunkt zu bestimmen, zu dem der Übergang von der degressiven zur linearen Abschreibung sinnvoll wäre.

Abschreibungsplan:

Jahr	Werte	DM		
	Anschaffungswert	8.000,–		
1.	− AfA	2.400,–		
	Restbuchwert	5.600,–		
2.	− AfA	1.680,–		
	Restbuchwert	3.920,–		
3.	− AfA	1.176,–		
	Restbuchwert	2.744,–		
4.	− AfA	823,20		
	Restbuchwert	1.920,80		
5.	− AfA	576,24		
	Restbuchwert	1.344,56		
6.	− AfA	403,37		
	Restbuchwert	941,19		
7.	− AfA	282,36		Übergang zur linearen Abschreibung!
	Restbuchwert	658,83	658,83	
8.	− AfA	197,65	219,61	
	Restbuchwert	461,18	439,22	
9.	− AfA	138,35	219,61	
	Restbuchwert	322,83	219,61	
10.	− AfA	321,83	218,61	
	Erinnerungswert	1,–	1,–	

Nach sieben Jahren würde es am günstigsten sein, zur linearen Abschreibung überzugehen, weil die linearen Abschreibungsbeträge von jährlich 219,61 DM (Restbuchwert im 7. Jahr : 3) höher als die degressiven Beträge der Folgejahre (außer letztes Jahr) sind.

b) **Arithmetisch degressive Abschreibung** (digitale Abschreibung)
Ebenso wie die progressive Abschreibung ist diese Methode steuerlich im Sinne von § 7 EStG nicht zulässig.
Schlüssel für die Verteilung der Anschaffungs- oder Herstellungskosten auf die Nutzungsjahre sind die jeweiligen Restnutzungsjahre.

Verteilungsschlüssel:
$10 + 9 + 8 + 7 + 6 + 5 + 4 + 3 + 2 + 1$ Jahr = 55 Jahre = 55/55

Abschreibungsplan:

Jahr	Werte	DM	
	Anschaffungswert	8.000,–	
1.	– AfA	1.454,55	(10/55)
	Restbuchwert	6.545,45	
2.	– AfA	1.309,09	(9/55)
	Restbuchwert	5.236,36	
3.	– AfA	1.163,64	(8/55)
	Restbuchwert	4.072,72	
4.	– AfA	1.018,18	(7/55)
	Restbuchwert	3054,54	
5.	– AfA	872,73	(6/55)
	Restbuchwert	2.181,81	
6.	– AfA	727,27	(5/55)
	Restbuchwert	1.454,54	
7.	– AfA	581,82	(4/55)
	Restbuchwert	872,72	
8.	– AfA	436,36	(3/55)
	Restbuchwert	436,36	
9.	– AfA	290,91	(2/55)
	Restbuchwert	145,45	
10.	– AfA	144,45	(1/55)
	Erinnerungswert	1,–	

3. **Leistungsabschreibung**

Bei diesem Verfahren werden die Anschaffungs- oder Herstellungskosten nicht nach einer geschätzten Nutzungsdauer verteilt, sondern auf der Basis einer **nachweisbaren** Leistungsabgabe für das einzelne Jahr.

Die Abschreibung erfaßt damit den tatsächlichen Werteverzehr durch Gebrauch und unterliegt in ihrer Höhe keiner Beschränkung.

Nicht durch diese Methode erfaßt wird dagegen der Werteverzehr durch natürlichen Verschleiß oder technischen Fortschritt.

$$\text{Abschreibungsbetrag je Leistungseinheit} = \frac{\text{Anschaffungswert} - \text{Restwert}}{\text{Gesamtzahl der Leistungseinheiten}}$$

BEISPIEL 44

Ein PKW hat einen Anschaffungswert von 20.000,– DM, der nach Leistung abgeschrieben werden soll. An Stelle der betriebsgewöhnlichen Nutzungsdauer tritt die betriebsgewöhnliche **Gesamtleistung,** geschätzt auf Grund betrieblicher Erfahrungen. Es sollen 160.000 km angenommen werden.

$$\text{Abschreibung je km} = \frac{20.000}{160.000} = 0,125 \text{ DM/km}$$

Bestimmend für die Abschreibung in jedem Jahr der Nutzung ist nun die jeweilige Kilometerleistung:

Abschreibungsplan:

Jahr	Werte	DM	
	Anschaffungswert	20.000,–	
1.	– AfA	3.125,–	(25.000 km x 0,125 DM)
	Restbuchwert	16.875,–	
2.	– AfA	5.000,–	(40.000 km x 0,125 DM)
	Restbuchwert	11.875,–	
	usw.		

Das Handelsrecht schreibt **keine** bestimmte Abschreibungsmethode vor. Der Abschreibungsplan muß lediglich die Anschaffungs- oder Herstellungskosten nach einer den Grundsätzen ordnungsmäßiger Buchführung entsprechenden Abschreibungsmethode auf die Geschäftsjahre verteilen, in denen der Gegenstand voraussichtlich genutzt werden kann (§ 253 Abs. 2 HGB)

Außerplanmäßige Abschreibungen sind nach dem Imparitätsprinzip vorzunehmen, wenn der Wert von Wirtschaftsgütern am Bilanzstichtag unter den um die planmäßigen Abschreibungen verminderten Anschaffungs- oder Herstellungskosten liegt.

Dadurch werden wertmindernde Tatbestände erfaßt, die bei der Berechnung der planmäßigen Abschreibungen noch nicht vorhersehbar waren.

Man erreicht dies durch:

1. Verkürzung der Restnutzungsdauer oder
2. außerplanmäßige Abschreibung und verkürzte Restnutzungsdauer für den Restbuchwert oder
3. außerplanmäßige Abschreibung **und** verkürzte Restnutzungsdauer.

Steuerlich ist der Übergang auf den niedrigeren **Teilwert** erlaubt. Von diesem Zeitpunkt an werden die weiteren Abschreibungen für die Restnutzungsdauer von diesem Teilwert als fiktivem Anschaffungswert berechnet (§6 Abs. 1 EStG).

Der Teilwert bildet die Wertuntergrenze für Wirtschaftsgüter, die nicht abgesetzt werden (wie etwa Anlagegüter; vgl. Kap. „Bewertung zum Jahresabschluß").

Für **Geringwertige Wirtschaftsgüter**, deren Anschaffungs- oder Herstellungskosten 800,– DM nicht überschreiten, besteht Bewertungsfreiheit (§6 Abs. 2 EStG).
Sie können im Jahr der Anschaffung in voller Höhe abgesetzt werden (vgl. Kap. „Geringwertige Wirtschaftsgüter", S. 197).
Bei der **Verbuchung** der Abschreibungen sind zwei Methoden zu unterscheiden:
● Direkte Abschreibung (Nettomethode)
● Indirekte Abschreibung (Bruttomethode)
Bei der **direkten** Abschreibung wird der Abschreibungsbetrag dem Aufwandskonto **„Abschreibungen"** (Gebäudeabschreibungen = Haus- und Grundstücksaufwendungen nach Großhandelskontenrahmen) belastet und **direkt** auf dem jeweiligen Anlagenkonto im Haben abgesetzt. Aus der Bilanz ist dann lediglich der Restbuchwert des Anlagegutes zu ersehen.

BEISPIEL 45

Eine Büromaschine, Anschaffungswert 10.000,– DM, wurde bereits 4 Jahre linear mit 10% abgeschrieben. Es ist die Abschreibung im 5. Jahr vorzunehmen.

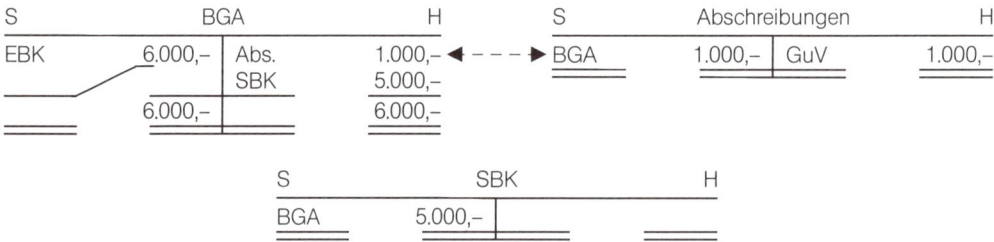

Buchungen zum 31.12.:
Abschreibungen   an BGA   1.000,–
GuV   an Abschreibungen 1.000,–
Schlußbilanzkonto an BGA   5.000,– (Restbuchwert)

Zur Unterscheidung:
Restwert
Wert nach Ablauf der wirtschaftlichen Nutzungsdauer, wenn die tatsächliche Lebensdauer eines Anlagegutes länger ist.
Restbuchwert
Durch die Abschreibungen bedingter Wert am Ende einer jeden Periode.

Auch bei der **indirekten** Abschreibung wird das Konto **„Abschreibungen"** in gleicher Weise geführt. Die Gegenbuchung erfolgt jedoch nicht direkt auf dem entsprechenden Anlagekonto, sondern **indirekt** auf einem passiven Korrekturkonto

Wertberichtigungen auf Anlagen

Durch die neuen gesetzlichen Definitionen werden nicht nur die Begriffe Anschaffungskosten und Herstellungskosten klargestellt, sondern auch zum Zwecke der Bilanzierung bestimmt, daß Abschreibungen auf die Anschaffungs- bzw. Herstellungskosten nur noch direkt vorgenommen werden dürfen. Lediglich eine Ausnahmeregelung gestattet, Abschreibungen auch **indirekt** durch Einstellung in den „Sonderposten mit Rücklageanteil" vorzunehmen, wenn das Steuerrecht die Anerkennung eines Wertansatzes davon abhängig macht, daß sich dieser Wert aus der Handelsbilanz ergibt.

Unabhängig davon können Wertberichtigungen nach wie vor gebucht werden. Sie sind dann aber nicht in der Bilanz auszuweisen, sondern aktivisch abzusetzen. Für Kapitalgesellschaften gilt im besonderen:

Bewertungsvorschriften, die dem Grundsatz des § 264 Abs. 2 HGB entgegenstehen, dürfen nicht angewendet werden. So sind Abschreibungen im Rahmen vernünftiger kaufmännischer Beurteilung (§ 253 Abs. 4 HGB) nicht zulässig. Bei vorübergehender Wertminderung dürfen nur Finanzanlagen, nicht auch Sachanlagen, außerplanmäßig abgeschrieben werden. Auch sind steuerrechtliche Abschreibungen (§ 254 HGB) in der Handelsbilanz nur zulässig, soweit hiervon der Ansatz in der Steuerbilanz abhängt.

BEISPIEL 46 (ZAHLEN AUS BEISPIEL 45)

Die Büromaschine wurde jeweils **indirekt** abgeschrieben. Die Wertberichtigung beträgt damit zu Beginn des 5. Jahres 4.000,– DM (= 4 x 1.000,– DM jährlich).

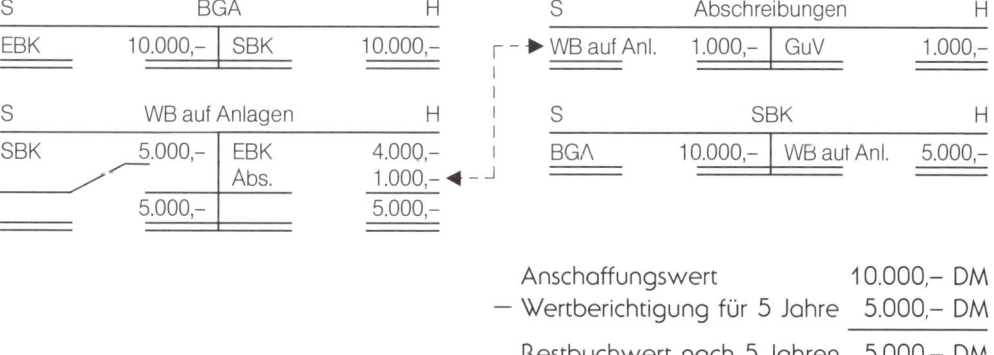

	Anschaffungswert	10.000,– DM
—	Wertberichtigung für 5 Jahre	5.000,– DM
	Restbuchwert nach 5 Jahren	5.000,– DM

Buchungen zum 31. 12.:

Abschreibungen	an Wertberichtigungen auf Anlagen	1.000,–
GuV	an Abschreibungen	1.000,–
Schlußbilanzkonto	an BGA	10.000,–
Wertberichtigungen auf Anlagen an Schlußbilanzkonto		5.000,–

Werden indirekt abgeschriebene Anlagegüter verkauft, so ist zunächst die gebildete Wertberichtigung wieder aufzulösen.

BEISPIEL 47 (ZAHLEN AUS BEISPIEL 45)

Die indirekt abgeschriebene Büromaschine wird nach 6 Jahren verkauft und durch Banküberweisung gezahlt.
Verkaufserlös:
a) 4.000,– + 560,– DM
b) 4.500,– + 630,– DM
c) 3.000,– + 420,– DM
In jedem Fall ist zunächst die Wertberichtigung aufzulösen.

Buchung:
Wertberichtigungen auf Anlagen an BGA 6.000,–

a) ohne notwendige Erfolgskorrektur

Bank	4.560,–	an BGA	4.000,–
		Mehrwertsteuer	560,–

b) mit Erfolgskorrektur

Bank	5.130,–	an BGA	4.000,–
		außerordentliche Erträge	500,–
		Mehrwertsteuer	630,–

c) mit Erfolgskorrektur

Bank	3.420,–		
außerordentliche Aufwendungen	1.000,–	an BGA	4.000,–
		Mehrwertsteuer	420,–

Auch für das **Umlaufvermögen** sind die Anschaffungs- oder Herstellungskosten die **obere** Wertgrenze. Es gilt jedoch das Niederstwertprinzip in seiner strengen Form, wonach gegebenenfalls ein niedrigerer Tageswert am Bilanzstichtag anzusetzen ist.
Wesentlicher Teil des Umlaufvermögens ist das **Vorratsvermögen.** Zu diesem zählen die Warenbestände des Handels und in der Industrie Halb- und Fertigfabrikate sowie Roh-, Hilfs- und Betriebsstoffe. Auch hierbei gilt das Prinzip der **Einzelbewertung.**
Ist dies nicht möglich oder wirtschaftlich nicht vertretbar, so sind bei der Bewertung die Verfahren anzuwenden, die wegen ihrer besonderen Bedeutung für die Industrie im Rahmen der Industriebuchhaltung erläutert werden.
Dabei gilt auch der Grundsatz der **Einzelbewertung,** welcher jedoch im Einzelfall zu einem Mißverständnis zwischen Aufwand und Ergebnis an Genauigkeit führen würde.

ABSCHREIBUNG AUF FORDERUNGEN

Die ebenfalls zum Umlaufvermögen zählenden **Forderungen** sind zum Zwecke der Bilanzierung nach der Wahrscheinlichkeit ihres Eingangs zu klassifizieren. Danach können unterschieden werden:

Arten der Forderungen	Bilanzansatz	Merkmale
1. **Einwandfreie Forderungen**	Bewertung zu Anschaffungskosten (Nennwert + Nebenkosten). Pauschalwertberichtigung wegen des **allgemeinen** Kreditrisikos.	Am Bilanzstichtag ist kein **spezielles** Ausfallrisiko erkennbar. Allgemeines Kreditrisiko besteht jedoch durch Einräumung von Zahlungszielen.
2. **Uneinbringliche Forderungen**	Sie sind **direkt** abzuschreiben, da der Ausfall feststeht.	Der Totalverlust ist am 31.12. ersichtlich (z. B. bei Ablehnung eines Konkurses m. M.)
3. **Zweifelhafte Forderungen**	Bilanzierung zum **wahrscheinlichen** Wert im Zeitpunkt der Erstellung der Bilanz. Der Ausfall ist zu schätzen und direkt oder indirekt abzuschreiben.	Ein besonderes Ausfallrisiko ist per 31.12. erkennbar (z. B. bei der Eröffnung eines Vergleichs- oder Konkursverfahrens).

- **Uneinbringliche Forderungen**
  Wird eine Forderung gefährdet, so ist sie zunächst von den übrigen Forderungen, für die kein Ausfallrisiko erkennbar ist, abzugrenzen. Zu diesem Zweck wird sie über das Konto

> Zweifelhafte Forderungen

ausgebucht.
Indikatoren hierfür sind die Eröffnung von Konkurs- oder Vergleichsverfahren. In diesen Fällen widerspricht die Bilanzierung der Forderung zum Nennwert den Grundsätzen ordnungsmäßiger Bilanzierung.
Wird der Totalausfall bekannt, so ist die Forderung mit entsprechendem Datum **direkt** abzuschreiben. Da die Entgeltsminderung feststeht, ist die Umsatzsteuer entsprechend zu berichtigen.

BEISPIEL 48

Der Schuldner einer Forderung (8.000,– + 1.120,– DM) macht mit Recht die „Einrede der Verjährung" geltend, die Forderung wurde nicht auf dem Konto Zweifelhafte Forderungen erfaßt.

Buchung:
Abschreibungen auf Forderungen 8.000,–
Mehrwertsteuer   1.120,– an Forderungen 9.120,–

Stellt sich dagegen nur ein Teil einer Forderung als uneinbringlich heraus und wird das Verfahren noch in dem laufenden Geschäftsjahr abgewickelt, so ist der ausfallende Teil ebenso direkt abzuschreiben.

BEISPIEL 49

Ein Vergleichsverfahren kommt mit einer Quote von 75% zustande, die durch Banküberweisung gezahlt wird. Die Forderung beläuft sich auf 13.680,– DM (12.000,– + 1.680,– DM).

Buchungen:
bei Eröffnung des Verfahrens:
Zweifelhafte Forderungen an Forderungen 13.680,–

bei Abschluß des Verfahrens:
Abschreibungen auf Forderungen 3.000,–
Mehrwertsteuer   420,– an Zweifelhafte Forderungen   3.420,–

Bank   an Zweifelhafte Forderungen 10.260,–

oder in einer Buchung zusammengefaßt:
Abschreibungen auf Forderungen   3.000,–
Mehrwertsteuer   420,–
Bank   10.260,– an Zweifelhafte Forderungen 13.680,–

	ursprüngliche Forderung	Ausfall 25%	Zahlungseingang 75%
netto	12.000,–	3.000,–	9.000,–
Mehrwertsteuer	1.680,–	420,–	1.260,–
brutto	13.680,–	3.420,–	10.260,–

Gehen für eine bereits in voller Höhe abgeschriebene Forderung wider Erwarten Zahlungen ein, so ist der darin enthaltene Steueranteil als Schuld gegenüber dem Finanzamt zu buchen und der Nettowert als den Erfolg korrigierende a. o. Erträge.

- **Zweifelhafte Forderungen**
  Ist das Verfahren am Bilanzstichtag noch nicht abgeschlossen, so ist der Forderungsausfall in seiner Höhe zu schätzen, **indirekt** abzuschreiben und die Forderung somit mit ihrem wahrscheinlichen Wert in der Bilanz auszuweisen.*

Da der tatsächliche Ausfall bei zweifelhaften Forderungen noch nicht bekannt ist, wird die Mehrwertsteuer noch nicht berichtigt, sondern erst bei der Abschlußzahlung, wenn der Ausfall und damit die Entgeltsminderung bekannt ist.

BEISPIEL 50

Für eine zweifelhafte Forderung von 7.980,– DM (7.000,– + 980,– DM) ist am Bilanzstichtag mit einem Ausfall von 40% zu rechnen.

	ursprüngliche Forderung	wahrscheinlicher Ausfall 40%	wahrscheinlicher Zahlungseingang 60%
netto	7.000,–	2.800,–	4.200,–
Mehrwertsteuer	980,–	392,–	588,–
brutto	7.980,–	3.192,–	4.788,–

Buchungen am 31.12.:

Abschreibungen auf Forderungen	an Wertberichtigungen auf Forderungen	2.800,–
GuV	an Abschreibungen auf Forderungen	2.800,–
Wertberichtigungen auf Forderungen	an Zweifelhafte Forderungen	2.800,–

oder bei direkter Abschreibung:

Abschreibungen auf Forderungen	an Zweifelhafte Forderungen	2.800,–
GuV	an Abschreibungen auf Forderungen	2.800,–

In beiden Fällen werden, unterstellt man die Rechtsform der AG, die Zweifelhaften Forderungen mit 5.180,– DM (7.980,– – 2.800,–) bilanziert.
Das im nächsten Jahr wieder eröffnete Konto Wertberichtigungen auf Forderungen ist bei Zahlungseingang in jedem Fall zunächst wieder aufzulösen:

Buchung:
Wertberichtigungen auf Forderungen an Zweifelhafte Forderungen 2.800,–
(Entfällt bei **direkter** Abschreibung!)

---

*Nach §152 Abs. 6 ist bei Aktiengesellschaften die indirekte Abschreibung nur als **Pauschalwertberichtigung** wegen des **allgemeinen** Kreditrisikos möglich. Diese ist wie die für die speziellen Kreditrisiken zu bildenden Einzelwertberichtigungen bei der Bilanzierung aktivisch abzugrenzen, d.h. mit den Forderungen zu verrechnen.

Die weiteren Buchungen hängen davon ab, ob
a) der geschätzte Betrag,
b) ein höherer oder
c) ein niedrigerer Betrag eingeht:

	a) Eingang 60%	b) 70%	c) 40%
Zweifelhafte Forderung	7.980,–	7.980,–	7.980,–
– Zahlung	4.788,–	5.586,–	3.192,–
= tatsächlicher Ausfall (brutto)	3.192,–	2.394,–	4.788,–
– Mehrwertsteueranteil	392,–	294,–	588,–
= tatsächlicher Ausfall (netto)	2.800,–	2.100,–	4.200,–
– geschätzter Ausfall	2.800,–	2.800,–	2.800,–
= außerordentlicher Aufwand	–	–	1.400,–
= außerordentlicher Ertrag	–	700,–	–

Buchungen:
a) Bank   4.788,–
   Mehrwertsteuer   392,– an Zweifelhafte Forderungen 5.180,–

b) Bank   5.586,–
   Mehrwertsteuer   294,– an Zweifelhafte Forderungen 5.180,–
                                              a.o. Erträge   700,–

c) Bank   3.192,–
   Mehrwertsteuer   588,–
   a.o. Aufwendungen 1.400,– an Zweifelhafte Forderungen 5.180,–

Pauschalwertberichtigungen auf Forderungen
Forderungen, für die am 31. 12. kein spezielles Ausfallrisiko erkennbar ist, können wegen des **allgemeinen** Kreditrisikos pauschal durch Anwendung von Erfahrungssätzen (bis 5% ohne besonderen Nachweis) abgeschrieben werden. Dies entspricht dem Grundsatz der Vorsicht und des Gläubigerschutzes.
Berechnungsgrundlagen können sein:
1. das Risiko, daß ein Schuldner von an sich guter Bonität durch nicht vorhergesehene Ereignisse in Schwierigkeiten gerät;
2. das Risiko, daß durch ein Abschwächen der Konjunktur auch bei Schuldnern von bisher guter Bonität mit Ausfällen zu rechnen ist;
3. die unerkennbaren Bonitätsrisiken, die insbesondere dann, wenn der Umsatz ausgeweitet und neue Kunden hinzugewonnen werden, erheblich steigen können;
4. bei Auslandsforderungen auch die allgemeinen, aus politischen und wirtschaftlichen Maßnahmen herrührenden Risiken.

Die **Pauschalwertberichtigungen** werden als **indirekte** Abschreibung auf den Netto-wert derjenigen Außenstände gebildet, welche noch nicht einzeln berichtigt wurden (Grundsatz der Einzelbewertung). Da sich die Bemessungsgrundlage nicht ändert, kann bei der Bildung der Pauschalwertberichtigung noch keine Mehrwert-steuerkorrektur vorgenommen werden. Erst bezogen auf die **tatsächlichen** Forde-rungsausfälle ist die Mehrwertsteuer entsprechend zu berichtigen und der Bestand der Pauschalwertberichtigungen entsprechend zu korrigieren.

BEISPIEL 51

Auf die Nettoaußenstände von 600.000,– DM ist eine Pauschalwertberichtigung in Höhe von 5% zu bilden.

Buchung zum 31.12.:
Abschreibungen auf Forderungen an Wertberichtigungen auf Forderungen 30.000,–

BEISPIEL 52

Für eine Forderung von 5.700,– DM, für die eine Pauschalwertberichtigung bestand, gehen durch Banküberweisung 2.508,– DM ein. Der Rest der Forderung ist uneinbringlich.

Buchungen bei Zahlungseingang:
1. Auflösung der Wertberichtigung:
   Wertberichtigungen auf Forderungen an Zweifelhafte Forderungen 2.800,–

2. Buchung des Zahlungseingangs:
   Bank   2.508,–
   Mehrwertsteuer   392,– an Zweifelhafte Forderungen 2.900,–

Zweifelhafte Forderung	5.700,– DM
— Zahlung	2.508,– DM
= tatsächlicher Ausfall (brutto)	3.192,– DM
— Mehrwertsteueranteil	392,– DM
= tatsächlicher Ausfall (netto)	2.800,– DM
— Auflösung der Wertberichtigung	2.800,– DM
= außerordentlicher Aufwand/Ertrag	0,– DM

Außerordentliche Erträge können **nicht** entstehen.

Am Ende des Geschäftsjahres ist der jeweilige Bestand der Pauschalwertberichti-gung wiederum 5% der Nettoaußenstände anzugleichen, d. h. entsprechend dem neuen Forderungsbestand entweder aufzufüllen oder auszubuchen.

Die Nettoaußenstände betragen am Ende des Jahres abzüglich der einzelberichtigten Forderungen 620.000,– DM. Es ist eine Pauschalwertberichtigung in Höhe von 5% zu bilden.

Bestand Pauschalwertberichtigung Anfang des Jahres	30.000,– DM
− Auflösung bei Ausfällen im Laufe des Jahres	2.800,– DM
+ Aufstockung auf 5% per 31.12.	3.800,– DM
= Bestand Pauschalwertberichtigung Ende des Jahres	31.000,– DM

Buchung:
Abschreibungen auf Forderungen an Wertberichtigungen auf Forderungen 3.800,–

BEWERTUNG DER PASSIVA

Verbindlichkeiten, für die rechtsverbindliche Verpflichtungen bestehen, sind grundsätzlich mit dem **Rückzahlungsbetrag** zu passivieren. Dieser entspricht dem Nennwert, der bei Erfüllung der Schulden aufzubringen ist. Dazu gehören insbesondere Verbindlichkeiten aus Warenlieferungen und Leistungen, Bankschulden, Steuerschulden sowie Lohn- und Gehaltsverbindlichkeiten.
Bei Schuldwechseln entspricht der zu bilanzierende Rückzahlungsbetrag der Wechselsumme. Eine Abgrenzung des Diskontbetrages zum Jahresende ist möglich.
Bei Währungsverbindlichkeiten ist der Rückzahlungsbetrag zum Kurs am Bilanzstichtag zu ermitteln.
Ist bei langfristigen Schulden der dem Schuldner zugeflossene Auszahlungsbetrag niedriger als der Rückzahlungsbetrag – wie etwa bei langfristigen Schulden (Darlehen) –, so ist die Differenz **(Disagio)** auf der Aktivseite unter den Posten der Rechnungsabgrenzung auszuweisen und planmäßig abzuschreiben.
Hat eine AG beispielsweise eine Anleihe in Höhe von 500.000,– DM zum Kurs von 97% begeben, Laufzeit 10 Jahre, rückzahlbar zu 100%, so verändert sich die Bilanz durch die Ausgabe der Obligationen wie folgt:

A		Bilanz	P
Bank	+ 485.000,–	Anleihe	+ 500.000,–
Disagio	+ 15.000,–		
	+ 500.000,–		+ 500.000,–

Das Disagio wird in zehn Jahren anteilmäßig zu Lasten des GuV-Kontos getilgt.

Buchung:

10 x Zinsaufwendungen an Disagio   1.500,–
GuV   an Zinsaufwendungen 1.500,–

Das **Eigenkapital** ist zum **Nennwert** auszuweisen.
Rückstellungen sind Fremdkapital, dessen Höhe und Fälligkeit ungewiß sind. Sie sind nach sorgfältiger kaufmännischer Beurteilung zu schätzen.
Wertberichtigungen sind geschätzte Aufwendungen, die Korrekturposten zu Vermögenswerten darstellen, deren Wertminderung sie dokumentieren. Sie waren nach der aktienrechtlichen Regelung als Gruppenposten auf der Passivseite der Bilanz zulässig. Nach dem neuen HGB-Schema fällt der Posten jedoch weg.

ÜBERBLICK

Bilanzbewertung:

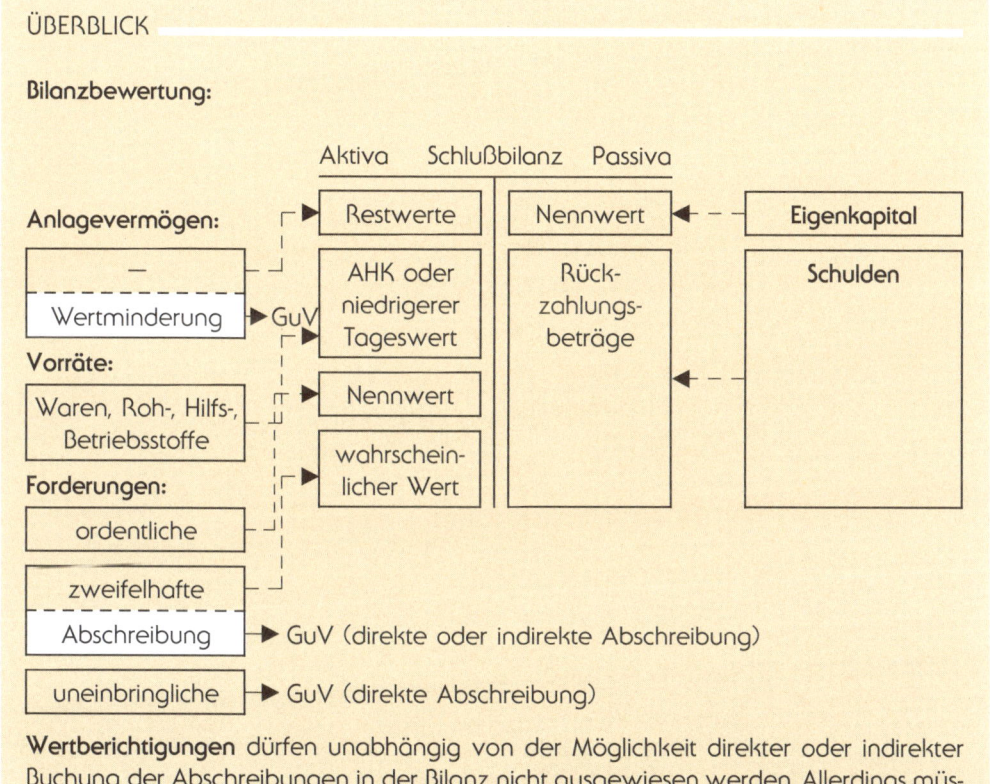

Wertberichtigungen dürfen unabhängig von der Möglichkeit direkter oder indirekter Buchung der Abschreibungen in der Bilanz nicht ausgewiesen werden. Allerdings müssen nach HGB Kapitalgesellschaften in der Bilanz oder im Anhang darstellen, wie sich die einzelnen Posten des Anlagevermögens entwickelt haben (Anlagenspiegel).

Abschreibungsmethoden:

1. **lineare** Abschreibung
   (vom Anschaffungswert)

2. **degressive** Abschreibung
   a) geometrisch-degressive
      (vom Buchwert)
   b) arithmetisch-degressiv
      (digital)

3. **Leistungs**abschreibung

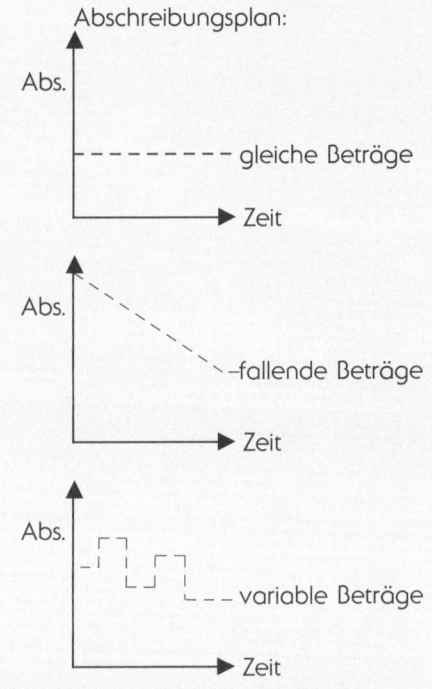

Abschreibungsplan:

Abs.
‑ ‑ ‑ ‑ ‑ ‑ ‑ ‑ gleiche Beträge
Zeit

Abs.
–fallende Beträge
Zeit

Abs.
‑ ‑ variable Beträge
Zeit

Abschreibungsarten:
1. **planmäßige** Abschreibungen für vorhersehbare, kalkulierbare Wertminderungen
2. **außerplanmäßige** Abschreibungen für nicht vorhersehbare, unkalkulierbare Wertminderungen.

Buchungsmethoden:
1. **direkte** Abschreibung: Die Wertminderung wird direkt auf dem entsprechenden Anlagenkonto oder Forderungen erfaßt. Aus der Bilanz sind lediglich die Buchwerte ersichtlich.

   Buchungen:
   Abschreibungen an Sachanlagen auf Sachanlagen
   Abschreibungen an Forderungen auf Forderungen

2. **indirekte** Abschreibung: Die Wertminderung wird auf dem Korrekturkonto „Wertberichtigungen" erfaßt. Der Betrag ist aktivisch abzusetzen.

   Buchungen:
   Abschreibungen auf Sachanlagen an Wertberichtigungen auf Sachanlagen
   Abschreibungen auf Forderungen an Wertberichtigungen auf Forderungen

Wertberichtigungen auf Forderungen können **einzeln** oder **pauschal** vorgenommen werden.

AUFGABEN

42. Welche Bedeutung haben die Abschreibungen
    a) für die Gewinnermittlung und Besteuerung
    b) für die Kalkulation
    c) für die Ersatzbeschaffung verbrauchter Anlagegüter?

43. Nach drei Jahren degressiver Abschreibung von 30% hat ein Anlagegut einen Restwert von 3.087,– DM. Wieviel DM betrug der Anschaffungswert?

44. Ein bebautes Grundstück wurde für 580.000,– DM erworben. Erwerbsnebenkosten 25.000,–DM, Grundstücksgröße 780 qm (Verkehrswert 150,– DM/qm). Berechnen Sie
    a) die Anschaffungskosten
    b) den Restwert nach 20 Jahren bei einer linearen Abschreibung von 2%.
    c) Buchen Sie die Abschreibung im 21. Jahr
       a) direkt
       b) indirekt

45. Erstellen Sie einen Abschreibungsplan für 5 Jahre, Anschaffungswert 50.000,– DM, lineare Abschreibung 8%, degressive Abschreibung 20%

46. Tragen Sie die Werte in Konten ein und schreiben Sie **direkt** ab:
    Anschaffungswerte: Grundstücke und Gebäude 360.000,– DM
                           Fuhrpark   120.000,– DM
                           BGA   80.000,– DM
    bisherige Abschreibungen: Grundstücke und Gebäude 50%
                           Fuhrpark   40%
                           BGA   60%
    Abschreibungssätze: Grundstücke und Gebäude   2% linear
                           Fuhrpark   20% linear
                           BGA   10% linear

47. Die Vermögenswerte aus Aufgabe 46 sind **indirekt** abzuschreiben!

48. Eine bereits 3 Jahre linear mit 10% indirekt abgeschriebene Maschine (Anschaffungswert 14.000,– DM) wird im 4. Jahr bar verkauft
    a) mit 9.800,– DM netto
    b) mit 6.000,– DM netto
    c) mit 11.200,– DM netto.

49. Über das Vermögen eines Kunden wird am 10. Okt. 19.. das Konkursverfahren eröffnet. Unsere Forderung beträgt 36.480,– DM (Warenwert 32.000,– DM + 4.480,– DM Mehrwertsteuer).
    Es wird am 31. 12. mit einem Ausfall von 60% gerechnet. Buchen Sie zum 10. 10. sowie zum 31. 12.

50. Für die Forderung (Aufgabe 49) gehen im nächsten Jahr durch Banküberweisung 18.240,–DM ein. Nehmen Sie die erforderlichen Buchungen vor.

51. Im Debitorenbestand von 600.000,– DM netto per 31. 12. sind enthalten:
    1. eine uneinbringliche Forderung in Höhe von 40.000,– DM netto,
    2. eine zweifelhafte Forderung in Höhe von 80.000,– DM netto, wahrscheinlicher Ausfall 40%.
    Für den Rest soll eine Pauschalwertberichtigung in Höhe von 3% gebildet werden, Bestand aus dem Vorjahr 12.000,– DM.
    a) Nehmen Sie die erforderlichen Buchungen zum 31. 12. vor!
    b) Mit wieviel DM wird der Forderungsbestand in der Bilanz ausgewiesen?

52. Eine Forderung, für die eine Pauschalwertberichtigung bestand, ist in voller Höhe (Warenwert 16.000,– DM + 2.240,– DM Mehrwertsteuer) als uneinbringlich anzusehen.

53. Das Konkursverfahren über das Vermögen eines Kunden wurde mangels Masse eingestellt. Unsere Forderung betrug 23.940,– DM brutto.

54. Wider Erwarten geht für eine bereits abgeschriebene Forderung in Höhe von 17.100,– DM ein Scheck in Höhe von 10.260,– DM ein.

55. Eine AG finanziert sich über die Ausgabe von Industrieobligationen, Nennwert 1.000.000,–DM, Ausgabekurs 96%, Rückzahlung nach 10 Jahren zu 100% (Parikurs).
    Welcher Wert wird für diese Schulden in der Bilanz ausgewiesen?

Betriebsübersicht

Die **Betriebsübersicht** wird erstellt zur Vorbereitung des Jahresabschlusses außerhalb der eigentlichen Buchführung sowie zur Kontrolle der Buchführung und des Ergebnisses.

Sie ermöglicht einen Überblick über die Entwicklung aller Bestands- und Erfolgskonten, bedingt durch die Umsätze.

Die Betriebsübersicht umfaßt die folgenden sechs Spalten:

1. **Summenbilanz:** Sie übernimmt die Summen der Soll- und Habenbuchungen aller in dem Wirtschaftsjahr geführten Konten, einschließlich der Unterkonten. Diese müssen, entsprechend der Logik der doppelten Buchführung, übereinstimmen.
2. **Saldenbilanz I:** Sie wird aus der Summenbilanz entwickelt und übernimmt die Salden im Sinne einer Bilanz auf der jeweils **größeren** Seite. Auch hierbei müssen Soll- und Habensummen übereinstimmen.
3. **Umbuchungen:** Sie übernimmt alle vorbereitenden Abschlußbuchungen, d. h. jene Buchungen zum Jahresabschluß, welche nicht unmittelbar die Bilanz und die GuV-Rechnung betreffen.
4. **Saldenbilanz II:** Sie ergibt sich durch die Zusammenfassung von Saldenbilanz I und Umbuchungen.
5. **Inventurbilanz:** Sie übernimmt die durch die Inventur ermittelten Bilanzwerte mit Ausnahme des Eigenkapitals, welches in seiner Höhe durch einen Gewinn oder Verlust noch verändert wird.
   Die Summen der beiden Bilanzseiten sind daher nicht ausgeglichen.
6. **Erfolgsbilanz:** Sie übernimmt die Aufwendungen und Erträge aus der Saldenbilanz II. Als Saldo der beiden Seiten ergibt sich der Gesamterfolg des Unternehmens. Er wird in der Inventurbilanz zum Ausgleich auf der wertmäßig kleineren Seite eingetragen.

Zusammenfassendes Beispiel

(mit Grundbuch, Hauptbuch und Betriebsübersicht)

Anfangsbestände:

Gebäude	560.000,–
Betriebs- und Geschäftsausstattung	120.000,–
Fuhrpark	60.000,--
Warenbestände	85.000,–
Forderungen	168.000,–
Besitzwechsel	54.000,–
Bank	45.000,–
Kasse	23.000,–
Eigenkapital	?
Darlehen	450.000,–
Schuldwechsel	58.000,–
Mehrwertsteuer	15.000,–
Verbindlichkeiten	40.000,–

Geschäftsfälle:

1. Wareneinkauf auf Ziel (8.000,– + 1.320,– DM)
2. Gehaltszahlung durch Banküberweisung brutto 6.700,– DM
   Abzüge 2.400,– DM
   Arbeitgeberanteil zur Sozialversicherung 1.100,– DM
3. Banküberweisung der Darlehenszinsen November bis April 900,– DM
4. Ausgleich einer Liefererschuld durch Weitergabe eines Kundenakzepts 2.500,– DM
5. Tilgung des Darlehens durch Banküberweisung 2.100,– DM
6. Warenverkauf bar (12.000,– + 1.680,– DM)
7. Warenverkäufe gegen Kundenakzept (16.000,– + 2.240,– DM)
8. Kauf von Büromaterial bar (800,– + 112,– DM)
9. Diskontierung eines Wechsel durch die Bank 8.900,– DM (Diskont 85,– DM)
10. Der Mieter zahlt die Garagenmiete Dezember bis Februar (900,– DM insgesamt) bar
11. Gutschrift für einen Kunden auf Grund einer Mängelrüge (500,– + 70,– DM)
12. Begleichung einer Liefererrechnung durch Banküberweisung abzüglich 3% Skonto (Warenwert 8.000,– + 1.120,– DM)
13. Privatentnahme bar 1.000,– DM
14. Ein Lieferer stellt Diskont in Rechnung (50,– + 7,– DM)
15. Bareinzahlung auf das Bankkonto 1.500,– DM
16. Ein Angestellter erhält durch Banküberweisung einen Gehaltsvorschuß 2.000,– DM
17. Zinsgutschrift der Bank 6.500,– DM

18. Rücksendung von Waren an einen Lieferer auf Grund einer Mängelrüge (Warenwert 3.000,– + 420,– DM)
19. Banküberweisung der Grundsteuer 2.000,– DM
20. Wareneinkauf auf Ziel (Warenwert 4.000,– + 560,– DM) Bezugskosten 800,– + 112,– DM
21. Warenverkäufe auf Ziel (40.000,– + 5.600,– DM)

Es ist grundsätzlich netto zu buchen, die Warenkonten sind nach dem Nettoverfahren abzuschließen.

Abschlußangaben:
1. Warenendbestand laut Inventur 65.000,– DM
2. Abschreibungen auf Gebäude 2% vom Anschaffungswert 350.000,– DM BGA 10% vom Anschaffungswert 120.000,– DM Fuhrpark 20% vom Buchwert 60.000,– DM
3. Am 31. 12. hat ein Mieter die Miete (November–Februar) in Höhe von insgesamt 1.500,– DM noch nicht gezahlt.
4. Es ist mit einer Steuernachzahlung in Höhe von 2.300,– DM zu rechnen.
5. Eine Forderung in Höhe von 4.560,– DM wird zweifelhaft. Es ist mit einem Ausfall von 75% zu rechnen.

Bilanzbuch:

A	Eröffnungsbilanz		P
Gebäude	560.000,–	Eigenkapital	592.000,–
Fuhrpark	60.000,–	Darlehen	450.000,–
BGA	120.000,–	Schuldwechsel	58.000,–
Waren	85.000,–	Mehrwertsteuer	15.000,–
Forderungen	168.000,–		
Bank	45.000,–		
Besitzwechsel	54.000,–		
Kasse	23.000,–		
	1.115.000,–		1.115.000,–

A	Schlußbilanz		P
Gebäude	553.000,–	Eigenkapital	549.155,–
Fuhrpark	48.000,–	Rückstellungen	2.300,–
BGA	108.000,–	Darlehen	447.900,–
Waren	65.000,–	Schuldwechsel	58.000,–
Forderungen	208.470,–	Verbindlichkeiten	39.809,–
Zweifelhafte Forderungen	1.560,–	Verb. aus Steuern und Soz. V.	3.500,–
Sonstige Forderungen	2.750,–	Mehrwertsteuer	22.792,60
Besitzwechsel	60.840,–	PRAP	600,–
Bank	41.668,60		
Kasse	34.168,–		
ARAP	600,–		
	1.124.056,60		1.124.056,60

Grundbuch:
Die grundbuchmäßigen Aufzeichnungen können an Hand der folgenden Buchungssätze für die Geschäftsfälle sowie unter Verwendung des Großhandelskontenrahmens ohne Schwierigkeiten erstellt werden.

Laufende Buchungen:
1. Wareneingang 8.000,–
   Vorsteuer 1.320,–   an Verbindlichkeiten 9.320,–
2. Personalkosten 6.700,–   an Bank 4.300,–
                                          Verb. aus Steuern u. Soz. Vers. 2.400,–
   Soziale Aufwendungen   an Verb. aus Steuern u. Soz. Vers. 1.100,–
3. Zinsaufwendungen   an Bank 900,–
4. Verbindlichkeiten   an Besitzwechsel 2.500,–
5. Darlehen   an Bank 2.100,–
6. Kasse 13.680,–   an Warenverkauf 12.000,–
                                          Mehrwertsteuer 1.680,–
7. Besitzwechsel 18.240,–   an Warenverkauf 16.000,–
                                          Mehrwertsteuer 2.240,–
8. AVK 800,–
   Vorsteuer 112,–   an Kasse 912,–
9. Bank 8.815,–
   Zinsaufwendungen 85,–   an Besitzwechsel 8.900,–
10. Kasse   an Haus- und Grundstückserträge 900,–
11. Rücksendungen 500,–
    Mehrwertsteuer 70,–   an Forderungen 570,–
12. Verbindlichkeiten 9.120,–   an Bank 8.846,40
                                          Zinserträge 240,–
                                          (GH → Liefererskonti);
                                          Vorsteuer 33,60
13. Privat   an Kasse 1.000,–
14. Zinsaufwendungen 50,–
    Vorsteuer 7,–   an Verbindlichkeiten 57,–
15. Bank   an Kasse 1.500,–
16. Sonstige Forderungen   an Bank 2.000,–
17. Bank   an Zinserträge 6.500,–
18. Verbindlichkeiten 3.420,–   an Wareneingang 3.000,–
                                          Vorsteuer 420,–
19. Haus- und Grundstücksaufwendungen   an Bank 2.000,–
20. Wareneingang 4.000,–
    Bezugskosten 800,–
    Vorsteuer 672,–   an Verbindlichkeiten 5.472,–
21. Forderungen 45.600,–   an Warenverkauf 40.000,–
                                          Mehrwertsteuer 5.600,–

Vorbereitende Abschlußbuchungen:

1. Umbuchung der Unterkonten
   Wareneinkauf an Bezugskosten   800,–
   Warenverkauf an Rücksendungen   500,–
   Eigenkapital   an Privat   1.000,–
2. Umbuchung des Minderbestandes
   Wareneingang an Warenbestände 20.000,–
3. Umbuchung der Vorsteuer
   Mehrwertsteuer an Vorsteuer 1.657,40
4. Abschreibungen
   Haus- und Grundstücksaufwendungen an Gebäude   7.000,–
   Abschreibungen auf Anlagen 24.000,– an Fuhrpark 12.000,–
                                                       BGA   12.000,–
5. Zeitliche Abgrenzungen
   Sonstige Forderungen   an Haus- und Grundstückserträge   750,–
   Steuern   an Rückstellungen   2.300,–
   Aktive RAP   an Zinsaufwendungen   600,–
                                                                                      (Fall 3)
   Haus- und Grundstückserträge an Passive RAP   600,–
                                                                                      (Fall 10)
6. Bewertung der Forderungen
   Zweifelhafte Forderungen   an Forderungen   4.560,–
   Abschreibungen aus Forderungen an Zweifelhafte Forderungen 3.000,–

Bei der folgenden Betriebsübersicht sowie beim Jahresabschluß wird auf eine Differenzierung des Erfolges verzichtet, um die Übersichtlichkeit nicht zu mindern. Der Gesamterfolg wird vielmehr lediglich in der Spalte „Erfolgsbilanz" und auf dem GuV-Konto ermittelt. Ausgangsgrößen für die Summenbilanz sind die Umsätze (Bestände, Zugänge, Abgänge, Aufwendungen und Erträge), wie sie sich auf den Konten auf Grund der laufenden Geschäftsvorfälle vor dem Jahresabschluß ergeben.

Konten	Summenbilanz		Saldenbilanz I		Umbuchungen	
	S	H	S	H	S	H
Gebäude	560.000,–		560.000,–			7.000,–
Fuhrpark	60.000,–		60.000,–			12.000,–
BGA	120.000,–		120.000,–			12.000,–
Darlehen	2.100,–	450.000,–		447.900,–		
Eigenkapital		552.000,–		552.000,–	1.000,–	
Aktive RAP					600,–	
Passive RAP						600,–
Rückstellungen						2.300,–
Forderungen	213.600,–	570,–	213.030,–			4.560,–
Zweifelhafte Forderungen					4.560,–	3.000,–
Sonstige Forderungen	2.000,–		2.000,–		750,–	
Vorsteuer	2.111,–	453,6	1.657,4			1.657,4
Bank	61.815,–	20.146,4	41.668,6			
Besitzwechsel	72.240,–	11.400,–	60.840,–			
Kasse	37.580,–	3.412,–	34.168,–			
Privat	1.000,–		1.000,–			1.000,–
Verbindlichkeiten	15.040,–	54.849,–		39.809,–		
Schuldwechsel		58.000,–		58.000,–		
Mehrwertsteuer	70,–	24.520,–		24.450,–	1.657,4	
Verb. aus Steuer u. SV		3.500,–		3.500,–		
Zinsaufwendungen	1.035,–		1.035,–			600,–
Haus- und Grundstücks-aufwendungen	2.000,–		2.000,–		7.000,–	
Zinserträge		6.740,–		6.740,–		
Haus- und Grundstücks-erträge		900,–		900,–	600,–	750,–
Personalkosten	6.700,–		6.700,–			
Soziale Aufwendungen	1.100,–		1.100,–			
AVK	800,–		800,–			
Steuern					2.300,–	
Abs. aus Anlagen					24.000,–	
Abs. aus Forderungen					3.000,–	
Warenbestände	85.000,–		85.000,–			20.000,–
Wareneingang	12.000,–	3.000,–	9.000,–		800,–	
					20.000,–	
Bezugskosten	800,–		800,–			800,–
Warenverkauf		68.000,–		68.000,–	500,–	
Rücksendungen	500,–		500,–			500,–
	1.257.491,–	1.257.491,–	1.201.299,–	1.201.299,–	66.767,4	66.767,4

Anfangskapital   552.000,– DM
– Privatentnahmen   1.000,– DM
– Verlust   1.845,– DM = Endkapital 549.155,– DM

Saldenbilanz II		Inventurbilanz		Erfolgsbilanz		Konten
S	H	S	H	Auf-wendungen	Erträge	
553.000,–		553.000,–				Gebäude
48.000,–		48.000,–				Fuhrpark
108.000,–		108.000,–				BGA
	447.900,–		447.900,–			Darlehen
	551.000,–		551.000,–			Eigenkapital
600,–		600,–				Aktive RAP
	600,–		600,–			Passive RAP
	2.300,–		2.300,–			Rückstellungen
208.470,–		208.470,–				Forderungen
						Zweifelhafte
1.560,–		1.560,–				Forderungen
2.750,–		2.750,–				Sonstige Forderungen
						Vorsteuer
41.668,6		41.668,6				Bank
60.840,–		60.840,–				Besitzwechsel
34.168,–		34.168,–				Kasse
						Privat
	39.809,–		39.809,–			Verbindlichkeiten
	58.000,–		58.000,–			Schuldwechsel
	22.792,6		22.792,6			Mehrwertsteuer
						Noch abzuführende
	3.500,–		3.500,–			Abgaben
435,–				435,–		Zinsaufwendungen
						Haus- und Grundstücks-
9.000,–				9.000,–		aufwendungen
	6.740,–				6.740,–	Zinserträge
						Haus- und Grundstücks-
	1.050,–				1.050,–	erträge
6.700,–				6.770,–		Personalkosten
1.100,–				1.100,–		Soziale Aufwendungen
800,–				800,–		AVK
2.300,–				2.300,–		Steuern
24.000,–				24.000,–		Abs. aus Anlagen
3.000,–				3.000,–		Abs. aus Forderungen
65.000,–		65.000,–				Warenbestände
29.800,–				29.800,–		Wareneingang
						Bezugskosten
	67.500,–				67.500,–	Warenverkauf
						Rücksendungen und
						Gutschriften
1.201.191,6	1.201.191,6	1.124.056,6 +1.845,–	1.125.901,6	77.135,–	75.290,– +1.845,–	
		1.125.901,6	1.125.901,6	77.135,–	77.135,–	

Hauptbuch:

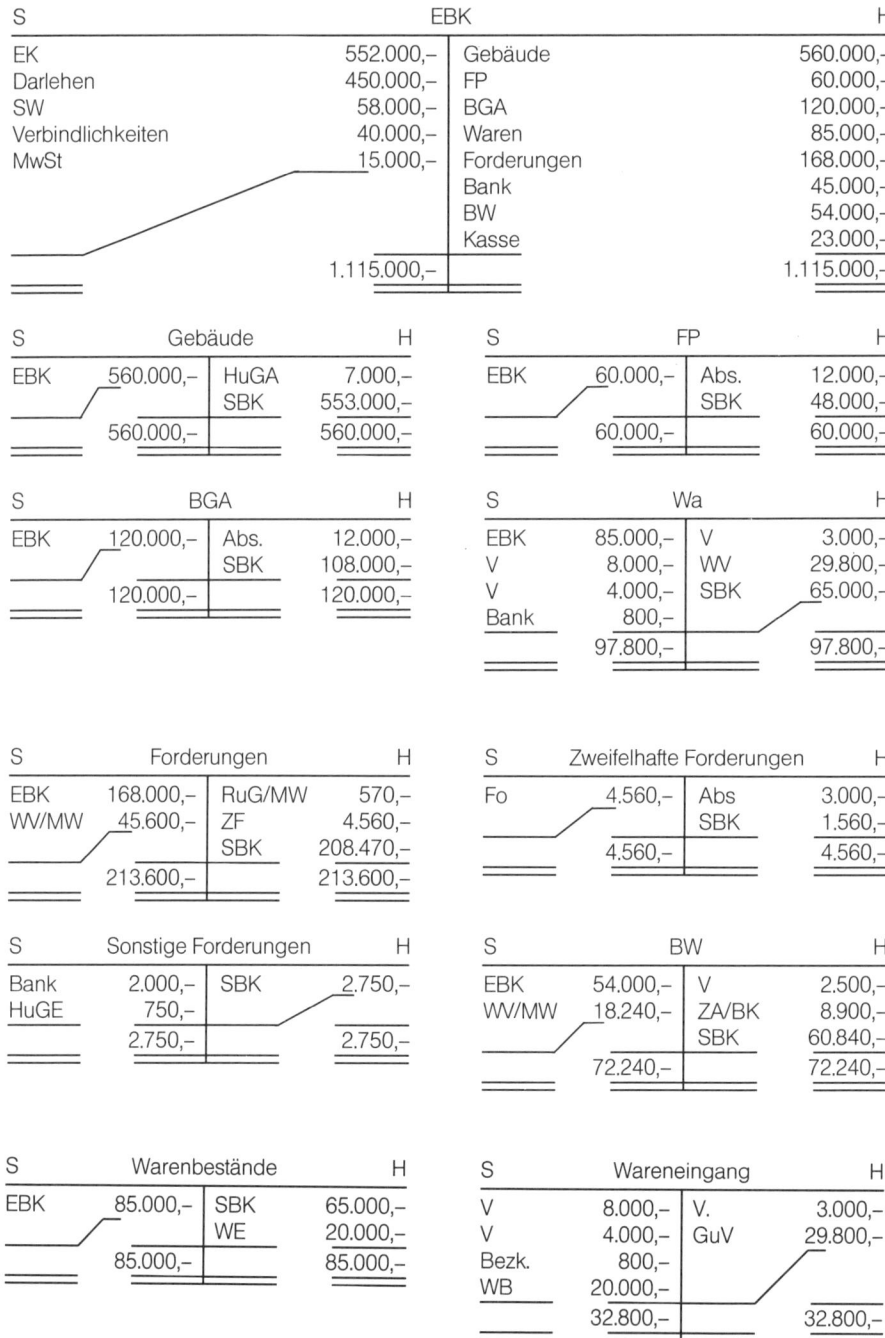

S		EBK		H
EK	552.000,–	Gebäude		560.000,–
Darlehen	450.000,–	FP		60.000,–
SW	58.000,–	BGA		120.000,–
Verbindlichkeiten	40.000,–	Waren		85.000,–
MwSt	15.000,–	Forderungen		168.000,–
		Bank		45.000,–
		BW		54.000,–
		Kasse		23.000,–
	1.115.000,–			1.115.000,–

S	Gebäude		H		S	FP		H
EBK	560.000,–	HuGA	7.000,–		EBK	60.000,–	Abs.	12.000,–
		SBK	553.000,–				SBK	48.000,–
	560.000,–		560.000,–			60.000,–		60.000,–

S	BGA		H		S	Wa		H
EBK	120.000,–	Abs.	12.000,–		EBK	85.000,–	V	3.000,–
		SBK	108.000,–		V	8.000,–	WV	29.800,–
	120.000,–		120.000,–		V	4.000,–	SBK	65.000,–
					Bank	800,–		
						97.800,–		97.800,–

S	Forderungen		H		S	Zweifelhafte Forderungen		H
EBK	168.000,–	RuG/MW	570,–		Fo	4.560,–	Abs	3.000,–
WV/MW	45.600,–	ZF	4.560,–				SBK	1.560,–
		SBK	208.470,–			4.560,–		4.560,–
	213.600,–		213.600,–					

S	Sonstige Forderungen		H		S	BW		H
Bank	2.000,–	SBK	2.750,–		EBK	54.000,–	V	2.500,–
HuGE	750,–				WV/MW	18.240,–	ZA/BK	8.900,–
	2.750,–		2.750,–				SBK	60.840,–
						72.240,–		72.240,–

S	Warenbestände		H		S	Wareneingang		H
EBK	85.000,–	SBK	65.000,–		V	8.000,–	V.	3.000,–
		WE	20.000,–		V	4.000,–	GuV	29.800,–
	85.000,–		85.000,–		Bezk.	800,–		
					WB	20.000,–		
						32.800,–		32.800,–

S	ARAP		H
ZA	600,–	SBK	600,–

S	Privat		H
Kasse	1.000,–	EK	1.000,–

S	Bk		H
EBK	45.000,–	ZA	900,–
BW	8.815,–	PK	4.300,–
Kasse	1.500,–	Darlehen	2.100,–
ZE	6.500,–	V	8.846,4
		SF	2.000,–
		HuGA	2.000,–
		SBK	41.668,6
	61.815,–		61.815,–

S	Kasse		H
EBK	23.000,–	AVK/VS	912,–
WV/MW	13.680,–	Privat	1.000,–
HuGE	900,–	Bk	1.500,–
		SBK	34.168,–
	37.580,–		37.580,–

S	Bezugskosten		H
V	800,–	WE	800,–

S	Rücksendungen		H
Forderungen	500,–	WV	500,–

S	Eigenkapital		H
Privat	1.000,–	EBK	552.000,–
GuV	1.845,–		
SBK	549.155,–		
	552.000,–		552.000,–

S	Darlehen		H
Bank	2.100,–	EBK	450.000,–
SBK	447.900,–		
	450.000,–		450.000,–

S	Schuldwechsel		H
SBK	58.000,–	EBK	58.000,–

S	Vorsteuer		H
V	1.320,–	V	33,6
Kasse	112,–	V	420,–
V	7,–	MwSt	1.657,4
V	672,–		
	2.111,–		2.111,–

S	MwSt		H
Forderungen	70,–	EBK	15.000,–
VS	1.657,4	Kasse	1.680,–
SBK	22.792,6	BW	2.240,–
		Forderungen	5.600,–
	24.520,–		24.520,–

S	Verbindlichkeiten		H
BW	2.500,–	EBK	40.000,–
Bank/ZE/VS	9.120,–	WE/VS	9.320,–
WE/VS	3.420,–	ZA/VS	57,–
SBK	39.809,–	WE/Bank/VS	5.472,–
	54.849,–		54.849,–

S	Rückstellungen		H
SBK	2.300,–	Steuern	2.300,–

S	PRAP		H
SBK	600,–	HuGE	600,–

S	Verb. aus Steuern u. Sozialvers.		H
SBK	3.500,–	PK	2.400,–
		SA	1.100,–
	3.500,–		3.500,–

S		SBK		H
Gebäude	553.000,–	EK		549.155,–
FP	48.000,–	Rückstellungen		2.300,–
BGA	108.000,–	Darlehen		447.900,–
Waren	65.000,–	SW		58.000,–
Forderungen	208.470,–	Verbindlichkeiten		39.809,–
Zweifelhafte Forderungen	1.560,–	Verb. aus Steuern u. SV		3.500,–
Sonstige Forderungen	2.750,–	MwSt		22.792,6
Bank	41.668,6	PRAP		600,–
BW	60.840,–			
Kasse	34.168,–			
ARAP	600,–			
	1.124.056,6			1.124.056,6

S		GuV		H
WE	29.800,–	Zinserträge		6.740,–
Zinsaufwendungen	435,–	Haus- und Grundstückserträge		1.050,–
Haus- und Grundstücksaufwendungen	9.000,–	Warenverkauf		67.500,–
Personalkosten	6.700,–	Eigenkapital		1.845,–
Soziale Aufwendungen	1.100,–			
Steuern	2.300,–			
AVK	800,–			
Abs. Anlagen	24.000,–			
Abs. Forderungen	3.000,–			
	77.135,–			77.135,–

S	Zinsaufwendungen		H		S	Haus- und Grundstücksaufwendungen		H
Bank	900,–	ARAP	600,–		Bank	2.000,–	GuV	9.000,–
BW	85,–	GuV	435,–		Gebäude	7.000,–		
V	50,–					9.000,–		9.000,–
	1.035,–		1.035,–					

S	Personalkosten		H		S	Soziale Aufwendungen		H
BK/NaA	6.700,–	GuV	6.700,–		NaA	1.100,–	GuV	1.100,–

S	Steuern		H		S	AVK		H
RST	2.300,–	GuV	2.300,–		Kasse	800,–	GuV	800,–

S	Abs. Anlagen		H		S	Abs. Forderungen		H
BGA/FP	24.000,–	GuV	24.000,–		ZF	3.000,–	GuV	3.000,–

S		Zinserträge		H
GuV	6.740,–	V		240,–
		Bank		6.500,–
	6.740,–			6.740,–

S	Haus- und Grundstückserträge			H
PRAP	600,–	Kasse		900,–
GuV	1.050,–	SF		750,–
	1.650,–			1.650,–

S		Warenverkauf		H
R	500,–	Kasse		12.000,–
GuV	67.500,–	BW		16.000,–
		F		40.000,–
	68.000,–			68.000,–

4. Kapitel

Die Buchführung des Einzelhandels

Kontenrahmen des Einzelhandels

Klasse 0	Klasse 1	Klasse 2	Klasse 3
Anlage- und Kapitalkonten	Finanzkonten	Abgrenzungskonten	Wareneinkaufskonten

00 Bebaute Grundstücke (Gebäude)

01 Unbebaute Grundstücke

02 Maschinen, masch. Anlagen, Werkzeuge und Transport-einrichtungen

03 Betriebs- und Geschäftsausstattung
  030 Laden- und Lagereinrichtung
    0300 Ladeneinrichtung
  031 Büromöbel und -geräte
  032 Büromaschinen

04 Rechtswerte und Sicherheiten (z. B. Konzessionen, Patente, Lizenzen)

05 Beteiligungen

06 Langfristige Forderungen

07 Langfristige Verbindlichkeiten

08 Kapital und Rücklagen

09 Wertberichtigungen, Rückstellungen, Posten der Jahresabgrenzung
  090 Wertberichtigungen
    0900 auf Gebäude
    0902 auf Maschinen, Fahrzeuge
    0903 auf Geschäftsausstattung
    0904 auf Forderungen
  091 Rückstellungen
  092 Aktive Rechnungsabgrenzung
  093 Passive Rechnungsabgrenzung

---

10 Kasse
  100 Hauptkasse
  101 Frachtenkasse
  102 Portokasse

11 Postscheck und Landeszentralbank

12 Banken und Sparkasse

13 Besitzwechsel, Schecks und sonstige Wertpapiere

14 Forderungen aus Warenlieferungen und Leistungen
  140 Forderungen a. WL
  149 Zweifelhafte Forderungen

15 Sonstige kurzfristige Forderungen
  153 Lohn- und Gehaltsvorschuß
  154 Vorsteuer

16 Verbindlichkeiten aus Warenlieferungen und Leistungen

17 Schuldwechsel

18 Sonstige kurzfristige Verbindlichkeiten
  183 Noch abzuf. Abgaben
  184 Mehrwertsteuer

19 Privatkonten

---

20 Außerordentliche und betriebsfremde Aufwendungen (z. B. Verluste aus Schadensfällen)

21 Außerordentliche und betriebsfremde Erträge (z. B. Erträge aus Einrichtungsverkäufen)

22 Haus- und Grundstücksaufwendungen und Erträge (z. B. Reparaturen, Abschreibungen auf Gebäude usw.)
  220 Haus- und Grundstücksaufwendungen
  225 Haus- und Grundstückserträge

23 Zinsaufwendungen

24 Zinserträge

25*)

26

27

28

29

---

*) Die Gruppen 25–29 stehen für eine etwaige weitere Unterteilung der Abgrenzungskonten zur Verfügung, wie z. B. für den Ausweis von Zinsen, die keinen betrieblichen Aufwand darstellen, usw.

---

30 bis 36 Wareneinkäufe netto*) (reine Einkaufspreise – ungekürzte Listenpreise)

37 Warenbezugs- und Nebenkosten
  370 Frachten bei Bezug, Rollgelder
  371 Verpackungskosten (auch Rückvergütung hierfür) der eingehenden Waren
  372 Lagergeld
  373 Versicherungskosten
  374 Zölle und Kursdifferenzen

38 Nachlässe
  380 Skonti
  381 Rabatte
  382 Sonst. Preisnachlässe der Lieferer

39 Konsignations- und Kommissionsware
  390 Kommissionsware
  391 Kommittent

*) 30–36 sind zur Unterteilung nach Warengruppen bestimmt; beim Möbeleinzelhandel z. B.

30 Kasten- und Ergänzungsmöbel

31 Polstermöbel

32 Beleuchtungskörper und kunstgewerbl. Artikel

33 Linoleum

34 Textilien

35 Herde, Öfen usw.

36 Kinderwagen und sonstiges

Klasse 4–7; Kosten des Betriebes				Klasse 8	Klasse 9
Klasse 4	Klasse 5	Klasse 6	Klasse 7		
Konten der Kostenarten (reine Kosten des Betriebes)	Verrechnete Kosten	Kosten für Nebenbetriebe		Erlöskonten	Abschlußkonten

40 Personalkosten
   400 Gehälter
   401 Löhne
   402 Gesetzliche soziale Aufwendungen
   403 Freiwillige soziale Aufwendungen
 	
41 Miete und Mietwert
 	
42 Sachkosten für Geschäftsräume (z. B. Heizung, Beleuchtung, Reinigung, Schönheitsreparaturen usw.)
 	
43 Steuern, Abgaben und Pflichtbeiträge des Betriebes
   430 Umsatzsteuer
   431 Gewerbesteuer (einschließlich Lohnsummensteuer)
   432 Beiträge zur Wirtschaftsfachgruppe und zur Handelskammer
   433 Sonstige betriebliche Steuern und Abgaben
 	
44 Sachkosten für Werbung
 	
45 Sachkosten für Warenabgabe und -zustellung
 	
46 Zinsen (z. B. auch Disk.)
 	
47 Abschreibungen
   470 Abschreibungen auf Anlagen (außer auf Gebäude, die auf 22 gehören)
   474 Abschreibungen auf Forderungen
 	
48 Sonstige Geschäftsausgaben
   480 Nebenkosten des Geldverkehrs
   481 Büromaterial, Vordrucke usw.
   482 Postkosten (aber nicht Versandporti)
   483 Verschiedene Kosten (Fachzeitschriften, Rechts- und Beratungskosten, Freiwillige Beiträge
 	
49 Einzelkosten
   490 Vertriebssonderkosten (Vertreterprovisionen)
   491 Sonstige Einzelkosten (z. B. Kosten aus Reparatur- und Garantieverpflichtungen)
	frei
	
	für Betriebe, die eine Kostenstellenrechnung führen.
		frei
		
		für Kosten etwaiger dem Einzelhandelsbetrieb angegliederter Nebenbetriebe*)
		
		*) der Möbel-Einzelhandel z. B. gliedert:
		
		60 Ausgaben für Schreinerwerkstatt
		   600 Einkauf-Konto für Werkstoffe
		   601 Personalkosten
		   602 Miete oder
		   603 Allgemeine Kosten
		
		61 Leistungen und Lieferungen der Schreinerwerkstatt
		
		62 Ausgaben für Polsterwerkstatt
		   620 Einkauf-Konto für Werkstoffe
		   621 Personalkosten
		   622 Miete oder Mietwert
		   623 Allgemeine Kosten
		
		63 Leistungen und Lieferungen der Polsterwerkstatt
			frei	80 bis 88 Warenverkäufe*)
				
				89 Erlösschmälerungen
				   890 Skonti
				   891 Rabatte
				   892 Nachlässe
				   893 Sonderleistungen
				   894 Unberechtigte Abzüge
				
				*) Gliederung und etwaige Unterteilung nach Waren- oder Erlösgruppen muß der Gliederung und Unterteilung der Klasse 3 entsprechen.
					90 Abgrenzungssammelkonto
					
					91 Monats-Gewinn- und Verlustkonto
					
					93 Gewinn- und Verlustkonto
					
					94 Bilanzkonto
					   940 Eröffnungsbilanzkonto
					   941 Schlußbilanzkonto

Der Kontenrahmen enthält alle möglichen Konten eines Wirtschaftszweiges (Branche). Er besteht aus den **zehn Kontenklassen 0** bis **9.** Jede Kontenklasse kann in zehn Konten**gruppen** unterteilt werden, und jede Kontengruppe wiederum in zehn Konten**arten,** jede Kontenart in zehn Konten**unterarten** usw.

Der folgende Überblick aus dem Kontenrahmen für den Einzelhandel soll den Gliederungsgedanken deutlich machen. Er enthält die Kontenklassen und Kontengruppen, in denen im Einzelhandel hauptsächlich gebucht wird, und er unterscheidet sich nicht wesentlich vom Kontenrahmen des Großhandels (vgl. Kap. „Kontenrahmen des Großhandels", S. 42 ff.).

Die Kontenklassen **0** und **9** enthalten die **ruhenden Konten,** auf denen vergleichsweise wenig Buchungen vorkommen. Die Kontenklassen 5, 6 und 7 sind frei für Betriebe, die eine Kostenstellenrechnung führen. Die Kontenklassen **1, 2, 3, 4** und **8** umfassen die **bewegten** Konten. Im Gegensatz zu den ruhenden Konten fallen für diese die meisten Buchungen an. Auf ihnen schlägt sich das eigentliche Betriebsgeschehen nieder.

Die Warenkonten und ihre Unterkonten

Im Mittelpunkt des Einzelhandelsbetriebes stehen die Buchungen, die mit dem Einkauf und Verkauf der Waren zusammenhängen. Die Warenkonten des Einzelhandels sind buchungstechnisch mit denen des Großhandels zu vergleichen (vgl. Kap. „Warenkonten im Großhandel", S. 45 ff.).

UNTERKONTEN IM WARENEINKAUF

Bezugskosten sind Aufwendungen, die mit dem Wareneinkauf zusammenhängen, wie z. B. Frachten, Rollgelder, Verpackungskosten, Versicherungen, Lagergeld und Zölle. Sie gehören zum Einstandspreis, werden aber nicht sofort auf dem Warenkaufskonto belastet, sondern auf einem Unterkonto des WEK:

37 Warenbezugs- und Nebenkosten

Wir zahlen für Fracht, netto 20,– DM + 14% MwSt. bar.

Buchung:
37 Warenbezugs- und Nebenkosten 20,–
154 Vorsteuer   2,80 an 10 Kasse 22,80

Liefererskonti, Boni sowie **Preisnachlässe,** die bei berechtigten Mängelrügen verlangt werden können, werden ebenfalls auf einem Unterkonto des WEK:

38 Nachlässe

gebucht. Da sich als Folge davon das Warenentgelt verringert, ist die Vorsteuer zu kürzen.

Wir überweisen für eine Rechnung in Höhe von 3.420,– DM unter Abzug von 3% Skonto. 14% MwSt.

Nettobuchung:
16 Verbindlichkeiten 3.420,– an	12 Bank	3.317,40
	38 Nachlässe	90,–
	154 Vorsteuer	12,60

Bruttobuchung:
16 Verbindlichkeiten 3.420,– an	12 Bank	3.317,40
	38 Nachlässe	102,60

Am Monatsende:
38 Nachlässe	an 154 Vorsteuer	12,60

Am Monatsende werden die **Warenunterkonten** über das Konto **30 Wareneinkauf** abgeschlossen.

Buchung:
38 Nachlässe	an 30 Wareneinkauf	90,–

Rabatte werden immer gleich vom Rechnungsbetrag abgezogen und daher gar **nicht** erst **gebucht.**
Warenrücksendungen werden im allgemeinen auf keinem besonderen Konto, sondern **direkt** auf dem Konto „**30 Wareneinkauf**" rückgebucht (**Stornobuchung**).

UNTERKONTEN IM WARENVERKAUF

Warenrücksendungen der Kunden senken die Verkaufserlöse. Sie werden **direkt** auf dem Konto „**80 Warenverkauf**" gebucht.

Erlösschmälerungen sind für den Einzelhändler entweder **Skonti** oder **Preisminderungen** wegen berechtigter Beanstandung von Warenlieferungen. In beiden Fällen sind es Minderungen der Verkaufserlöse, die auf dem Konto:

$$\boxed{\text{89 Erlösschmälerungen}}$$

gebucht werden. Das **Konto 89** ist ein **Unterkonto von 80 WVK.** Auch Erlösschmälerungen werden einschließlich Mehrwertsteuer gebucht. Da spätestens am Monatsende der Abschluß von 89 Erlösschmälerungen über 80 WVK zu erfolgen hat und auch die Mehrwertsteuer am Monatsende errechnet wird, erfolgen Umbuchungen auf 89 und 184 in der Regel einmal monatlich.

BEISPIEL 56

Ein Kaufhaus verkauft Waren auf Ziel, 456,– DM, einschließlich 14% MwSt. Der Kunde überweist daraufhin 442,32 DM, nachdem er 3% Skonto abgezogen hat.

Prozent	Rechnungsbetrag	3% Skonto	Überweisungsbeträge
netto 100	400,–	12,–	388,–
+ MwSt 14	56,–	1,68	54,32
brutto 114	456,–	13,68	442,32

Buchungen:
1. 140 Forderungen   an 80 Warenverkauf   456,–
2.   12 Bank   442,32
   89 Erlösschmälerungen 13,68 an 140 Forderungen   456,–

Am Monatsende:
3.   80 Warenverkauf   an 89 Erlösschmälerungen 13,68
4.   **80 Warenverkauf**   **an 184 Mehrwertsteuer**   **54,32**

S	140 Forderungen	H
80 (1) 456,–	140, 89 (2)	456,–

S	80 WVK	H
89 (3) 13,68	140 (1)	456,–
184 (4) **54,32**		

S	12 Bank	H
140 (2) 442,32		

S	184 MwSt	H
	80 (4)	**54,32**

S	89 Erlösschmälerungen	H
140 (2) 13,68	80 (3)	13,68

Sachkosten für Warenabgabe und -zustellung für eine gelegentliche Zustellung berechnet der Einzelhandel in der Regel nicht. Auch Verpackungsmaterial wird vielfach unberechnet zur Verfügung gestellt. Die meisten Einzelhändler betrachten diese Leistungen als selbstverständliche Kundendienstleistung. Da im Versandhandel die Verpackungs- und Versandkosten nicht unerheblich sind, wird hier nur kostenfrei zugestellt, wenn der Kaufpreis eine bestimmte Höhe erreicht hat. Die entstandenen Aufwendungen für die Warenabgabe werden als Aufwand auf dem Konto:

> 45 Sachkosten für Warenabgabe und -zustellung

gebucht.

BEISPIEL 57

Ein Kaufhaus verkauft Waren bar zu 570,– DM, einschließlich 14% MwSt. Die Zustellkosten hierfür werden vom Kaufhaus mit 45,60 DM selbst übernommen und bar bezahlt, USt-Anteil: 5,60 DM = 14%.

Buchungen:
1. 10 Kasse   an 80 Warenverkauf 570,–
2. 45 Sachkosten für Warenabgabe und -zustellung 40,–
    154 Vorsteuer   5,60 an 10 Kasse   45,60
3. 93 Gewinn und Verlust   an 45 Sachkosten für Warenabgabe   40,–

Werden die Zustellkosten dem Kunden in Rechnung gestellt, so wird folgendermaßen gebucht:

Buchung:
 10 Kasse oder
140 Forderung 45,60 an   45 Sachkosten für Warenabgabe 40,–
                         184 Mehrwertsteuer   5,60

ÜBERBLICK

Unterkonten Wareneinkauf	Buchung	Abschluß
Bezugskosten: Frachten, Rollgeld, Zölle, Versicherung, in Rechnung gestellte Verpackung	brutto: einschließlich VSt im Soll auf Konto 37 z. B. 37 an 10 netto: im Soll auf den Konten 154/37 z. B. 37 + 154 an 10	brutto: 30 + 154 an 37 netto: 30 an 37
Nachlässe: Mängelrüge Skonti Boni	brutto: einschließl. VSt im Haben auf Konto 38 z. B. 16 an 38 netto: im Haben auf Konten 154/38 z. B. 16 an 38 + 154	brutto: 38 an 30 154 netto: 38 an 30
Warenrücksendung **an den Lieferer**	16 Verbindlichkeiten (einschließlich MwSt) an 30 WEK + 154 VSt	

Unterkonten Warenverkauf	Buchung	Abschluß
Erlösschmälerungen: Kundenskonti, Nachlaß wegen Warenmängeln	brutto: 89 an 140 oder 10	80 an 89

Sachkosten für Warenabgabe und -zustellung
a) Kosten werden Kunden
    nicht in Rechnung gestellt
    (Kundendienst)
	45
	154 an 140 oder 10
		93 an 45

b) Kosten werden Kunden in Rechnung gestellt	140 an 45 + 184	

AUFGABE

56. Bilden Sie die Buchungssätze zu folgenden Geschäftsfällen!
1. Wareneinkauf, bar 3.000,– DM netto + 14% MwSt
2. Wareneinkauf auf Ziel 2.000,– DM + Verpackung 100,– DM + 14% MwSt
3. Eingangsfrachten, bar 79,80 DM einschließlich 14% MwSt
4. Eingangsrechnung für Waren 5.000,– DM abzüglich 10% Rabatt, + 14% MwSt
5. Ausgangsrechnung für Waren 5.000,– DM abzüglich 10% Rabatt, + 14% MwSt
6. Zielverkauf von Waren 2.000,– DM + 14% MwSt
7. Barverkauf von Waren 3.000,– DM + 14% MwSt
8. Lieferergutschrift für zurückgeschickte Ware 100,– DM + 14% MwSt
9. Lieferergutschrift für Preisnachlaß 200,– DM + 14% MwSt
10. Banküberweisung an Lieferer, Rechnungsbetrag 3.420,– DM abzüglich 2% Skonto = 68,40 DM
11. Bonusgutschrift von Lieferer 500,– DM + 14% MwSt
12. Gutschrift an Kunden für zurückgesandte Ware 100,– DM + 14% MwSt
13. Gutschrift an Kunden für Preisnachlaß 200,– DM + 14% MwSt
14. Kunde zahlt Rechnungsbetrag 3.420,– DM abzügl. 2% Skonto
15. Bonusgutschrift an Kunden 500,– DM + 14% MwSt

Mindestbuchführung

Die handelsrechtlichen Vorschriften über die Handelsbücher (§§38 ff. HGB) finden auf Handwerker und Personen, deren Betrieb über den Umfang eines Kleingewerbes (Minderkaufleute) nicht hinausgeht, keine Anwendung. **Kleingewerbetreibende** aus dem Handwerksbereich und des **Einzelhandels** (Umsatz je nach Geschäftszweig 75.000,– DM bis 100.000,– DM) sind **nicht zur doppelten Buchführung** nach dem Kontenrahmen verpflichtet, für sie genügt eine **Mindestbuchführung.** Sie besteht aus:

> - täglichen **Kassenberichten**
> - **Wareneingangsbuch**
> - **Geschäftstagebuch** (**Journal**)
> - Aufzeichnungen über die **Kreditgeschäfte**
> - **Jahresabschluß** (**Abschlußtabelle**)

KASSENBERICHT

Das Schwergewicht der Mindestbuchführung liegt bei den Kassengeschäften, denn die Kunden zahlen fast immer bar, und die Liefererrechnungen sowie die Betriebskosten werden oft bar bezahlt. Die Bareinnahmen werden durch **Kassenzettel**, eine **Registrierkasse** oder den **Kassenbericht** überwacht. Einzelhändler, die weder mit einer Registrierkasse arbeiten noch sich eines Kassenzettels bedienen, müssen sich einen Beleg für ihre Tageseinnahmen durch einen Kassenbericht schaffen. **Der Kassenbericht umfaßt alle Kassengeschäfte eines Tages,** und zwar die Bareinnahmen aus Warenverkäufen sowie andere Bareinnahmen und die Barausgaben (auch alle Einnahmen und Ausgaben, die mit dem Geschäft nichts zu tun haben).

Der Kassenbericht muß unterschrieben, mit einer laufenden Nummer versehen und ordnungsgemäß abgelegt werden. Kassenberichte müssen sechs Jahre lang aufbewahrt werden.

Der Kassenbericht ist ein Sammelbeleg für alle Barvorgänge eines Tages. Er stellt die Grundlage für die Buchungen der Barvorgänge im Geschäftstagebuch (Journal) dar.

Die Bareinnahmen eines Tages werden mit dem Kassenbericht folgendermaßen erstellt:

Kassenbestand bei Geschäftsschluß + Ausgaben im Laufe des Tages
= Summe − Kassenbestand des Vortages
= Kasseneingang − Sonstige Einnahmen
= Tageslosung

Bei der Eintragung der bar bezahlten Wareneinkäufe und Warennebenkosten kann man entweder das Nettoverfahren oder das Bruttoverfahren wählen.

BEISPIEL 58

Kassenbericht vom 3. 1. 1985, geordnet im Nettoverfahren
  1. Kassenbestand bei Geschäftsschluß   1.193,50
  2. Einzahlung bei der Bank   500,–
  3. ER 11, Schmitz, hier, netto   43,–
     + 14% MwSt   6,02
  4. Fracht für bezogene Waren (in diesem Betrag sind 14% MwSt enthalten)
                                                                          18,24

5. Lohnzahlung – Aushilfe Frau Berger   42,–
6. Stromrechnung   80,–
   + 14% MwSt   11,20
7. Privatentnahme bar   60,–
8. Fachzeitschriften (in diesem Betrag sind 7% MwSt enthalten)   16,05
9. Kassenbestand des Vortages   146,15
10. Miete von Hainbuch   280,–

Kundenzahl: 104

Kassenbericht Nr. 1	vom	3.1.	19 85	
Kassenbestand bei Geschäftsschluß			1193	50
Ausgaben im Laufe des Tages	Vorsteuer	Netto/Brutto-Betrag		
1. Wareneinkäufe und Warennebenkosten				
ER 11, Schmitz, hier	6,02	43,–		
Fracht für bezog. Ware	2,24	16,–		
			59,–	
2. Geschäftsausgaben				
Lohnzahlung Frau Berger	–,–	42,–		
Stromrechnung	11,20	80,–		
Fachzeitschriften (7%)	1,05	15,–	137,–	
3. Privatentnahmen bar	–,–	60,–	60,–	
4. Sonstige Einzahlung auf Bank		500,–		
			500,–	
		Vorsteuer bei Nettobetrag	20	51
		Summe	1970	01
abzüglich Kassenbestand des Vortages			146	15
= Kasseneingang			1823	86
abzüglich sonstige Einnahmen Miete von Hainbuch		280,–		
			280	–
= Bareinnahmen (Tageslosung)			1543	86
Kundenzahl: 104	Unterschrift			

159

57. Stellen Sie den Kassenbericht vom 25. 3. 19.. geordnet im Nettoverfahren auf!
    1. Kassenbestand bei Geschäftsschluß   1.632,–
    2. Verkauf von Altpapier (in diesem Betrag sind 14% MwSt   9,12
       enthalten)
    3. Büromaterial   64,–
       + 14% MwSt   8,96
    4. Rollgeld für angelieferte Rohstoffe   15,–
       + 14% MwSt   2,10
    5. Zeitungsanzeige zwecks Kaufes eines Segelbootes   45,60
       (einschließlich 14% MwSt)
    6. Fachzeitschriften (einschließlich 7% MwSt)   22,47
    7. Kassenbestand des Vortages   514,15
    8. Abhebung bei der Bank   300,–
       Kundenzahl: 41

WARENEINGANGSBUCH

Die Verordnung über die Führung eines Wareneingangsbuches von 1935 gilt heute noch für jeden Gewerbetreibenden. Allerdings sind Kaufleute, die eine ordnungsmäßige Buchführung gemäß §38 HGB haben, von der Verpflichtung befreit. Aber trotz der Befreiung führen viele Kaufleute aus Kontrollgründen ein Wareneingangsbuch.

Da der Einzelhändler seine Rechnungen nicht immer sofort beim Einkauf begleichen muß, stellt das Wareneingangsbuch für ihn ein Verzeichnis seiner Verbindlichkeiten dar. Als Belege dienen die Eingangsrechnungen der Lieferer. Die erhaltenen Lieferungen sind fortlaufend einzutragen, und zwar unter Angabe von:

> 1. laufende Nummer
> 2. Liefertag
> 3. Name und Ort des Lieferanten
> 4. Warenart
> 5. Rechnungsbetrag (einschließlich Vorsteuer)
> 6. Warenwert (ohne Vorsteuer)
> 7. Nebenkosten: Verpackung, Fracht (ohne Vorsteuer)
> 8. Vorsteuer lt. Rechnung und ggf. Berichtigungen
> 9. Abzüge: Skonto, Nachlässe, Rücksendungen
> 10. Betrag und Datum der Zahlung

Die Beträge müssen im Wareneingangsbuch monatlich und jährlich zusammengefaßt werden. Auch die Bezugskosten sind umsatzsteuerpflichtig. Wird ein Abzug vorgenommen, so ist die Vorsteuer zu korrigieren.

Folgende Geschäftsfälle sind in das Wareneingangsbuch aufzunehmen:

1. Eingangsrechnung vom 2.3.19.., Lambert KG, Frankfurt/M.
   Warenart: Porzellan

Warenwert	2.000,–
+ Bezugskosten (auf Rechnung)	150,–
	2.150,–
+ 14% MwSt (Vorsteuer)	301,–
Zahlung an Lieferer (28.3.)	2.451,–

2. Eingangsrechnung vom 3.3.19.., Velly KG, Formello
   Warenart: Schrauben

a) Warenwert	800,–
+ 14% Vorsteuer	112,–
Rechnungsbetrag	912,–
– 3% Skonto aus 912,–	27,36
Zahlung an Lieferer (10.3.)	894,64
b) Berechnete Vorsteuer	112,–
– Korrektur = 14% aus 27,36	3,83
zu zahlende Vorsteuer	108,17

3. Eingangsrechnung vom 6.3.19..., Kulche, Mainz
   Warenart: Farben

a) Warenwert	1.200,–
+ Bezugskosten (auf Rechnung)	80,–
	1.280,–
+ 14% Vorsteuer	179,20
Rechnungsbetrag	1.459,20
– 2% Skonto aus 1.459,20	29,18
Zahlung an Lieferer (12.3.)	1.430,02
b) Berechnete Vorsteuer	179,20
– Korrektur = 14% aus 29,18	4,09
zu zahlende Vorsteuer	175,11

Wareneingangsbuch

Eisenwarenhandlung Georg Harcuba, Wiesbaden, Ring 1					
Lfd. Nr.	Lie-fer-tag	Name und Ort des Lieferanten	Warenart	Rech-nungs-betrag (ein-schließ-lich Vor-steuer) brutto	Waren-wert (ohne Vor-steuer) netto
1	2	3	4	5	6
1	2.	Lambert KG, Ffm.	Porzellan	2.451,–	2.000,–
2	3.	Velly KG, Form.	Schrauben	912,–	800,–
3	6.	Kulche, Mainz	Farben	1.459,20	1.200,–

Neben-kosten: Verpak-kung, Fracht (ohne VSt.)	Vorsteuer		Abzüge: Skonto, Nach-lässe, Rück-sendun-gen	Rechnung bezahlt	
	lt. Rech-nung	Berich-tigung		DM	am
7	8		9	10	
150,–	301,–	–	–	2.451,–	28.3.
–	112,–	3,83	23,53	894,64	10.3.
80,–	179,20	4,09	25,09	1.430,02	12.3.

Monat März 1988 — Seite 23

GESCHÄFTSTAGEBUCH (JOURNAL)

Das Geschäftstagebuch nimmt die laufenden Buchungen auf. Es hat die Form des amerikanischen Journals. Im Geschäftstagebuch werden nur Zahlungsvorgänge erfaßt:

> 1. Barvorgänge auf Grund der Kassenberichte
> 2. Bargeldlose Vorgänge auf Grund der Bank- und Postgirokontoauszüge

In der einfachen Form enthält das Journal Spalten für die Vorgänge des Zahlungsbereichs (Ausgaben und Einnahmen) wie Kasse, Bank oder Postgiro und deren Ursachen (Kosten, Warenbewegungen und Privatentnahmen). Außerdem ist eine Spalte für die Vorsteuer (Umsatzsteuerpflichtige Einnahmen) vorgesehen.

Zu Beginn des Geschäftsjahres werden die Anfangsbestände der Waren und Zahlungsmittel in die entsprechenden Spalten, die übrigen Bestände in die Spalte Verschiedene übernommen. Die laufenden Buchungen werden nach dem Grundsatz der doppelten Buchführung durchgeführt; einer Buchung auf den Zahlungsmittelkonten steht immer eine andere Buchung gegenüber. Grundlagen dazu sind Kassenberichte, Bank- und Postgiroauszüge mit Originalbelegen (Zahlkartenabschnitte, Quittungen). Die Beträge in den einzelnen Spalten des Geschäftstagebuches werden am Ende eines jeden Monats zusammengefaßt und ergeben mit den Anfangsbeständen die Verkehrszahlen für die Abschlußtabelle.

JAHRESABSCHLUSS (ABSCHLUSSTABELLE)

Für den Jahresabschluß wird zweckmäßigerweise zunächst eine **Betriebsübersicht** (vgl. Kap. „Gewinnverteilung bei verschiedenen Unternehmensformen", S. 100 ff.), die sog. Abschlußtabelle, aufgestellt. Sie enthält bei der Mindestbuchführung nur vier Doppelspalten:

> – Summenbilanz
> – Saldenbilanz
> – Schlußbilanz
> – Erfolgsbilanz

Abschlußtabelle

Kontenbe-zeichnung	Summenbilanz		Saldenbilanz		Schlußbilanz		GuV	
	Soll	Haben	Soll	Haben	Aktiva	Passiva	Aufwen-dungen	Ertrag
Kasse	513,20	423,20	90,–		90,–			
Sparkasse	3.910,–	60,–	3.850,–		3.850,–			
Betriebs-kosten	61,60		61,60				61,60	
Privat	22,–		22,–				22,–	
Waren	15.634,60	327,94	15.306,66		15.420,–			113,34
Einrichtung	2.650,–		2.650,–		2.650,–			
Kapital		21.980,26		21.980,26		21.980,26		
Betriebs-überschuß							29,74	29,74
	22.791,40	22.791,40	21.980,26	21.980,26	22.010,–	22.010,–	113,34	113,34

BEISPIEL 60

Das Glas- und Porzellanwarengeschäft Heide Castor, Königstein, hat am 1. März 1988 folgende Anfangsbestände:
Einrichtung 2.650,– DM, Waren 15.375,– DM, Kasse 125,26 DM, Sparkasse 3.830,– DM; Kapital: 21.980,26 DM.
2. März
Kassenbestand bei Geschäftsschluß 132,06 DM
Ausgaben im Laufe des Tages:
Großhandlung M. Banniscza liefert Porzellanwaren 184,80 DM
Ausgaben für Verpackungsmaterial 18,70 DM
Stromrechnung für das Geschäft 26,40 DM
Privatentnahme 2,– DM
Abhebung von der Sparkasse 60,– DM
3. März:
Kassenbestand bei Geschäftsschluß 90,– DM
Ausgaben im Laufe des Tages:
Glaswarengroßhandel Grewatta liefert Waren 74,80 DM
Zahlung an den Fensterdekorateur 16,50 DM
Privatentnahme 20,– DM
Einzahlung auf Sparkasse 80,– DM
Warenendbestand lt. Inventur 15.420,– DM
Das Geschäftstagebuch (Journal) und die Abschlußtabelle sollen aufgestellt werden!

Geschäftstagebuch (Journal)

Glas- und Porzellangeschäft Heide Castor, Königstein, Monat März 1988

Be-leg Nr.	Tag	Geschäftsvorfälle	USt.-pflichtige Ein-nahmen	Kasse Einnahme	Ausgabe	B = Bank P = Postgiro Einnahme	Ausgabe
1	2	3	4	5	6	7	8
	1.	Vortrag Kassenbestand		125,26			
	1.	Vortrag Bank				3.830,–	
K1	2.	Tageslosung	178,70	178,70			
	2.	Zahlungen für Waren			184,80		
	2.	Geschäftsausgaben			45,10		
	2.	Privatentnahmen			2,–		
	2.	Abhebung von Sparkasse		60,–			60,–
K2	3.	Tageslosung	149,24	149,24			
	3.	Zahlungen für Waren			74,80		
	3.	Geschäftsausgaben			16,50		
	3.	Privatentnahme			20,–		
	3.	Einzahlung auf Sparkasse			80,–	80,–	
			327,94	387,94	423,20	80,–	60,–
	3.	Anfangsbest. Kasse		125,26			
		Anfangsbest. Sparkasse				3.830,–	
		Anfangsbest. Waren					
		Anfangsbest. Einrichtung					
		Anfangsbest. Kapital					
				513,20	423,20	3.910,–	60,–

Betriebs-kosten	Privat	Waren		Verschieden.	
		Eink. + Nk.	Verk.	Lastschrift	Gutschrift
9	10	11	12	13	14
			178,70		
		184,80			
45,10					
	2,–				
			149,24		
		74,80			
16,50					
	20,–				
61,60	22,–	259,60	327,94		
		15.375,–			
				2.650,–	
					21.980,26
61,60	22,–	15.634,–	327,94	2.650,–	21.980,26

KREDITGESCHÄFTE

Da die Kreditgeschäfte bei der einfachen Form des Geschäftstagebuches im Rahmen der doppelten Buchführung nicht erfaßt werden, muß eine entsprechende Nebenbuchhaltung (Kontokorrentbuchhaltung) vorhanden sein.

Für den Kundenverkehr ersetzt das Warenausgangsbuch oder bei kleinen Einzelhandelsbetrieben die sog. Kundenkladde die Debitorenbuchhaltung. Beim Verkauf wird die Ausgangsrechnung, die nicht sofort bezahlt wird, im Warenausgangsbuch oder in der sog. Kundenkladde eingetragen. Bei der Zahlung erfolgt ein Zahlungsvermerk. Die offenen Posten ergeben den jeweiligen Forderungsbestand.

Die Kreditorenbuchhaltung wird durch das Wareneingangsbuch ersetzt, aus dem Entstehung und Tilgung der Warenverbindlichkeit zu ersehen ist. Die Verbindlichkeiten werden dadurch ermittelt, daß die offenen Posten des Wareneingangsbuches addiert werden.

5. Kapitel

Die Buchführung der Industrie

Die Hauptfunktion des Industriebetriebes ist die Produktion von Gütern. Durch das sinnvolle Zusammenwirken der Produktionsfaktoren werden neue Güter hergestellt. Alle übrigen betrieblichen Funktionsbereiche außerhalb des Fertigungsbereiches tragen dazu bei, die Produktion von Gütern und deren Absatz zu ermöglichen. Um Güter zur Versorgung des Marktes herzustellen, werden Rohmaterialien, Werkstoffe und Betriebsmittel beschafft und in den Werkstätten be- und verarbeitet. Die Fertigung (Leistungserstellung) ist ein ständiger Umformungsprozeß: Der Input (Einsatz von Gütern und Leistungen) wird in den Output (Erzeugnisse des Unternehmens) umgeformt.

BEISPIEL 61

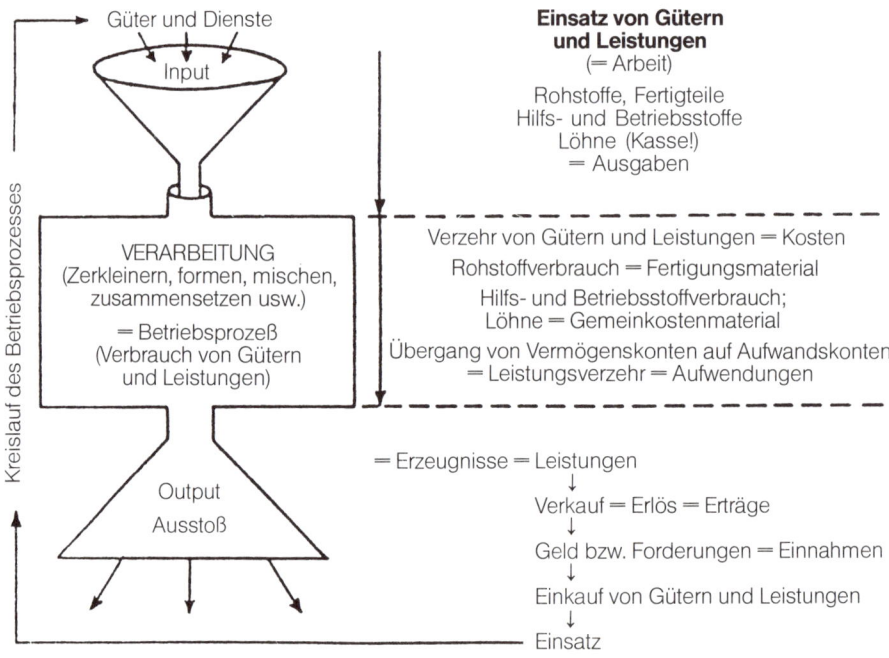

Diese zusätzliche Aufgabe des Industriebetriebes (Fertigung) erfordert auch eine besondere Gestaltung der Buchführung.

Besonderheiten der Industriebuchführung

Im Vergleich zur Großhandelsbuchführung können folgende Unterscheidungs-merkmale festgestellt werden:

1. Zu den Grundfunktionen des Ein- und Verkaufs beim Großhandel tritt bei der Industrie noch die **Fertigung** von Gütern.
2. An Stelle des Einkaufs von Fertigwaren tritt die **Beschaffung von Roh-, Hilfs- und Betriebsstoffen.**
3. Zwischen Ein- und Verkauf schiebt sich nunmehr die Fertigung. Deshalb muß dieser Zwischenstufe auch ein besonderer Teil der Buchführung = **Kosten-** und **Leistungsrechnung (Rechnungskreis II)** entsprechen.
4. Nicht nur allgemeine Kosten (vgl. Großhandel) fallen an, sondern die einem Auftrag direkt zurechenbaren **Einzelkosten** sind von den **Gemeinkosten** zu trennen.
5. Die Kostenstruktur im Betrieb ist somit vielgestaltiger als im Warenhandel. Im Vordergrund steht die genaue Erfassung der Kosten, damit alle Voraus-setzungen für eine einwandfreie Errechnung der Selbstkosten geschaffen werden können.
6. Es muß eine Trennung von **Geschäftsbuchführung (Rechnungskreis I)** und **Kosten-Leistungsrechnung - KLR (Rechnungskreis II)** vorgenommen werden. Die Geschäftsbuchführung weist durch Gegenüberstellung aller Aufwendungen und Erträge den Gesamterfolg der Unternehmung aus. Die Kosten- und Leistungsrechnung erfaßt alle Kosten und Leistungen einer Abrechnungs-periode und ermittelt das Betriebsergebnis.

Während im Warenhandelsbetrieb die eingekauften Waren unverändert wieder veräußert werden, ist es Aufgabe des Industriebetriebes, aus verschiedenen Stoffen unter Zuhilfenahme von Arbeit und Maschinen Fertigerzeugnisse herzu-stellen.

Jeden **Werteverzehr** eines Unternehmens an Gütern und Diensten bezeichnet man dabei als **Aufwendungen.** Dazu zählen im Industriebetrieb vor allem:

- **Verbrauch von Roh-, Hilfs- und Betriebsstoffen**
- **Rohstoffe (Hauptbestandteile)** sind Materialien, die nach der Be- oder Ver-arbeitung wesentlicher Bestandteil des Fertigerzeugnisses sind, z. B. Holz und Spanplatten in der Möbelindustrie. Ihre Menge ist vorausberechenbar.
- **Hilfsstoffe (Nebenbestandteile)** sind diejenigen Stoffe, die in das Fertigerzeugnis eingehen, ohne jedoch Rohstoffe zu sein, z. B. Leim, Lack und Beize in der Möbelindustrie. Ihre Menge ist nicht genau vorausberechenbar.
- **Betriebsstoffe** sind weder Rohstoffe noch Hilfsstoffe, sondern dienen nur dazu, Maschinen anzutreiben und zu pflegen, z. B. Brenn- und Treibstoffe, Schmieröl, Putzmittel usw. Sie werden nicht in das Fertigerzeugnis eingearbeitet, jedoch bei der Produktion verbraucht. Auch ihre Menge ist nicht genau voraus-berechenbar.

- Aufwendungen für den **Einsatz von Arbeitskräften**
- **Löhne** für alle Arbeiter des Industriebetriebes
- **Gehälter** für alle kaufmännischen und technischen Angestellten
- **Gesetzliche** und **freiwillige Sozialabgaben**
- Aufwendungen für **Betriebssteuern, Verwaltung, Werbung, Konstruktion, Miete** usw.
- **Wertminderung des Anlagevermögens** durch **Abnutzung**

KOSTEN IM INDUSTRIEBETRIEB

Unter Kosten versteht man den betriebsbedingten **Verzehr** von **Gütern** und **Dienstleistungen** zur **Erstellung** von **betrieblichen Leistungen.**
Der Kostenbegriff im industriellen Rechnungswesen wird durch eine einfachen Wertekreislauf eines Betriebes (siehe Beispiel S. 170) veranschaulicht und definiert.:

Input   **Output**

① Ausgaben   ● ◄———— ●   ⑥ Einnahmen

② Aufwendungen   ●   ●   ⑤ Erträge

③ Kosten   ● ————► ●   ④ Leistungen

Ausgaben sind alle geldmäßigen Ausgänge, die während einer Abrechnungsperiode auf den Finanzkonten gebucht werden.

Aufwendungen sind der gesamte Verbrauch von Gütern und Diensten während einer Abrechnungsperiode. Sie decken sich nicht notwendig mit den Ausgaben. Das Angreifen von Rücklagen verursacht zwar Aufwendungen, nicht aber Ausgaben.

Kosten sind die für den Betriebszweck (Produktion) verbrauchten Güter und Dienste einer Abrechnungsperiode. Nicht alle Aufwendungen sind demnach Kosten, z. B. Spenden.

Leistungen sind Güter und Dienste, d.h. die Fertigerzeugnisse. Sie entsprechen den Kosten.

Erträge sind alle erstellten Güter und Dienste. Sie entsprechen den Aufwendungen.

Einnahmen sind alle Eingänge, die auf den Finanzkonten gebucht werden. Sie entsprechen den Ausgaben.

Je nachdem, unter welchen Gesichtspunkten wir die Kosten betrachten, unterscheiden wir:

1. Nach ihrer **Entstehung** die **Kostenarten** wie Löhne, Gehälter, Steuern, Fertigungsmaterialverbrauch, Abschreibungen, Zinsaufwendungen, allgemeine Verwaltungskosten u. v. a.

2. Nach ihrer **Verrechnung** die
   Einzelkosten (direkte Kosten) und
   Gemeinkosten (indirekte Kosten)
3. Nach ihrer **Abhängigkeit** von der Produktion die
   Fixkosten oder unveränderbare Kosten und
   Variable Kosten oder veränderbare Kosten

LEISTUNGEN IM INDUSTRIEBETRIEB

Den Kosten des Industriebetriebes stehen die Leistungen gegenüber. Man versteht darunter die Erträge aus dem Verkauf der hergestellten Erzeugnisse oder sonstiger Verkäufe. Im einzelnen setzen sich die Leistungen zusammen aus:

1. **Absatzleistungen**
   Umsatzerlöse für Fertigerzeugnisse,
   Umsatzerlöse für andere Leistungen wie Wartungsarbeiten,
   Vergabe von Patenten oder Lizenzen,
   Umsatzerlöse für Handelswaren
2. **Lagerleistungen**
   Mehrbestände, wenn die Herstellungsmenge > Absatzmenge
3. **Eigenleistungen**
   Aktivierte innerbetriebliche Leistungen für selbsthergestellte Anlagen

BUCHUNG VON KOSTEN UND LEISTUNGEN

Alle im Betrieb angeschafften Materialien werden als Zugänge auf den aktiven Bestandskonten Rohstoffe, Hilfsstoffe und Betriebsstoffe gebucht.

BEISPIEL 62

Ein Industriebetrieb kauft folgende Materialien ein (ohne Berücksichtigung der USt):

Rohstoffe	10.000,– DM
Hilfsstoffe	5.000,– DM
Betriebsstoffe	1.000,– DM

Buchung:

Rohstoffe an Verbindlichkeiten	10.000,– DM
Hilfsstoffe an Verbindlichkeiten	5.000,– DM
Betriebsstoffe an Verbindlichkeiten	1.000,– DM

Alle diese Materialien werden auf Lager genommen. Der Verbrauch kann folgendermaßen erfaßt werden:

– **laufend** mit Hilfe von **Materialentnahmescheinen.** Sie enthalten die Art des Materials, die genaue Menge, die Auftragsnummer und die ausführende Abteilung. Bei dieser direkten Methode wird der Verbrauch bei der Entnahme erfaßt und gebucht.

– **nachträglich** durch **Bestandsrechnung.** Auf der Lagerkarteikarte werden neben den Anfangsbeständen die Zugänge laufend erfaßt. Am Jahresende wird der Schlußbestand durch Inventur ermittelt. Die Differenz ergibt den Verbrauch während des Abrechnungszeitraumes.

– durch **Rückrechnung.** Ist der Stoffeverbrauch pro Einzelstück bekannt, so kann man mit Hilfe der produzierten Menge den Verbrauch errechnen.

BEISPIEL 63

Bestandsrechnung:

Anfangsbestand an Rohstoffen	15.000,–
+ Zugänge	10.000,–
	25.000,–
– Schlußbestand laut Inventur	23.000,–
= Rohstoffverbrauch	2.000,–

BEISPIEL 64

Rückrechnung:

Erzeugte Menge 5000 Stück
Verbrauch pro Stück 3 m
Preis pro Einheit = 1 m = 12,– DM
Stoffverbrauch = 5.000 Stück x 3 m = 15.000 m x 12,– DM = 180.000,– DM

Alle benötigten Stoffe, die vom Lager in die Fertigung weitergegeben werden, sind auf dem **Kostenkonto „Aufwendungen für Roh-, Hilfs- und Betriebsstoffe"** zu buchen.

Der Verbrauch von Materialien wird auf folgenden Konten erfaßt:

Art des Materialverbrauchs	Aufwandskonto
Rohstoffe	Rohstoffaufwand
Hilfsstoffe	Hilfsstoffaufwand
Betriebsstoffe	Energien, Brenn- und Treibstoffe
	Sonstiger Betriebsstoffaufwand (Schmierfette, Reinigungsmaterial, Reparaturmaterial für den Betrieb)
	Werkzeugaufwand für Verbrauchswerkzeuge
Fremdbauteile	Fremdbauteileaufwand

BEISPIEL 65

Ein Industriebetrieb verbraucht für die Herstellung lt. Materialentnahmescheine für Rohstoffe 2.000,– DM, Hilfsstoffe 1.000,– DM und Betriebsstoffe 200,– DM.

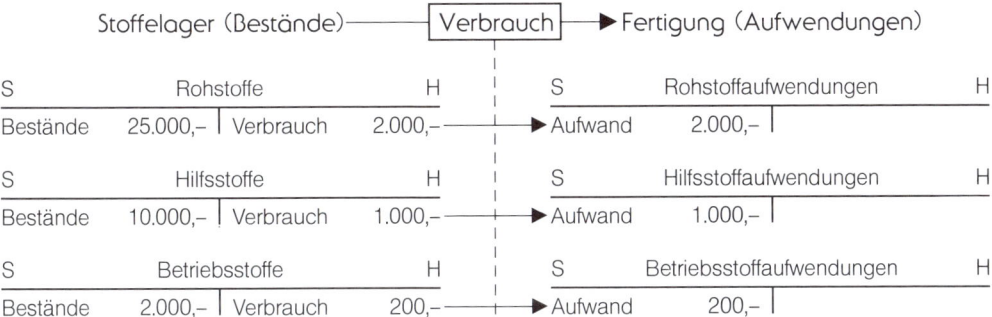

Buchung:

Rohstoffaufwendungen	an Rohstoffe	2.000,–
Hilfsstoffaufwendungen	an Hilfsstoffe	1.000,–
Betriebsstoffaufwendungen	an Betriebsstoffe	200,–

Die Leistung eines Industriebetriebes findet ihren Niederschlag in den **Umsatzerlösen,** d. h. in den Beträgen, die der Betrieb durch den Verkauf der hergestellten Erzeugnisse erzielt. Durch die Umsatzerlöse müssen alle entstandenen Kosten und der Gewinn des Betriebes gedeckt werden. Die durch den Verkauf erzielten Umsatzerlöse sind auf dem Ertragskonto **„Umsatzerlöse für Fertigerzeugnisse"** zu buchen.

BEISPIEL 66

Alle im Betrieb hergestellten Erzeugnisse wurden auf Ziel verkauft. Die Ausgangsrechnungen weisen insgesamt 16.500,– DM (netto) aus.

Buchung:
Forderungen an Umsatzerlöse 16.500,–.

ÜBERBLICK

Buchung und Abschluß der Erfolgskonten

= Ausgaben

Input

Rohstoffeinkauf etc.

Verarbeitung
Verzehr von Gütern und Dienstleistungen
= Kosten
= Aufwendungen

Aktive Bestandskonten	Aufwendungen

S		Rohstoffe		H
AB	15.000,–	Rohstoffauf-		
Verb.	10.000,–	wendungen	2.000,–	
		SB	23.000,–	
	25.000,–		25.000,–	

S	Rohstoffaufwendungen		H
Rohst.	2.000,–	GuV	2.000,– ●

S		Hilfsstoffe		H
AB	5.000,–	Hilfsstoffauf-		
Verb.	5.000,–	wendungen	1.000,–	
		SB	9.000,–	
	10.000,–		10.000,–	

S	Hilfsstoffaufwendungen		H
Hilfsst.	1.000,–	GuV	1.000,– ●

S		Betriebsstoffe		H
AB	1.000,–	Betriebsstoffauf-		
Verb.	1.000,–	wendungen	200,–	
		SB	1.800,–	
	2.000,–		2.000,–	

S	Betriebsstoffaufwendungen		H
Betriebsst.	200,–	GuV	200,– ●

S		Kasse		H
AB	6.000,–	Fertigungs-		
Ford.	8.000,–	löhne	5.000,–	
		SB	9.000,–	
	14.000,–		14.000,–	

S	Fertigungslöhne		H
Kasse	5.000,–	GuV	5.000,– ●

Verzehr

Buchung: Rohstoffaufwendungen an Rohstoff

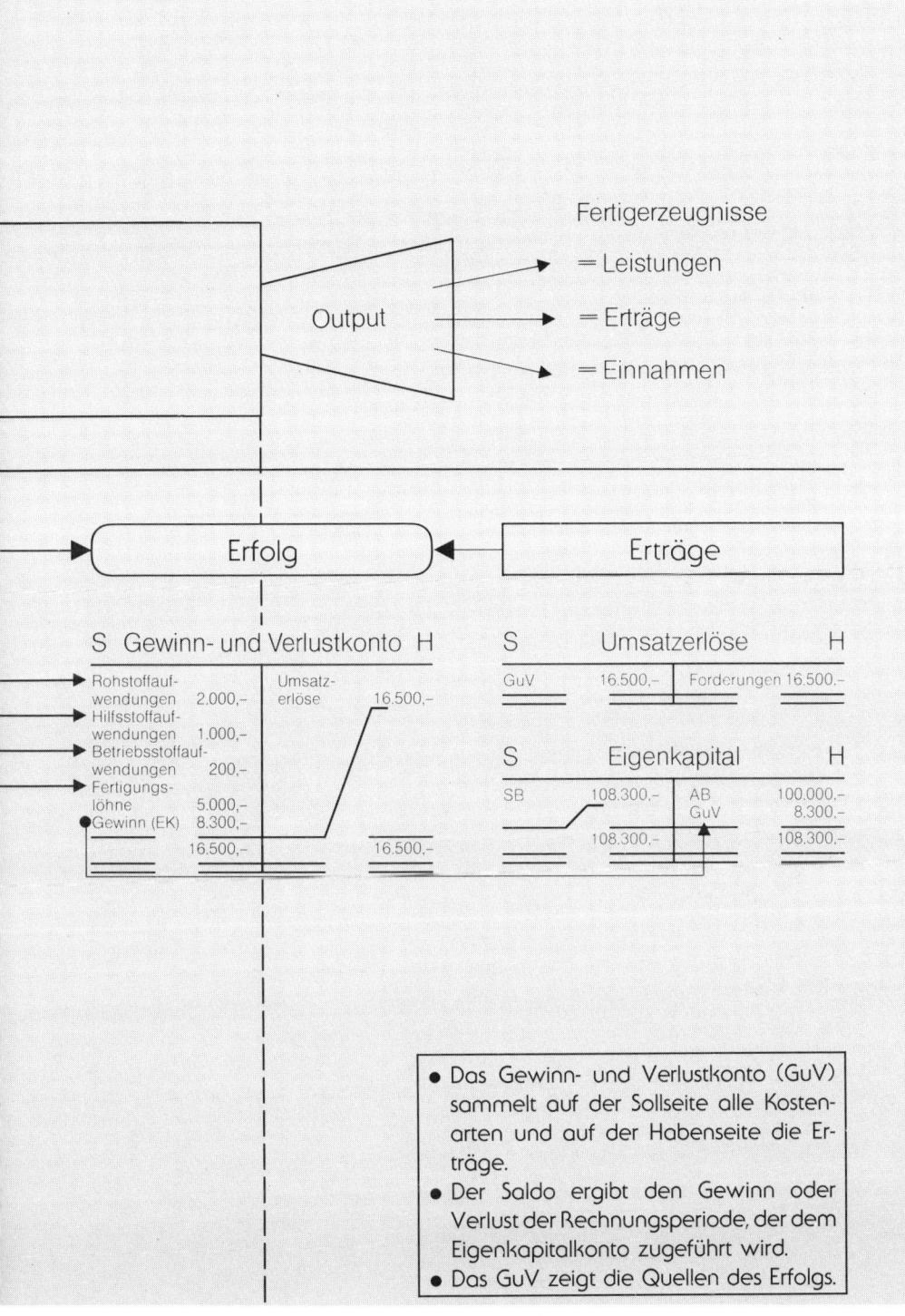

Fertigerzeugnisse

Output → = Leistungen

→ = Erträge

→ = Einnahmen

Erfolg ◄ Erträge

S	Gewinn- und Verlustkonto	H		S	Umsatzerlöse		H
Rohstoffauf-		Umsatz-		GuV	16.500,–	Forderungen	16.500,–
wendungen	2.000,–	erlöse	16.500,–				
Hilfsstoffauf-							
wendungen	1.000,–						
Betriebsstoffauf-				S	Eigenkapital		H
wendungen	200,–						
Fertigungs-				SB	108.300,–	AB	100.000,–
löhne	5.000,–					GuV	8.300,–
● Gewinn (EK)	8.300,–				108.300,–		108.300,–
	16.500,–		16.500,–				

● Das Gewinn- und Verlustkonto (GuV)
sammelt auf der Sollseite alle Kostenarten und auf der Habenseite die Erträge.

● Der Saldo ergibt den Gewinn oder
Verlust der Rechnungsperiode, der dem
Eigenkapitalkonto zugeführt wird.

● Das GuV zeigt die Quellen des Erfolgs.

AUFGABEN

58. Bilden Sie die Buchungssätze zu folgenden Geschäftsvorfällen!
    1. Zieleinkauf von Rohstoffen   20.000,–
    2. Barzahlung für Löhne   5.000,–
    3. Rohstoffentnahme für die Fertigung   4.000,–
    4. Hilfsstoffeinkauf auf Ziel   7.000,–
    5. Verbrauch lt. Materialentnahmeschein von Hilfsstoffen   2.000,–
    6. Abschluß des Kontos Rohstoffe
    7. Banküberweisung an Lieferer   5.000,–
    8. Barverkauf von Fertigerzeugnissen   12.000,–
    9. Schlußbestand lt. Inventur der Rohstoffe   –
    10. Abschluß des Kontos Umsatzerlöse   –

59. Buchen Sie folgende Geschäftsfälle auf Konten und schließen Sie die Bestands- und Erfolgskonten ab! Die Schlußbestände auf den Konten entsprechen den Inventurwerten.

    Anfangsbestände:
    Maschinen 60.000,–; Rohstoffe 40.000,–; Hilfsstoffe 15.000,–; Betriebsstoffe 8.000,–; Forderungen 12.000,–; Kasse 4.000,–; Bank 30.000,–; Verbindlichkeiten 25.000,–.

    Geschäftsfälle:

1. Banküberweisung von Kunden		7.000,–
2. Zieleinkauf von Rohstoffen	9.000,–	
Hilfsstoffen	3.000,–	
Betriebsstoffen	1.000,–	13.000,–
3. Barzahlung für Löhne		3.200,–
4. Verbrauch lt. MES (Materialentnahmescheine)		
Rohstoffe		18.000,–
Hilfsstoffe		7.000,–
Betriebsstoffe		4.000,–
5. Banküberweisung von Steuern		1.000,–
6. Zielverkauf aller Fertigerzeugnisse		40.000,–
7. Banküberweisung an Lieferer		26.000,–
8. Banküberweisung von Kunden		23.000,–
9. Barabhebung bei der Bank		1.500,–
10. Barkauf von Büromaterial		800,–

Der Industriekontenrahmen (IKR)

Die Geschäftsentwicklung eines Industriebetriebes erfaßt das ganze Zahlenmaterial des industriellen Rechnungswesens und ihre Ergebnisse sind Grundlage für alle unternehmerischen Planungen und Entscheidungen. Voraussetzung für ein wirtschaftliches Buchen ist daher, daß die Konten nach einem bestimmten Plan geordnet werden, damit das Auffinden der einzelnen Konten schnell und reibungslos erfolgen kann. Eine systematische Ordnung und die einheitliche Bezeichnung der Konten ist gleichfalls unerläßlich, wenn man die Ergebnisse mehrerer Jahre (**Zeitvergleich**) oder mit branchengleichen Betrieben (**Betriebsvergleich**) vergleichen will. Der zunehmende Einsatz der EDV erfordert ebenso ein Kontenordnungssystem, das in besonderem Maße datengerecht ist. Der IKR entspricht weitgehend diesen Anforderungen, die an ein einheitliches, übersichtliches Kontenordnungssystem gestellt werden. Im wesentlichen liegen folgende Absichten und Überlegungen zugrunde:

- Der IKR entspricht den Ansprüchen der EDV hinsichtlich Aufbau, Gliederung und Flexibilität.
- Der IKR vereinfacht den zwischenbetrieblichen Vergleich von Vermögens- und Kapitaleinsatz, von Umsätzen und Ergebnissen, weil die Bilanzen und Gewinn- und Verlustrechnungen aller Unternehmen (vom Einzelunternehmen bis zur Aktiengesellschaft) in Aufbau und Positionen vereinheitlicht sind.
- Der IKR dient allen Industrieunternehmen – gleich welcher Branche, Rechtsform oder Größe – als einheitlicher Grundrahmen zur Schaffung spezieller Kontenpläne.
- Es erfolgt im IKR eine strenge Trennung zwischen Geschäftsbuchführung (Rechnungskreis I) und Betriebsbuchführung bzw. Kosten- und Leistungsrechnung (Rechnungskreis II) = Zweikreissystem des IKR.
- Der IKR ist nach dem sog. **Abschlußgliederungsprinzip** geordnet, d. h. die **Kontenklassen** von **0–8**, die ausschließlich der **Geschäftsbuchführung** vorbehalten sind, gliedern sich in der Reihenfolge ihrer Bearbeitung zur Aufstellung des Jahresabschlusses. Reihenfolge und Bezeichnung der Konten stimmen daher weitgehend mit den Positionen der Bilanz (§ 266 Abs. 2 u. 3 HGB) und Gewinn- und Verlustrechnung (§ 275 HGB) überein.
- Die **Klasse 9** ist für die **Kosten/Leistungsrechnung (KLR)** und die sachliche Abgrenzung, d. h. für die Betriebsbuchführung reserviert. Hier folgt der IKR dem sog. **Prozeßgliederungsprinzip**, d. h. die Reihenfolge der Kontengruppen richtet sich nach dem Prozeß der Wertschöpfung in einem Industriebetrieb, der von den Kostenarten über die Kostenstellen und Kostenträger zu den Leistungen und dem Ergebnis verläuft.

AUFBAU DES INDUSTRIEKONTENRAHMENS

Der Kontenrahmen baut auf dem flexiblen **dekadischen** Zahlensystem auf, indem er den Ordnungsrahmen in 10 Konten**klassen** von 0 bis 9 untergliedert (**1. Stelle** der Kontonummer). Jede dieser Klassen wird in 10 Konten**gruppen** (**2. Stelle**), jede einzelne Kontengruppe in 10 Konten**arten** (**3. Stelle**) und diese in 10 Konten**unterarten** (**4. Stelle**) usw. unterteilt.

BEISPIEL 67

Konten**klasse**	0	Sachanlagen und immaterielle Anlagenwerte
Konten**gruppe**	05	Grundstücke mit Geschäfts-, Fabrik- und ähnlichen Bauten
Konten**art**	050	Geschäftsgebäude
	051	Fabrikgebäude
	052	Lagergebäude
Konten**unterart**	0510	Fabrikgebäude in Dortmund
	0511	Fabrikgebäude in Oberhausen
	0512	Fabrikgebäude in Salzburg

Der Industrie-**Kontenrahmen** enthält alle Konten, die in den verschiedenen Industriebetrieben vorkommen können. Natürlich braucht nicht jeder Industriebetrieb alle Konten des Kontenrahmens. Er sucht sich deshalb je nach seinen betrieblichen Notwendigkeiten die Konten heraus, die für ihn erforderlich sind, und stellt sie zu einem betriebsindividuellen **Kontenplan** zusammen.

Industriekontenrahmen (IKR):

Klassen 0, 1, 2	Klassen 3, 4	Klasse 5	Klassen 6, 7	Klasse 8	Klasse 9
Aktiv-konten	Passiv-konten	Ertrags-konten	Aufwands-konten	Eröffnungs- und Abschluß-konten	Kosten- und Leistungs-rechnung
Bestandskonten		Erfolgskonten			
Geschäftsbuchführung (Rechnungskreis I)					Betriebs-buchführung (Rechnungs-kreis II)

Den Aufbau der Kontenklassen und gleichzeitig ihren Zusammenhang mit dem Aufbau der Bilanz und der GuV-Rechnung nach dem HGB zeigt das Schema auf S. 180. Entsprechend der Grundstruktur der Bilanz sind drei Kontenklassen für die Aktivkonten gebildet worden. Ihnen folgen zwei Klassen für die Passivkonten.

Damit ist der Bilanzbereich geschlossen dargestellt. Für die Erfolgskonten benötigte man eine Klasse zur Darstellung der Erträge sowie zwei Klassen für die Widerspiegelung der Aufwendungen. Die letzte Kontenklasse dient zur Darstellung von Eröffnung und Abschluß. Auffällig ist, daß keine Kontenklasse für die Abgrenzung vorgesehen ist. Das hat einen einfachen Grund: Die Abgrenzung soll in der Kosten-Leistungsrechnung (KLR) in der Klasse 9 vorgenommen werden. Sie bildet gewissermaßen das Zwischenstück zwischen der Geschäftsbuchführung (Rechnungskreis I) und der Kosten- und Leistungsrechnung (Rechnungskreis II).

Vorzüge des Aufbaus:
1. Abschlußarbeiten und die Aufstellung der Bilanz werden erleichtert, weil die Kontenfolge der Bilanzgliederung entspricht.
2. Die Bezeichnungen der Kontengruppen decken sich im wesentlichen mit denen der Bilanzpositionen bzw. denen der GuV-Rechnung, was das Verständnis erleichtert.
3. Prüfungs- und Kontrollarbeiten werden vereinfacht.
4. Die breite Verwendbarkeit des Kontenrahmens führt dazu, daß er auch für solche Unternehmungen geeignet ist, die mehreren Branchen oder sogar Wirtschaftszweigen angehören.
5. Bei Anwendung der elektronischen Datenverarbeitung lassen sich auf der Grundlage des IKR Programme für Buchung und Abschluß entwickeln, die von allen Unternehmen angewendet werden können.
6. Der Kontenrahmen ist auch in solchen Betrieben verwendbar, die weder eine Abgrenzungs- noch eine Kosten- und Leistungsrechnung durchführen, da die Abgrenzungsrechnung außerhalb der Geschäftsbuchführung vollzogen wird. Wer in einem solchen Fall das Ergebnis nach Betriebs- und neutralem Ergebnis zumindest teilweise aufgliedern will, kann die nötigen Abgrenzungskonten innerhalb der Geschäftsbuchführung einrichten und wird dafür am besten dann die freie Klasse 9 verwenden.

Anpassung an das Bilanzrichtlinien-Gesetz
Der Bundesverband der Deutschen Industrie e. V. (BDI) hat im November 1986 eine Neufassung des Industriekontenrahmens (IKR) herausgegeben. Es handelt sich um eine Anpassung an das am 1.1.1986 in Kraft getretene **Bilanzrichtliniengesetz**: (BiRiLiG), das für Kapitalgesellschaften und publizitätspflichtige Unternehmen anderer Rechtsformen für den Jahresabschluß wesentliche Änderungen bringt. Im Gegensatz zum Bilanzrichtliniengesetz erfolgt beim IKR keine Differenzierung zwischen Einzelunternehmen und Personengesellschaften einerseits und Kapitalgesellschaften andererseits. Der Kontenrahmen gibt für den Ausweis im Jahresabschluß nur die Reihenfolge der Posten vor. Die hier vorliegende **Kurzfassung** bildet die Grundlage im Rahmen der **IHK-Abschlußprüfungen.**

Industriekontenrahmen (IKR)

Kontenklasse 0	Kontenklasse 1	Kontenklasse 2	Kontenklasse 3	Kontenklasse 4
AKTIVA			PASSIVA	
Anlagevermögen		Umlaufvermögen		

Kontenklasse 0 — Anlagevermögen

0 Immaterielle Vermögensgegenstände und Sachanlagen

00 Ausstehende Einlagen
  000 Ausstehende Einlagen
01 Frei

Immaterielle Vermögensgegenstände[1])

02 Konzessionen, gewerbliche Schutzrechte und ähnliche Rechte und Werte sowie Lizenzen an solchen Rechten und Werten
  020 Konzessionen, gewerbliche Schutzrechte und ähnliche Rechte und Werte sowie Lizenzen an solchen Rechten und Werten
03 Geschäfts- oder Firmenwert
  030 Geschäfts- oder Firmenwert
04 Frei

Sachanlagen

05 Grundstücke, grundstücksgleiche Rechte und Bauten einschließlich der Bauten auf fremden Grundstücken
  050 Unbebaute Grundstücke
  051 Bebaute Grundstücke
  053 Betriebsgebäude
  054 Verwaltungsgebäude
  055 Andere Bauten
  056 Grundstückseinrichtungen
  057 Gebäudeeinrichtungen
  059 Wohngebäude
06 Frei
07 Technische Anlagen und Maschinen
  070 Anlagen und Maschinen der Energieversorgung
  071 Anlagen der Materiallagerung und -bereitstellung
  072 Anlagen und Maschinen der mechanischen Materialbearbeitung, -verarbeitung und -umwandlung
  073 Anlagen für Wärme-, Kälte- und chemische Prozesse sowie ähnliche Anlagen
  074 Anlagen für Arbeitssicherheit und Umweltschutz
  075 Transportanlagen und ähnliche Betriebsvorrichtungen
  076 Verpackungsanlagen und -maschinen
  077 Sonstige Anlagen und Maschinen
  078 Reservemaschinen und -anlageteile
  079 Geringwertige Anlagen und Maschinen
08 Andere Anlagen, Betriebs- und Geschäftsausstattung
  080 Andere Anlagen
  081 Werkstätteneinrichtung
  082 Werkzeuge, Werksgeräte und Modelle, Prüf- und Meßmittel
  083 Lager- und Transporteinrichtungen
  084 Fuhrpark
  085 Sonstige Betriebsausstattung
  086 Büromaschinen, Organisationsmittel und Kommunikationsanlagen
  087 Büromöbel und sonstige Geschäftsausstattung
  088 Reserveteile für Betriebs- und Geschäftsausstattung
  089 Geringwertige Vermögensgegenstände der Betriebs- und Geschäftsausstattung
09 Geleistete Anzahlungen und Anlagen im Bau
  090 Geleistete Anzahlungen auf Sachanlagen
  095 Anlagen im Bau

Kontenklasse 1

1 Finanzanlagen

10 Frei
11 Frei
12 Frei
13 Beteiligungen
  130 Beteiligungen
14 Frei
15 Wertpapiere des Anlagevermögens
  150 Wertpapiere des Anlagevermögens
16 Sonstige Finanzanlagen
  160 Sonstige Finanzanlagen
17 Frei
18 Frei
19 Frei

Kontenklasse 2 — Umlaufvermögen

2 Umlaufvermögen und aktive Rechnungsabgrenzung

Vorräte

20 Roh-, Hilfs- und Betriebsstoffe
  200 Rohstoffe/Fertigungsmaterial
  2001 Bezugskosten
  2002 Nachlässe
  201 Vorprodukte/Fremdbauteile
  2011 Bezugskosten
  2012 Nachlässe
  202 Hilfsstoffe
  2021 Bezugskosten
  2022 Nachlässe
  203 Betriebsstoffe
  2031 Bezugskosten
  2032 Nachlässe
  207 Sonstiges Material
  2071 Bezugskosten
  2072 Nachlässe
21 Unfertige Erzeugnisse, unfertige Leistungen
  210 Unfertige Erzeugnisse
  215 Unfertige Leistungen
22 Fertige Erzeugnisse und Waren
  220 Fertige Erzeugnisse
  228 Waren (Handelswaren)
  2281 Bezugskosten
  2282 Nachlässe
23 Geleistete Anzahlungen auf Vorräte
  230 Geleistete Anzahlungen auf Vorräte

Forderungen und sonstige Vermögensgegenstände (24–26)

24 Forderungen aus Lieferungen und Leistungen
  240 Forderungen aus Lieferungen und Leistungen
  245 Wechselforderungen aus Lieferungen und Leistungen (Besitzwechsel)
  247 Zweifelhafte Forderungen
  248 Protestwechsel
25 Frei
26 Sonstige Vermögensgegenstände
  260 Vorsteuer
  263 Sonstige Forderungen an Finanzbehörden (ausgezahlte Arbeitnehmersparzulage)
  265 Forderungen an Mitarbeiter
  269 Übrige sonstige Forderungen
27 Wertpapiere des Umlaufvermögens
  270 Wertpapiere des Umlaufvermögens
28 Flüssige Mittel
  280 Guthaben bei Kreditinstituten (Bank)
  285 Postgiroguthaben
  286 Schecks
  287 Bundesbank
  288 Kasse
  289 Nebenkassen
29 Aktive Rechnungsabgrenzung
  290 Aktive Jahresabgrenzung
  292 Umsatzsteuer auf erhaltene Anzahlungen
  299 Nicht durch Eigenkapital gedeckter Fehlbetrag

Kontenklasse 3 — PASSIVA

3 Eigenkapital und Rückstellungen

Eigenkapital

30 Eigenkapital/Gezeichnetes Kapital
  Bei Einzelkaufleuten:
  300 Eigenkapital
  3001 Privatkonto
  Bei Personengesellschaften:
  300 Kapital Gesellschafter A
  3001 Privatkonto
  301 Kapital Gesellschafter B
  3011 Privatkonto
  307 Kommanditkapital Gesellschafter C
  308 Kommanditkapital Gesellschafter D
  Bei Kapitalgesellschaften:
  300 Gezeichnetes Kapital (Grundkapital/Stammkapital)
31 Kapitalrücklage
  310 Kapitalrücklage
32 Gewinnrücklagen
  321 Gesetzliche Rücklagen
  323 Satzungsmäßige Rücklagen
  324 Andere Gewinnrücklagen
33 Ergebnisverwendung[2])
  331 Jahresergebnis des Vorjahres
  332 Ergebnisvortrag aus früheren Perioden
  334 Veränderungen der Gewinnrücklagen vor Bilanzergebnis
  335 Bilanzergebnis (Bilanzgewinn, Bilanzverlust)
  336 Ergebnisausschüttung
  339 Ergebnisvortrag auf neue Rechnung
34 Jahresüberschuß/Jahresfehlbetrag
  340 Jahresüberschuß/Jahresfehlbetrag
35 Sonderposten mit Rücklageanteil
  350 Sonderposten mit Rücklageanteil
36 Wertberichtigungen[3])
  (bei Kapitalgesellschaften als Passivposten der Bilanz nicht mehr zulässig)
  361 Wertberichtigungen zu Sachanlagen
  365 Wertberichtigungen zu Finanzanlagen
  367 Einzelwertberichtigungen zu Forderungen
  368 Pauschalwertberichtigungen zu Forderungen

Rückstellungen

37 Rückstellungen für Pensionen und ähnliche Verpflichtungen
  370 Rückstellungen für Pensionen und ähnliche Verpflichtungen
38 Steuerrückstellungen
  380 Steuerrückstellungen
39 Sonstige Rückstellungen
  391 Sonstige Rückstellungen für Gewährleistung
  393 Sonstige Rückstellungen für andere ungewisse Verbindlichkeiten
  397 Sonstige Rückstellungen für drohende Verluste aus schwebenden Geschäften
  399 Sonstige Rückstellungen für Aufwendungen

Kontenklasse 4

4 Verbindlichkeiten und passive Rechnungsabgrenzung

40 Frei
41 Anleihen
  410 Anleihen
42 Verbindlichkeiten gegenüber Kreditinstituten
  420 Kurzfristige Bankverbindlichkeiten
  425 Langfristige Bankverbindlichkeiten
43 Erhaltene Anzahlungen auf Bestellungen
  430 Erhaltene Anzahlungen auf Bestellungen
44 Verbindlichkeiten aus Lieferungen und Leistungen
  440 Verbindlichkeiten aus Lieferungen und Leistungen
45 Wechselverbindlichkeiten
  450 Schuldwechsel
46 Frei
47 Frei
48 Sonstige Verbindlichkeiten
  480 Umsatzsteuer
  483 Sonstige Verbindlichkeiten gegenüber Finanzbehörden
  484 Verbindlichkeiten gegenüber Sozialversicherungsträgern
  485 Verbindlichkeiten gegenüber Mitarbeitern
  486 Verbindlichkeiten aus vermögenswirksamen Leistungen
  487 Verbindlichkeiten gegenüber Gesellschaftern
  489 Übrige sonstige Verbindlichkeiten
49 Passive Rechnungsabgrenzung
  490 Passive Jahresabgrenzung
  492 Vorsteuer auf geleistete Anzahlungen

Kontenklasse 5	Kontenklasse 6	Kontenklasse 6	Kontenklasse 7	Kontenklasse 8
ERTRÄGE	AUFWENDUNGEN			ERGEBNISRECHNUNG

5 Erträge

50 Umsatzerlöse für eigene Erzeug-nisse und andere eigene Leistungen
500 Umsatzerlöse für eigene Erzeugnisse
5001 Erlösberichtigungen
505 Umsatzerlöse für andere eigene Leistun-gen
5051 Erlösberichtigungen
51 Umsatzerlöse für Waren und sonstige Umsatzerlöse
510 Umsatzerlöse für Waren
5101 Erlösberichtigungen
519 Sonstige Umsatzerlöse
5191 Erlösberichtigungen
52 Erhöhung oder Verminderung des Bestandes an unfertigen und ferti-gen Erzeugnissen
520 Bestandsveränderungen
5201 Bestandsveränderungen an un-fertigen Erzeugnissen und nicht abgerechneten Leistungen
5202 Bestandsveränderungen an fertigen Erzeugnissen
53 Andere aktivierte Eigenleistungen
530 Andere aktivierte Eigenleistungen
54 Sonstige betriebliche Erträge
540 Nebenerlöse[4]
5401 Nebenerlöse aus Vermietung und Verpachtung
5403 Nebenerlöse aus Werksküche und Kantine
5409 Sonstige Nebenerlöse
541 Provisionserträge[4]
542 Eigenverbrauch
544 Erträge aus Werterhöhungen von Gegen-ständen des Anlagevermögens (Zuschreibungen)
545 Erträge aus der Auflösung oder Herab-setzung von Wertberichtigungen auf Forderungen
546 Erträge aus dem Abgang von Ver-mögensgegenständen
547 Erträge aus der Auflösung von Sonder-posten mit Rücklageanteil
548 Erträge aus der Herabsetzung von Rück-stellungen
549 Periodenfremde Erträge (soweit nicht bei der betreffenden Ertragsart zu erfassen)
55 Erträge aus Beteiligungen
550 Erträge aus Beteiligungen
56 Erträge aus anderen Wertpapieren und Ausleihungen des Finanzan-lagevermögens
560 Erträge aus anderen Finanzanlagen
57 Sonstige Zinsen und ähnliche Erträge
571 Zinserträge
573 Diskonterträge
578 Erträge aus Wertpapieren des Umlauf-vermögens
579 Andere zinsähnliche Erträge
58 Außerordentliche Erträge
580 Außerordentliche Erträge
59 Frei

6 Betriebliche Aufwendungen

Materialaufwand
60 Aufwendungen für Roh-, Hilfs- und Betriebsstoffe und für bezogene Waren
600 Aufwendungen für Rohstoffe/Fertigungs-material
601 Aufwendungen für Vorprodukte/Fremd-bauteile
602 Aufwendungen für Hilfsstoffe
603 Aufwendungen für Betriebsstoffe/Ver-brauchswerkzeuge
604 Verpackungsmaterial
605 Energie
606 Reparaturmaterial
607 Aufwendungen für sonstiges Material
608 Aufwendungen für Waren
61 Aufwendungen für bezogene Leistungen
610 Fremdleistungen für Erzeugnisse und andere Umsatzleistungen
614 Frachten und Fremdlager (incl. Versiche-rung und anderer Nebenkosten)
615 Vertriebsprovision
616 Fremdinstandhaltung
617 Sonstige Aufwendungen für bezogene Leistungen

Personalaufwand
62 Löhne
620 Löhne für geleistete Arbeitszeit, ein-schließlich tariflicher, vertraglicher oder arbeitsbedingter Zulagen
621 Löhne für andere Zeiten (Urlaub, Feier-tag, Krankheit)
622 Sonstige tarifliche oder vertragliche Aufwendungen für Lohnempfänger
623 Freiwillige Zuwendungen
625 Sachbezüge
626 Vergütungen an gewerbliche Auszubil-dende
629 Sonstige Aufwendungen mit Lohn-charakter
63 Gehälter
630 Gehälter einschließlich tariflicher, ver-traglicher oder arbeitsbedingter Zulagen
631 Urlaubs- und Weihnachtsgeld
632 Sonstige tarifliche oder vertragliche Aufwendungen
633 Freiwillige Zuwendungen
635 Sachbezüge
636 Vergütungen an techn./kaufm. Auszubil-dende
639 Sonstige Aufwendungen mit Gehalts-charakter
64 Soziale Abgaben und Aufwendun-gen für Altersversorgung und für Unterstützung
640 Arbeitgeberanteil zur Sozialversicherung (Lohnbereich)
641 Arbeitgeberanteil zur Sozialversicherung (Gehaltsbereich)
642 Beiträge zur Berufsgenossenschaft
644 Aufwendungen für Altersversorgung
649 Aufwendungen für Unterstützung

Abschreibungen auf Anlagevermögen
65 Abschreibungen
651 Abschreibungen auf immaterielle Ver-mögensgegenstände
652 Abschreibungen auf Sachanlagen
654 Abschreibungen auf geringwertige Wirt-schaftsgüter
655 Außerplanmäßige Abschreibungen auf Sachanlagen

Sonstige betriebliche Aufwendungen (66–70)
66 Sonstige Personalaufwendungen
660 Aufwendungen für Personaleinstellung
661 Aufwendungen für übernommene Fahrt-kosten
662 Aufwendungen für Werkarzt und Arbeits-sicherheit
663 Personenbezogene Versicherungen
664 Aufwendungen für Fort- und Weiterbil-dung
665 Aufwendungen für Dienstjubiläen
666 Aufwendungen für Belegschaftsveranstal-tungen
667 Aufwendungen für Werksküche und Sozialeinrichtungen
668 Ausgleichsabgabe nach dem Schwer-behindertengesetz
669 Übrige sonstige Personalaufwendungen
67 Aufwendungen für Inanspruchnahme von Rechten und Diensten
670 Mieten, Pachten
671 Leasing
672 Lizenzen und Konzessionen
673 Gebühren
675 Kosten des Geldverkehrs
676 Provisionsaufwendungen (außer Vertriebsprovisionen)
677 Rechts- und Beratungskosten
68 Aufwendungen für Kommunikation (Dokumentation, Information, Reisen, Werbung)
680 Büromaterial
681 Zeitungen und Fachliteratur
682 Postgebühren
683 Reisekosten
686 Bewirtung und Repräsentation
687 Werbung
688 Spenden
69 Aufwendungen für Beiträge und Sonstiges sowie Wertkorrekturen und periodenfremde Aufwendungen
690 Versicherungsbeiträge
692 Beiträge zu Wirtschaftsverbänden und Berufsvertretungen
693 Verluste aus Schadensfällen
695 Abschreibungen auf Forderungen
696 Verluste aus dem Abgang von Ver-mögensgegenständen
697 Einstellungen in den Sonderposten mit Rücklageanteil
698 Zuführung zu Rückstellungen für Gewähr-leistung
699 Periodenfremde Aufwendungen (soweit nicht bei den betreffenden Auf-wandsarten zu erfassen)

7 Weitere Aufwendungen

70 Betriebliche Steuern
700 Gewerbekapitalsteuer
701 Vermögensteuer
702 Grundsteuer
703 Kraftfahrzeugsteuer
705 Wechselsteuer
707 Ausfuhrzölle
708 Verbrauchsteuern
709 Sonstige betriebliche Steuern
71 Frei
72 Frei
73 Frei
74 Abschreibungen auf Finanzanlagen und auf Wertpapiere des Umlauf-vermögens und Verluste aus ent-sprechenden Abgängen
740 Abschreibungen auf Finanzanlagen
742 Abschreibungen auf Wertpapiere des Umlaufvermögens
745 Verluste aus dem Abgang von Finanzan-lagen
746 Verluste aus dem Abgang von Wert-papieren des Umlaufvermögens
75 Zinsen und ähnliche Aufwendungen
751 Zinsaufwendungen
753 Diskontaufwendungen
759 Andere zinsähnliche Aufwendungen
76 Außerordentliche Aufwendungen
760 Außerordentliche Aufwendungen
77 Steuern vom Einkommen und Ertrag
770 Gewerbeertragsteuer
771 Körperschaftsteuer
772 Kapitalertragsteuer
78 Frei
79 Frei

8 Ergebnisrechnungen

80 Eröffnung/Abschluß
800 Eröffnungsbilanzkonto
801 Schlußbilanzkonto
802 GuV-Konto Gesamtkostenverfahren
803 GUV-Konto Umsatzkostenverfahren

Konten der Kostenbereiche für die GuV im Umsatzkostenverfahren

81 Herstellungskosten
82 Vertriebskosten
83 Allgemeine Verwaltungskosten
84 Sonstige betriebliche Aufwendun-gen

Konten der kurzfristigen Erfolgs-rechnung (KER) für innerjährige Rechnungsperioden (Monat, Quartal, Halbjahr)

85 Korrekturkonten zu den Erträgen der Kontenklasse 5
86 Korrekturkonten zu den Aufwendun-gen der Kontenklasse 6
87 Korrekturkonten zu den Aufwendun-gen der Kontenklasse 6
88 Kurzfristige Erfolgsrechnung (KER)
880 Gesamtkostenverfahren
881 Umsatzkostenverfahren
89 Innerjährige Rechnungsabgrenzung
890 Aktive Rechnungsabgrenzung
895 Passive Rechnungsabgrenzung

Bestandteil der Abschlußprüfung ist nur das Ge-samtkostenverfahren.

Kontenklasse 9
KOSTEN- UND LEISTUNGSRECHNUNG

9 Kosten- und Leistungsrechnung (KLR)

90 Unternehmensbezogene Abgrenzun-gen (betriebsfremde Aufwendungen und Erträge)
91 Kostenrechnerische Korrekturen
92 Kostenarten und Leistungsarten
93 Kostenstellen
94 Kostenträger
95 Fertige Erzeugnisse
96 Interne Lieferungen und Leistungen sowie deren Kosten
97 Umsatzkosten
98 Umsatzleistungen
99 Ergebnisausweise

Die Kosten- und Leistungsrechnung einschließlich Abgrenzungsrechnung wird im Rahmen der Abschlußprüfung in Tabellenform durchgeführt (siehe Zahlenbeispiel).

Kontenklasse 0: Sachanlagen und immaterielle Anlagenwerte

Hier werden alle sachlichen und immateriellen Wirtschaftsgüter erfaßt, die dem Betriebszweck für längere Zeit dienen: Grundstücke und Gebäude, Maschinen und maschinelle Anlagen, Betriebs- und Geschäftsausstattung, Anlagen im Bau, Anzahlung auf Anlagen, Konzessionen, Patente und Lizenzen.

Eigenart: aktive Bestandskonten

Zweck: Erfassung des unbeweglichen und beweglichen Sachanlagevermögens und des immateriellen Anlagevermögens

Kontenklasse 1: Finanzanlagen

Diese Klasse enthält die langfristigen Finanzanlagen eines Industriebetriebes, die Beteiligungen, Wertpapiere des Anlagevermögens und langfristige Ausleihungen sowie Wertpapiere, die als Daueranlage angeschafft wurden.

Eigenart: aktive Bestandskonten

Zweck: Erfassung des Finanzanlagevermögens

Kontenklasse 2: Umlaufvermögen und aktive Rechnungsabgrenzungsposten

Diese Klasse erfaßt das gesamte Vorratsvermögen des Industriebetriebes, die Forderungen aus Lieferungen und Leistungen, eigene Anzahlungen, Sonstige Forderungen (insbesondere das Konto „260 Vorsteuer") sowie die aktiven Rechnungsabgrenzungsposten zur zeitraumrichtigen Erfolgsermittlung: Roh-, Hilfs- und Betriebsstoffe, unfertige und fertige Erzeugnisse, Handelswaren, geleistete Anzahlungen für Umlaufvermögen, Forderungen a. L., sonstiges Vermögen, ARA (Aktive Rechnungsabgrenzungsposten).

Eigenart: aktive Bestandskonten

Zweck: Erfassung der Stoffe- und Erzeugnisbestände, der Forderungen, des sonstigen Umlaufvermögens und der Posten aktiver Rechnungsabgrenzung

Kontenklasse 3: Eigenkapital, Wertberichtigungen und Rückstellungen

Die Klasse 3 erfaßt alle **Eigenkapitalkonten** der Einzelunternehmen und Personengesellschaften (OHG, KG) sowie der Kapitalgesellschaften (GmbH, AG., KGaA). Das **Privatkonto** wird als Unterkonto entsprechend zugeordnet. **Passive Wertberichtigungsposten** zum Anlage- und Umlaufvermögen dürfen in der Buchführung aller Unternehmen gebildet werden. In der zu **veröffentlichenden** Bilanz der Kapitalgesellschaften dürfen sie allerdings nicht ausgewiesen werden. Schulden, deren Höhe der Fälligkeit zum Bilanzstichtag noch nicht feststehen, werden in der Klasse 3 als **Rückstellungen** geführt.

Eigenart: passive Bestandskonten (Ausnahme Privatkonto)

Zweck: Erfassung aller Arten von Eigenkapital, der zulässigen Wertberichtigungen und Rückstellungen

Kontenklasse 4: Verbindlichkeiten und passive Rechnungsabgrenzungsposten
Hier werden vor allem die langfristigen und kurzfristigen Verbindlichkeiten erfaßt und nach ihrer Fälligkeit gegliedert: Sonstige Verbindlichkeiten, insbesondere das Konto „480 Umsatzsteuer" und „481 Noch abzuführende Abgaben"; langfristiges Fremdkapital wie Anleihen und Darlehen, kurzfristiges Fremdkapital wie Verbindlichkeiten a. L., Wechselschulden, Bankschulden, erhaltene Anzahlungen, PRA (Passive Rechnungsabgrenzungsposten).
Eigenart: passive Bestandskonten
Zweck: Erfassung allen langfristigen und kurzfristigen Fremdkapitals und der Posten passiver Rechnungsabgrenzung

Kontenklasse 5: Erträge
Die wichtigsten Ertragsposten des Industriebetriebes sind in den Kontengruppen 50 bis 53. Sie stellen die eigentliche Leistung des Betriebes aus dem Produktions- und Absatzprozeß dar. Im übrigen werden auch alle betriebsfremden Erträge ausgewiesen:
50 Umsatzerlöse, 52 Bestandsveränderungen (Mehr- bzw. Minderbestände), 53 Aktivierte Eigenleistungen, Zinserträge, Sonstige Erträge, Erträge (Gewinne) aus Anlagenverkäufen.
Eigenart: Ertragskonten (Ausnahme Bestandsminderungen)
Zweck: Erfassung der ordentlichen und außerordentlichen Erträge

Kontenklasse 6: Material- und Personalaufwendungen, Abschreibungen
Diese Kontenklasse erfaßt die wichtigsten Aufwandsposten des Industriebetriebes, dazu die Abschreibungen auf Sachanlagen und Verluste aus Anlageverkäufen: Aufwendungen für Stoffe, Löhne, Gehälter, Soziallasten, Abschreibungen, außerordentliche Aufwendungen.
Eigenart: Aufwandskonten
Zweck: Erfassung der ordentlichen und eines Teiles der außerordentlichen betrieblichen Aufwendungen

Kontenklasse 7: Zinsen, Steuern und sonstige Aufwendungen
Hier werden die einzelnen Zins- und Diskontaufwendungen sowie die verschiedenen Steuern und die Aufwendungen des Vertriebs- und Verwaltungsbereiches erfaßt.
Eigenart: Aufwandskonten
Zweck: Erfassung aller übrigen Aufwendungen, soweit nicht in Klasse 6 erfaßt

Kontenklasse 8: Eröffnung und Abschluß
Diese Klasse erfaßt den Abschlußbereich der Geschäftsbuchführung (Rechnungskreis I) und enthält vor allem:
80 Eröffnungsbilanzkonto (EBK), 87 Gewinn- und Verlustkonto (GuV), 89 Schlußbilanzkonto (SBK)
Eigenart: Abschlußkonten

Zweck: Erfassung der Eröffnungs- und Schlußbestände und der Veränderungen des Jahresüberschusses/-fehlbetrages bis zum Bilanzgewinn/-verlust

Kontenklasse 9: Kosten- und Leistungsrechnung (KLR)
Diese Kontenklasse bleibt frei für die Kosten- und Leistungsrechnung und für die Abgrenzungsrechnung. Sie gehört zur Betriebsbuchführung (Rechnungskreis II).
Eigenart: statistische Erfassung oder Verrechnungskonten
Zweck: Erstellung der Kosten/-Leistungsrechnung (KLR)

ÜBERBLICK

Im IKR werden die Konten der **Geschäftsbuchführung** (Rechnungskreis I) entsprechend dem Jahresabschluß gegliedert
(**Abschlußgliederungsprinzip**): **Klasse 0 bis 8.**
Die Konten der Betriebsbuchführung bzw. **Kosten-/Leistungsrechnung** (Rechnungskreis II) werden nach dem Prozeß der Wertschöpfung (**Prozeßgliederungsprinzip**) geordnet: **Klasse 9.**
Die Bestands- und Erfolgskonten werden im IKR streng getrennt. Aktiv-, Passiv-, Ertrags- und Aufwandskonten bilden eigene Kontenklassen.

Soll	801 Schlußbilanzkonto (SBK)		Haben
Kontenklasse	Aktiva	Passiva	Kontenklasse
0	Sachanlagen und immaterielle Anlagewerte	Eigenkapital, Wertberichtigungen, Rückstellungen	3
1	Finanzanlagen	Verbindlichkeiten und PRA (passive Rechnungsabgrenzung)	4
2	Vorräte, Forderungen ARA (aktive Rechnungsabgrenzung)		

Soll	802 Gewinn und Verlust		Haben
Kontenklasse	Aufwendungen	Erträge	Kontenklasse
6	Materialaufwand, Personal, Abschreibungen	Umsatzerlöse, Bestandsveränderungen, Sonstige Erträge	5
7	Zinsen, Steuern, Sonstige Aufwendungen		

Kontenklasse	Betriebsbuchführung (Rechnungskreis II)
9	Kosten- und Leistungsrechnung – Abgrenzungsrechnung

AUFGABEN

60. Erklären Sie den Unterschied zwischen Kontenrahmen und Kontenplan!

61. Welche Konten werden über das GuV-Konto und welche über das SBK-Konto abgeschlossen?

62. Bilden Sie die Buchungssätze nach dem IKR!
    1. Zieleinkauf von Rohstoffen   6.000,–
                      Hilfsstoffen   3.000,–
                      Betriebsstoffen   1.000,–
                      + 14% MwSt   1.400,–
    2. Banküberweisung von Kunden   2.000,–
    3. Zinsbelastung durch die Bank   600,–
    4. Barzahlung für Löhne   7.000,–
    5. Banküberweisung für MwSt   1.000,–
                      Gewerbesteuer   2.000,–
    6. Barverkauf von Fertigerzeugnissen (Netto)   2.000,–
                      + 14% MwSt   280,–
    7. Privatentnahme bar   600,–
       Privatentnahme von Fertigerzeugnissen   1.000,–
                      + 14% MwSt   140,–
    8. Kundenüberweisung auf Bankkonto   900,–
    9. Zielverkauf von Fertigerzeugnissen (Netto)   4.000,–
                      + 14% MwSt   560,–
    10. Abschreibung auf Maschinen   3.600,–

63. Geben Sie mit Hilfe des IKR zu folgenden Buchungssätzen die Kontenbezeichnungen an und erläutern Sie den betrieblichen Vorgang!
    280 an 288   3.000,–
     44 an 285   340,–
     70 an 280   780,–
    690 an 280   450,–
    630 an 288   7.600,–
    280 an 240   2.170,–
    200 an 44   3.600,–

Buchungen im Beschaffungsbereich

BUCHUNGEN IM EINKAUFSBEREICH

Neben dem Nettowert (reiner Warenwert) und der Umsatzsteuer sind beim Kauf von Werkstoffen (Roh-, Hilfs- und Betriebsstoffe) besondere Buchungen vorzunehmen, die die Warenwerte verändern. Die eingekauften Materialien müssen mit den sog. **Anschaffungskosten** auf den Bestandskonten gebucht werden. So sind beim Einkauf Nebenkosten wie Verpackung, Fracht, Versicherung, Zoll usw. zu zahlen, die die Anschaffungskosten erhöhen. Nachlässe wie Rabatte, Boni und Skonti vermindern die Anschaffungskosten. Rücksendungen an Lieferer oder Gutschriften von den Lieferern verringern ebenfalls die Anschaffungskosten.

BEZUGSKOSTEN

Beim Einkauf von Werkstoffen fallen oft Nebenkosten an, die eng mit der Anschaffung zusammenhängen. Solche **Anschaffungsnebenkosten,** die in der Kalkulation **Bezugskosten** genannt werden, erhöhen den Anschaffungspreis und müssen auf dem entsprechenden Aktivkonto gebucht werden.
Bezugskosten bzw. Anschaffungsnebenkosten sind:
– **Transportkosten** wie Rollgeld, Fracht, Versicherung, Verpackung
– **Vermittlungsgebühren** wie Provisionen, Maklergebühren
– **Zölle** (wie Einfuhrzoll)

BEISPIEL 68

	Eingangsrechnung – Rohstoffe	
Anschaffungspreis	→ Nettopreis der Rohstoffe	3.700,– DM
Anschaffungsnebenkosten	+ Fracht	200,– DM
	+ Verpackungsmaterial	120,– DM
Anschaffungskosten	→ Rechnungsbetrag, netto	4.020,– DM
	+ 14% Umsatzsteuer	563,– DM
	Rechnungsbetrag, brutto	4.583,– DM

Die **Erfassung der Bezugskosten** (Anschaffungsnebenkosten) erfolgt **direkt** auf den Bestandskonten 2000 Rohstoffe, neu: 201 Vorprodukte/Fremdbauteile, 202 Hilfsstoffe und 203 Betriebsstoffe; man bucht die Anschaffungskosten unmittelbar auf das Bestandskonto.

Buchung:
2000 Rohstoffe 4.020,–
260 Vorsteuer   563,– an 440 Verbindlichkeiten 4.583,–

Ein zweites Verfahren ist die **gesonderte Erfassung** der Bezugskosten auf zu-geordneten **Unterkonten:**

- 2001 Bezugskosten für Rohstoffe
- 2011 Bezugskosten für Vorprodukte/Fremdbauteile
- 2021 Bezugskosten für Hilfsstoffe
- 2031 Bezugskosten für Betriebsstoffe

Buchung:
2000 Rohstoffe   3.700,–
2001 Bezugskosten/Rohstoffe   320,–
 260 Vorsteuer   563,– an 440 Verbindlichkeiten 4.583,–

	S	2000 Rohstoffe	H	S	2001 Bezugskosten/Rohstoffe	H
Anschaf-	44	3.700,–		44	320,–	2000 320,–
fungs-	2001	320,–				
kosten						

Zur Ermittlung der **endgültigen Anschaffungskosten** beim Abschluß der Bestands-konten müssen die erfaßten Bezugskosten monatlich oder vierteljährlich als Unter-konten über die entsprechenden Bestandskonten abgeschlossen werden.

Buchung:
2000 Rohstoffe an 2001 Bezugskosten/Rohstoffe 320,–

Alle Wirtschaftsgüter des Anlage und Umlaufvermögens sind mit ihren Anschaf-fungskosten zu buchen. Die **Anschaffungskosten** können sich zusammensetzen aus dem **Anschaffungspreis** und allen mit der Anschaffung eng zusammenhängenden **Nebenkosten** (Bezugskosten bzw. Anschaffungsnebenkosten).

RÜCKSENDUNGEN AN LIEFERER UND GUTSCHRIFTEN

Werden Rohstoffe oder Handelswaren wegen **Falschlieferungen** oder **mangel-hafter Lieferungen** an den Lieferer zurückgeschickt, so vermindert sich dadurch der Bestand. Die anteilige Umsatzsteuer (Vorsteuer) muß berichtigt werden. **Rücksendungen** sind wie **Rückbuchungen** (Korrektur- oder **Stornobuchungen**) zu behandeln.

BEISPIEL 69

Zielkauf von Rohstoffen für netto 2.000,– DM + 280,– DM Umsatzsteuer. Bei Lieferung stellt man fest, daß es sich um eine Falschlieferung handelt.

Buchung:
1. Eingangsrechnung
2000 Rohstoffe   2.000,–
  260 Vorsteuer   280,– an   44 Verbindlichkeiten 2.280,–

2. Falschlieferung (Rücksendung)
    44 Verbindlichkeiten 2.280,– an 2000 Rohstoffe   2.000,–
                                                 260 Vorsteuer   280,–

BEISPIEL 70

Wir kaufen Rohstoffe auf Ziel für netto 3.000,– DM + 420,– DM Umsatzsteuer. Ein Teil dieser Rohstoffe sind beschädigt und werden an den Lieferer zurückgeschickt. Der Nettowert der zurückgesandten Rohstoffe beträgt 1.000,– DM.

Buchung:
1. Eingangsrechnung
2000 Rohstoffe   3.000,–
  260 Vorsteuer   420,– an   44 Verbindlichkeiten 3.420,–

2. Buchung der Rücksendung mit Berichtigung der Vorsteuer
    44 Verbindlichkeiten 1.140,– an 2000 Rohstoffe   1.000,–
                                                 260 Vorsteuer   140,–

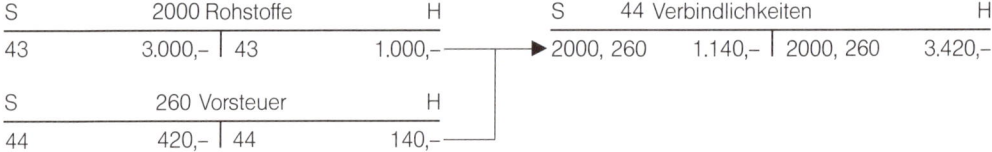

S	2000 Rohstoffe	H		S	44 Verbindlichkeiten	H
43	3.000,–	43	1.000,–	2000, 260	1.140,–	2000, 260	3.420,–

S	260 Vorsteuer	H
44	420,–	44	140,–

NACHLÄSSE DURCH DEN LIEFERER

Nachlässe werden vom Lieferer in folgender Form gewährt:
- **Minderungen/Preisnachlässe** wegen **mangelhafter Lieferung**
- **Skonti** (Nachlässe für sofortige Zahlung oder Zahlung innerhalb einer kürzeren Frist)
- **Boni** (Nachträglich gewährte Rabatte)

Sie bewirken eine **Minderung** der ursprünglichen **Anschaffungskosten und** der darauf entfallenden **Vorsteuer.** Für diese Minderungen, die auch unmittelbar auf den Bestandskonten gebucht werden können, werden zur besseren Übersicht gesonderte **Unterkonten** zu den entsprechenden Bestandskonten eingerichtet:

> ● 2002 Nachlässe für Rohstoffe
> ● 2012 Nachlässe für Vorprodukte
> ● 2022 Nachlässe für Hilfsstoffe
> ● 2032 Nachlässe für Betriebsstoffe
> ● 2082 Nachlässe für Handelswaren

Beim **Abschluß** müssen diese **Unterkonten** auf die entsprechenden **Bestandskonten umgebucht** werden.

BEISPIEL 71

Ein Lieferer gewährt uns aufgrund einer Mängelrüge einen Preisnachlaß von 15%. Die Eingangsrechnung belief sich auf 4.560,– DM (Nettobetrag 4.000,– + Mehrwertsteuer 560,– DM).

Nettobuchung (Der **Preisnachlaß** wird vom Nettobetrag berechnet und gebucht, die **Vorsteuer** buchhalterisch **sofort berichtigt).**

Buchung:
1. **Eingangsrechnung**

2000 Rohstoffe	4.000,–			
260 Vorsteuer	560,–	an	44 Verbindlichkeiten	4.560,–

2. **Nettobuchung des Preisnachlasses**

44 Verbindlichkeiten	684,–	an	2002 Nachlässe für Rohstoffe	600,–
			260 Vorsteuer	84,–

3. **Umbuchung des Unterkontos 2002 beim Abschluß**

2002 Nachlässe für Rohstoffe		an	2000 Rohstoffe	600,–

S	2000 Rohstoffe		H		S	2002 Nachlässe für Rohstoffe		H
43	4.000,–	2002	600,–	◄—	2000	600,–	43	600,–

S	260 Vorsteuer		H		S	44 Verbindlichkeiten		H
44	560,–	44	84,–	—►	2002, 260	684,–	2000, 260	4.560,–

Bruttobuchung (Der **Preisnachlaß** wird **vom Bruttobetrag** berechnet und gebucht, die **Vorsteuerberichtigung** erfolgt **später** am **Monatsende).**

Buchung:

1. Eingangsrechnung

2000 Rohstoffe	4.000,–			
260 Vorsteuer	560,– an	44 Verbindlichkeiten	4.560,–

2. Bruttobuchung des Preisnachlasses

44 Verbindlichkeiten   an 2002 Nachlässe für Rohstoffe   684,–

3. Steuerberichtigung am Monatsende

(Diese Steuerberichtigung wird nur einmal im Monat vom Gesamtbetrag der Nachlässe berechnet und gebucht. Im Beispiel muß daher noch der im Haben des Kontos „2002 Nachlässe für Rohstoffe" ausgewiesene Bruttonachlaß von 684,– DM um den Vorsteueranteil von 84,– DM (684,– DM : 8,143 = 84.–DM; Faktor: 8,143 für 14% MwSt. Errechnung des Faktors: 114 : 14 = 8,142857) korrigiert werden.).

2002 Nachlässe für Rohstoffe   an   260 Vorsteuer   84,–

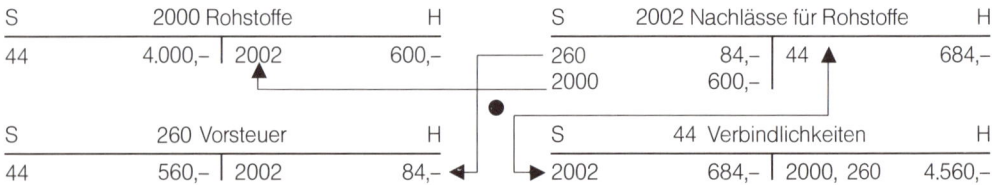

● Steuerberichtigung am Monatsende

4. Umbuchung des Unterkontos **2002 beim Abschluß**

2002 Nachlässe für Rohstoffe   an 2000 Rohstoffe   600,–

ÜBERBLICK

- Bezugskosten erhöhen den Anschaffungspreis und sind zu aktivieren.
  Anschaffungspreis
  + Anschaffungsnebenkosten (Bezugskosten)

  = Anschaffungskosten

- Rücksendungen sind wie Rückbuchungen zu behandeln. Die anteilige Vorsteuer ist zu berichtigen.
- Nachlässe vermindern die Anschaffungskosten und bedingen eine entsprechende Vorsteuerberichtigung.

  Anschaffungspreis
  + Anschaffungsnebenkosten (Bezugskosten)
  − Anschaffungskostenminderungen (Nachlässe)

  = Anschaffungskosten

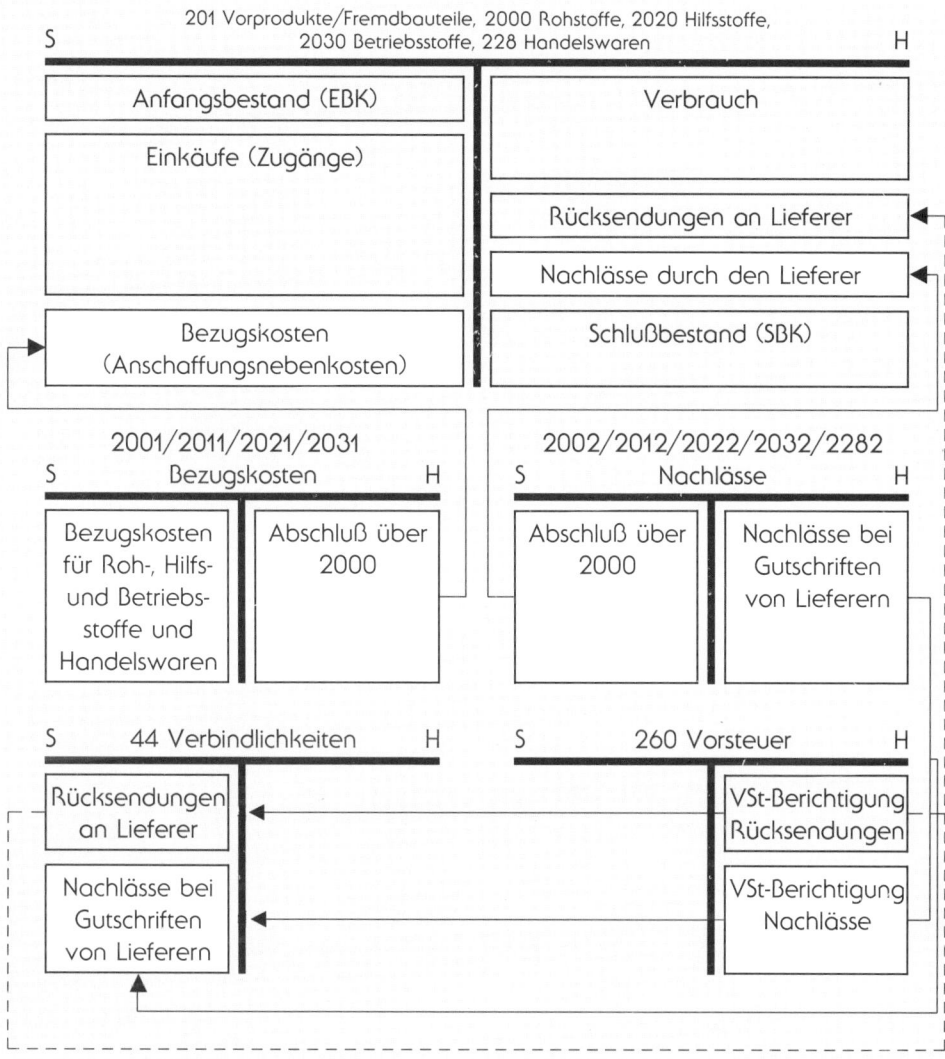

Die Anschaffungskosten können sich zusammensetzen aus dem **Anschaffungspreis** (Zieleinkaufspreis) **und** allen mit der Anschaffung eng zusammenhängenden **Nebenkosten** (Bezugskosten). Die Bezugskosten können entweder zusammen mit dem Anschaffungspreis unmittelbar auf den Materialbestandskonten oder getrennt vom Anschaffungspreis zur besseren Übersicht auf Unterkonten der Materialbestandskonten gebucht werden, die zum Abschluß auf die übergeordneten Bestandskonten umzubuchen sind. **Nachlässe** bewirken eine **Minderung** der ursprünglichen **Anschaffungskosten.** Für diese Minderungen werden zur größeren Übersicht und zur Abgrenzung von den Rechnungsbetragsminderungen auf Grund von Materialrücksendung die gesonderten Unterkonten „Nachlässe durch Lieferer" eingerichtet.

AUFGABEN

64. Buchen Sie folgende Rechnung für Hilfsstoffe!
    Vom Lieferer wurden uns lt. Rechnung 10% Sonderrabatt eingeräumt. Die Frachtkosten betrugen 240,– DM netto. Die Verpackungskosten 40,– DM netto. Der Nettowert der bezogenen Hilfsstoffe 2.600,– DM. MwSt 14%

65. Gutschriftsanzeige des Lieferers für gelieferte Rohstoffe brutto 1.500,– DM (einschließlich MwSt). MwSt = 14%.

66. Bilden Sie die Buchungssätze für nachfolgende Geschäftsvorgänge:
    1. Kauf von Rohstoffen netto 5.000,– DM + 14% MwSt. Beim Eintreffen der Rohstoffe werden Schäden im Werte von 500,– DM netto festgestellt. Diese Rohstoffe werden an den Lieferer zurückgesandt.
    2. Eingangsrechnung: Listenpreis für Rohstoffe 7.200,– DM netto. Sonderrabatt 16⅔%. Frachtkosten 280,– DM. Rollgeld 30,– DM. Preisnachlaß für mangelhafte Rohstoffe 450,– DM netto (14% MwSt).
    3. Zielkauf von Rohstoffen ab Werk lt. Eingangsrechnung, netto 5.000,– + 700,– DM Umsatzsteuer. Eingangsfracht hierauf bar, Nettofracht 200,– + 28,– DM Mehrwertsteuer.
    4. Eingangsrechnung für Hilfsstoffe, Listenpreis ab Werk 22.000,– DM, 5% Mengenrabatt, Transportversicherung 105,– DM netto, Fracht 495,– DM netto, 14% Mehrwertsteuer.
    5. Rücksendung von Rohstoffen an einen Rohstofflieferer, netto 7.000,– DM + 980,– DM MwSt.

67. Auszug aus einer Summenbilanz:

	Soll	Haben
260 Vorsteuer	33.530,–	17.800
2022 Nachlässe für Hilfsstoffe	–	6.787,–

    Steuerberichtigung erfolgt am Monatsende (Nachlässe wurden brutto gebucht). Um welchen Betrag ist das Vorsteuerkonto zu berichtigen (MwSt = 14%)?

68. Erläutern Sie, warum Bezugskosten beim Einkauf von Stoffen und Handelswaren zunächst auf besonderen Unterkonten gebucht werden sollten!

69. Begründen Sie die teilweise oder auch vollständige Vorsteuerberichtigung bei der Rücksendung von Stoffen!

BUCHUNGEN IM SACHANLAGENBEREICH

Jeder Industriebetrieb benötigt zur Erfüllung seiner Produktionsaufgaben Fabrik- und Geschäftsgebäude, Maschinen und maschinelle Anlagen, Betriebs- und Geschäftsausstattung, Fuhrpark usw. Das Anlagevermögen eines Unternehmens gliedert sich nach § 266 Abs. 2 und 3 HGB in:
- **Sachanlagen** wie z. B. Grundstücke, Gebäude, Maschinen, Fuhrpark, Betriebs- und Geschäftsausstattung (BGA), Anlagen im Bau, Anzahlungen auf Anlagegüter.
- **Finanzanlagen:** Wertpapiere des Anlagevermögens, Beteiligungen an anderen Unternehmen.

All diese Vermögensteile sind buchhalterisch zu erfassen.

ANSCHAFFUNG VON ANLAGEGÜTERN

Bei der Anschaffung von Anlagegütern ist der Anlagegegenstand mit dem Wert zu erfassen, den dieser zum Zeitpunkt seiner Inbetriebnahme besitzt. Daher sind neben dem **Anschaffungspreis** (Nettopreis des Anlagegutes) auch **alle Ausgaben und Aufwendungen,** die im Rahmen der Anschaffung neben dem Kaufpreis anfallen, auf dem Bestandskonto **zu erfassen. Alle** Arten von **Nachlässen,** die beim Erwerb des Anlagegutes gewährt werden, wie Rabatte, Boni und Skonti, sind **abzusetzen** (vgl. Kap. „Bewertungsprobleme in der Bilanz", S. 108 ff.).

Anschaffungspreis	Nettopreis des Anlagegutes
+ Anschaffungsnebenkosten	Transportkosten (Rollgeld, Fracht, Verpackung, Versicherungen) Kosten der Vermittlung und Beurkundung von Verträgen, Provision, Fundamentierungs- und Montagekosten bei Maschinen, Grunderwerbssteuer, Zölle, Vermessungskosten, Kosten der Überführung und Zulassung bei Fuhrpark
− Anschaffungskostenminderungen	Rabatte, Skonti, Boni und andere Nachlässe vom Lieferer, Zuschüsse, Subventionen
= Anschaffungskosten	Alle Wirtschaftsgüter des Anlagevermögens sind bei Erwerb mit den Anschaffungskosten zu bewerten und aktivieren.

Nicht zu den **Anschaffungskosten** gehören die **Finanzierungskosten** (Zinsen, Disagio, Diskont etc.), da sie den Wert eines Anlagegegenstandes nicht erhöhen.

Zieleinkauf einer Maschine zum Anschaffungspreis von 30.000,–. Für Montagekosten berechnet die Lieferfirma 800,– DM netto. Die Frachtkosten von 600,– DM netto werden bei Lieferung bar beglichen. Die MwSt beträgt 14%. Der Rechnungsausgleich erfolgt unter Abzug von 2% Skonto.

Berechnung der Anschaffungskosten

Anschaffungspreis		30.000,–
+ Montagekosten	800,–	
+ Fracht	600,–	
+ Anschaffungsnebenkosten		1.400,–
		31.400,–
— Anschaffungskostenminderungen (2% Skonto von 30.800,–)		616,–
= Anschaffungskosten		30.784,–

Buchung der Eingangsrechnungen:

070 Maschinen	30.800,–			
260 Vorsteuer	4.312,–	an	44 Verbindlichkeiten	35.112,–

070 Maschinen	600,–			
260 Vorsteuer	84,–	an 288 Kasse	684,–	

Buchung beim Rechnungsausgleich:

44 Verbindlichkeiten 35.112,–	an	070 Maschinen	616,–
		260 Vorsteuer	86,–
		280 Bank	34.410,–

Die **Anschaffungskosten** bilden die **Bemessungsgrundlage** für die **Abschreibungen** (vgl. Kap. „Abschreibung auf Sachanlagen", S. 115 f.).

ERFASSUNG DER ANLAGEN IM BAU

Gebäude, Maschinen oder maschinelle Anlagen und sonstige **Anlagegüter**, deren **Herstellung noch nicht abgeschlossen** sind, gehören zu den **Anlagen im Bau**. Alle Anschaffungsaufwendungen auf im Bau befindliche Anlagen werden vorübergehend auf dem Konto „**095 Anlagen im Bau**" erfaßt und **aktiviert**. Nach Fertigstellung der Anlagen werden die auf dem Konto 080 gesammelten Beträge auf das entsprechende Anlagekonto umgebucht und damit endgültig aktiviert. Die fertiggestellten Anlagegegenstände sind mit ihren **Herstellungskosten** zu bewerten und bilden die Bemessungsgrundlage für die Abschreibungen.

Bau einer Lagerhalle im Laufe des Geschäftsjahres. Die Eingangsrechnung für die Rohbau-erstellung beträgt netto 50.000,– DM + 14% Mehrwertsteuer 7.000,– DM.

Buchung:
095 Anlagen im Bau 50.000,–
260 Vorsteuer   7.000,– an   44 Verbindlichkeiten   57.000,–

Buchung beim Jahresabschluß:
801 SBK   an 095 Anlagen im Bau   50.000,–

Buchung im Jahre der Fertigstellung:
Die Eingangsrechnung für den Innenausbau der Lagerhalle liegt vor: Nettobetrag 90.000,– DM + 12.600,– DM MwSt.
070 Anlagen im Bau 90.000,–
260 Vorsteuer   12.600,– an   44 Verbindlichkeiten 102.600,–

Umbuchung der Anschaffungskosten bei Inbetriebnahme:
053 Fabrikgebäude   an 095 Anlagen im Bau   140.000,–

S	095 Anlagen im Bau		H		S	053 Fabrikgebäude		H
44	50.000,–	801	50.000,–		095	140.000,–		
80	(50.000,–	053	140.000,–			▲		
44	(90.000,–				endgültige Aktivierung			

S	260 Vorsteuer		H		S	44 Verbindlichkeiten		H
44	7.000,–	801	7.000,–		801	57.000,–	095, 260	57.000,–
80	7.000,–						80	57.000,–
44	12.600,–						095, 260	102.600,–

GERINGWERTIGE WIRTSCHAFTSGÜTER (GWG)

Bewegliche Wirtschaftsgüter des Anlagevermögens, die der **Abnutzung** unter-liegen und **selbständig nutzbar** sind, können im Jahre der Anschaffung **voll als Betriebsausgabe abgeschrieben werden,** wenn ihre **Anschaffungskosten** oder **Her-stellungskosten 800,– DM nicht** übersteigen.
Geringwertige Wirtschaftsgüter werden zunächst auf den Anlagekonten:

> 079 Geringwertige Maschinen und maschinelle Anlagen
> 089 Geringwertige Wirtschaftsgüter der Betriebs- und Geschäftsausstattung

erfaßt und können am Ende des Geschäftsjahres in Form einer **außerplanmäßigen** Abschreibung über das Konto **„654 Abschreibungen auf GWG"** voll abgesetzt werden.
Geringwertige Wirtschaftsgüter mit **Anschaffungskosten bis zu 100,– DM** können bereits bei der Anschaffung als Aufwand erfaßt werden.

Kauf einer Schreibmaschine bar, Listenpreis 1.000,– DM, 20% Rabatt, MwSt = 14%.

Buchung bei Anschaffung:
089 Geringwertige Wirtschaftsgüter 800,–
260 Vorsteuer   112,– an 288 Kasse 912,–

Buchung zum Bilanzstichtag:
654 Abschreibungen auf GWG   an 089 GWG 800,–

Barkauf eines Taschenrechners 80,– DM netto + 11,20 DM MwSt.

Buchung:
680 Aufwendungen für Büromaterial 80,–
260 Vorsteuer   11,20 an 288 Kasse 91,20

VERKAUF VON ANLAGEGÜTERN

Anlagegüter werden entweder ganz abgeschrieben und dann aus dem Betrieb genommen, oder sie werden nach einiger Nutzungszeit als Gebrauchtgegenstände verkauft. Der **Verkauf** von Anlagegütern unterliegt – wie der Einkauf – der **Umsatzsteuer. Bemessungsgrundlage** für die Umsatzsteuer ist der erzielte **Nettoverkaufspreis.**
Beim Verkauf von Teilen des Anlagevermögens werden fast durchweg Preise erzielt, die nur selten mit den Buchwerten übereinstimmen. Die Differenz ist als Aufwand oder Ertrag aus dem Abgang von Gegenständen des Anlagevermögens zu erfassen:

Nettoverkaufspreis > Buchwert	Nettoverkaufspreis < Buchwert
546 Erträge aus Anlagenabgängen	696 Verluste aus Anlageabgängen

Beim **Verkauf** eines gebrauchten Anlagegutes **muß** der **Buchwert** für den **Zeitpunkt des Ausscheidens** ermittelt werden. Die **Abschreibung** ist **zeitanteilig nachzuholen.**

Ein gebrauchter Buchungsautomat wird am 15. 10. gegen Bankscheck verkauft. Verkaufspreis, netto 5.000,– DM + 700,– DM MwSt. Der Buchwert betrug am 1. 1. desselben Jahres 4.800,– DM. Abschreibung linear mit jährlich 10% = 2.400,– DM.

Ermittlung und Buchung der Abschreibung und des Erfolgs:

Buchwert zum 1.1.	4.800,–
− AfA vom 1.1.–30.9.	1.800,–
= Buchwert zum 15.10.	3.000,–
Nettoverkaufspreis	5.000,–
= Ertrag aus Anlagenabgang	2.000,–

652 Abschreibungen auf BGA   an 086 Büromaschinen   1.800,–

280 Bank   5.700,– an 086 Büromaschinen   3.000,–
          546 Erträge aus Anlagenabgängen 2.000,–
          480 Mehrwertsteuer   700,–

ÜBERBLICK

- Alle Wirtschaftsgüter des Anlagevermögens sind beim Erwerb mit den **Anschaffungskosten** zu **bewerten** und zu aktivieren.
- **Finanzierungskosten** gehören **nicht** zu den Anschaffungskosten!

Anschaffungspreis
+ Anschaffungsnebenkosten
− Anschaffungskostenminderungen
= Anschaffungskosten

- Alle Aufwendungen für **Anlagen im Bau** sind auf dem Konto „**095 Anlagen im Bau**" direkt zu aktivieren. Bei Inbetriebnahme bzw. Fertigstellung sind sie mit den Herstellungskosten zu bewerten.

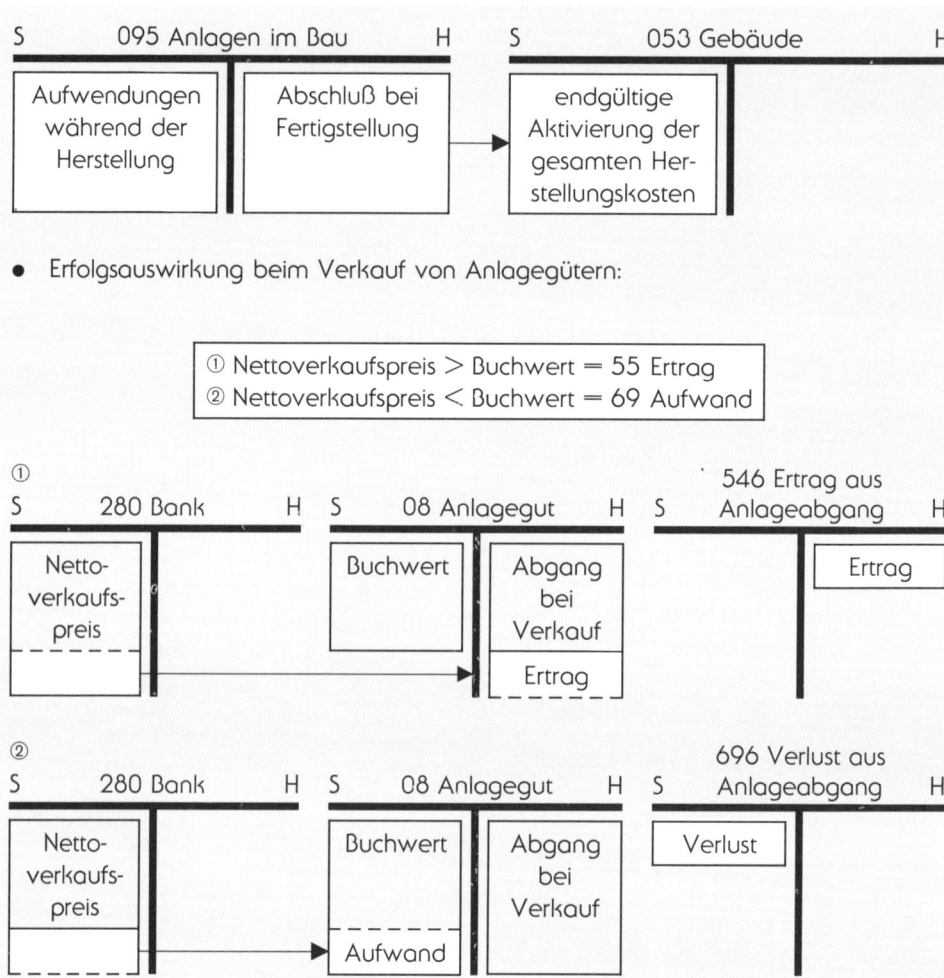

| S | 095 Anlagen im Bau | H | S | 053 Gebäude | H |

Aufwendungen während der Herstellung

Abschluß bei Fertigstellung

endgültige Aktivierung der gesamten Herstellungskosten

- Erfolgsauswirkung beim Verkauf von Anlagegütern:

① Nettoverkaufspreis > Buchwert = 55 Ertrag
② Nettoverkaufspreis < Buchwert = 69 Aufwand

①

| S | 280 Bank | H | S | 08 Anlagegut | H | S | 546 Ertrag aus Anlageabgang | H |

Netto-verkaufs-preis

Buchwert

Abgang bei Verkauf

Ertrag

Ertrag

②

| S | 280 Bank | H | S | 08 Anlagegut | H | S | 696 Verlust aus Anlageabgang | H |

Netto-verkaufs-preis

Buchwert

Aufwand

Abgang bei Verkauf

Verlust

AUFGABEN

70. Anschaffung einer Verpackungsmaschine. Die Lieferfirma stellt uns in Rechnung: Nettopreis 100.000,– DM, Versandkosten 4.000,– DM, Versicherungen 1.200,– DM, Montagekosten 11.000,– DM. Außerdem fallen für Fundamentierungsarbeiten 6.000,– DM an. Alle Rechnungen werden unter Abzug von 2% Skonto durch die Bank überwiesen. Mehrwertsteuer 14%.
    1. Ermitteln Sie die aktivierungspflichtigen Anschaffungskosten!
    2. Buchen Sie den Rechnungseingang und -ausgleich!

71. Kauf eines LKW für den Betrieb 24.000,– DM netto abzüglich 3% Skonto. Überführungskosten betragen 450,– DM netto. MwSt = 14%
    1. Ermitteln Sie die Anschaffungskosten!
    2. Wie lauten die Buchungssätze, wenn die entsprechenden Zahlungen mit Bankscheck vorgenommen werden?

72. Die Herbert Troup AG. läßt ein Verwaltungsgebäude erstellen. Mit dem Bau wurde bereits im Oktober begonnen. Entsprechend dem Baufortschritt wurden im November eine Abschlagszahlung von 85.000,– DM + 11.900,– DM MwSt fällig und im Dezember wurde eine weitere Abschlagszahlung von 100.000,– DM + 14.000,– DM MwSt durch Bank überwiesen. Nach der Fertigstellung im März des folgenden Jahres erhalten wir die Endabrechnung über den Restbetrag von 120.000,– DM + 16.800,– DM MwSt.
    1. Buchen Sie sämtliche Abschlagszahlungen!
    2. Führen Sie die Buchung am Bilanzstichtag (31. 12.) durch!
    3. Aktivieren Sie auf dem entsprechenden Konto das Verwaltungsgebäude nach der Fertigstellung!

73. Barkauf einer Rechenmaschine am 17. 5. für 600,– DM netto + 84,– DM MwSt.
    1. Führen Sie die Buchungen am 17. 5. und am Bilanzstichtag (31. 12.) durch!

74. Zielkauf einer Schreibtischlampe 70,– DM + 9,80 MwSt = 79,80.
    1. Führen Sie die Buchung durch!

75. Ein gebrauchter Buchungsautomat mit einem Buchwert von 10.000,– DM wird gegen Bankscheck verkauft, und zwar für:
    a) Nettopreis 7.000,– + 14% MwSt
    b) Nettopreis 12.000,– + 14% MwSt
    Ermitteln Sie die Erfolgsauswirkungen und buchen Sie auf die entsprechenden Konten!

Buchungen im Zahlungsbereich

ANZAHLUNGEN

Durch die Anzahlung entsteht entweder eine Forderung gegenüber dem Lieferer oder eine Verbindlichkeit gegenüber dem Kunden, je nachdem, ob es sich um geleistete oder erhaltene Anzahlungen handelt. **Anzahlungen** werden gefordert bei **Großaufträgen,** z. B. Großreparaturen, **Sonder-** und **Spezialanfertigungen** von Anlagegütern und bei **Aufträgen mit langfristiger Fertigung.** Bei einer Anzahlung handelt es sich um eine Forderung bzw. Verbindlichkeit, die in der Lieferung eines noch ausstehenden Sachwertes besteht. Die **eigene Anzahlung** beinhaltet daher eine **Forderung auf Lieferung,** während die **erhaltene Anzahlung** eine **Schuld auf Lieferung** bedeutet.
Anzahlungen ab 10.000,– DM sind gemäß §13,1 UStG **umsatzsteuerpflichtig.**

GELEISTETE ANZAHLUNGEN

Durch die **Anzahlung** entsteht für den Industriebetrieb eine **Forderung,** für die aber im Gegensatz zu den Forderungen aus Lieferungen und Leistungen kein Geldeingang zu erwarten ist, sondern ein **Sachwert.** Wir müssen deshalb auf einem speziellen Konto **„23 Geleistete Anzahlungen"** buchen.

BEISPIEL 77

Für einen Großauftrag zur Lieferung von Rohstoffen zum Bruttowert von 99.000,– DM (86.842,– + 12.158,–) leisten wir ein Viertel Anzahlung. Die Restzahlung ist bei Lieferung fällig. Die Zahlungen erfolgen über Bankkonten.

Buchungen:
1. **Buchung nach Eingang der Anzahlungsrechnung:**
   23 Geleistete Anzahlungen 21.710,50
   260 Vorsteuer   3.039,50 an 280 Bank   24.750,–

2. **Beim Jahresabschluß (31. 12.):**
   801 Schlußbilanzkonto   an 23 Geleistete Anzahlungen 21.710,50

3. **Bei Rechnungseingang (Erhalt der Endabrechnung):**
   200 Rohstoffe   86.842,–
   260 Vorsteuer   9.119,50 an 23 Geleistete Anzahlungen 21.710,50
                                         44 Verbindlichkeiten   74.251,–
   (Vorsteuer: 12.158,– minus 3.039,50 = 9.119,50)

4. Bei Rechnungsausgleich:
44 Verbindlichkeiten   an 280 Bank   74.251,–

ERHALTENE ANZAHLUNGEN

Hier entsteht eine **Verbindlichkeit** gegenüber dem **Kunden.** Im Gegensatz zu den Verbindlichkeiten aus Lieferungen und Leistungen muß diese Schuld nicht zurückbezahlt werden, sondern eine Lieferung von seiten des Industriebetriebes bildet die Gegenleistung. Erhaltene Anzahlungen sind deshalb auf einem eigenen Konto **„43 Erhaltene Anzahlungen"** zu buchen.

BEISPIEL 78

Für einen erhaltenen Großauftrag im Bruttowert von 102.600,– DM (90.000,– + 12.600,–) zahlt der Kunde bei Auftragserteilung ein Drittel durch Banküberweisung an. Der Rest ist nach Lieferung fällig.

Buchungen:
1. **Bei Eingang der Anzahlung:**
280 Bank   34.200,– an   43 Erhaltene Anzahlungen 30.000,–
                                 480 Mehrwertsteuer   4.200,–

2. **Beim Jahresabschluß:**
43 Erhaltene Anzahlungen   an 801 SBK   30.000,–

3. **Bei Rechnungsstellung (Erstellung der Endabrechnung):**
280 Bank   68.400,–
43 Erhaltene Anzahlungen 30.000,– an 500 Umsatzerlöse   90.000,–
                                 480 Mehrwertsteuer   8.400,–
(Mehrwertsteuer: 12.600,– minus 4.200,– = 8.400,–)

ANZAHLUNGEN AUF ANLAGEN

Für Sonderanfertigungen und auch für Aufträge mit langfristiger Fertigung müssen Anzahlungen auf Anlagen, d.h. Vorauszahlungen geleistet werden. Diese **Anzahlungen auf Anlagen** sind direkt in der **Klasse 0** zu aktivieren:

> ● 090 Anzahlungen auf Anlagen

Anzahlungen auf Anlagen sind im Sachanlagevermögen gesondert auszuweisen. Nach Lieferung der Anlagen werden sie auf das Anlagekonto umgebucht.

Ein Unternehmen erhält von uns einen Großauftrag zum Bau eines Fließbandes. Lt. Kostenvoranschlag beträgt der Nettopreis der Anlage 300.000,– DM. Lt. Vertrag ist ein Drittel des Nettopreises des Fließbandes zuzüglich 14% MwSt als Anzahlung sofort bei Auftragserteilung zu überweisen.

Buchungen:
1. Buchung der Anzahlung:
090 Anzahlungen auf Anlagen   100.000,–
260 Vorsteuer   14.000,– an 280 Bank   114.000,–

2. Buchung bei Lieferung und Rechnungsausgleich: 090
07 Maschinen   300.000,–   280
260 Vorsteuer (42.000,– − 14.000,–) 28.000,– an   Anz. a. A. 100.000,–
     Bank   228.000,–

Anzahlungen auf Anlagen sind **gesondert im Sachanlagevermögen** der Bilanz **auszuweisen** (§151 AktG).

ÜBERBLICK

- Anzahlungen an Lieferer   = 43 **Geleistete Anzahlungen** (Aktivkonto)
- Anzahlungen von Kunden = 46 **Erhaltene Anzahlungen** (Passivkonto)

> **Anzahlungen** sind **gesondert** zu **bilanzieren:**
> – eigene Anzahlungen   → aktivieren
> – erhaltene Anzahlungen → passivieren

- **Anzahlungen auf Anlagen** sind **direkt** in der **Klasse 0** zu **aktivieren:**

> 090 Anzahlungen auf Anlagen

Geleistete Anzahlungen auf Anlagen sind als Vorleistungen auf schwebende Verträge auf dem o. g. Konto „090 Anzahlungen auf Anlagen" zu aktivieren. Bei Lieferung und Erteilung der Endrechnung sind sie dann aufzulösen. Beträgt die Anzahlung 10.000,– DM und mehr, so ist der Lieferer verpflichtet, eine Rechnung mit gesondertem Ausweis der MwSt über diese Anzahlung zu erteilen. Liegt die Rechnung vor, und wurde die Zahlung geleistet, kann die MwSt als Vorsteuer verrechnet werden. Wird die Endrechnung erteilt, so sind in ihr die vor Ausführung der Lieferung vereinnahmten Teilentgelte und die auf sie entfallenen Steuerbeträge abzusetzen.

AUFGABEN

76. Einkauf von Rohstoffen im Gesamtwert von netto 120.000,– + 14% MwSt. Voraus-zahlung durch Banküberweisung in zwei Raten zu je ein Drittel des Nettowertes + 14% MwSt. Die Restzahlung erfolgt bei Lieferung durch Banküberweisung.
   1. Buchen Sie alle Vorgänge dieses Geschäftsfalles aus der Sicht des Kunden!
   2. Buchen Sie die Vorgänge aus der Sicht des Lieferers!

77. Bestellung einer Maschine (Sonderanfertigung) am 15. 10. Festpreis: 45.000,–. Zahlungsbedingungen: ein Drittel bei Bestellung, ein Drittel bei Lieferung, ein Drittel 60 Tage Ziel. Die Maschine wird am 14. 2. des folgenden Jahres geliefert. Die Zahlungen erfolgen über ein Bankkonto.
   1. Buchung am 15. 10.
   2. Buchung am 31. 12.
   3. Buchung am 14. 2.

WERTPAPIERE

Zum Anlegen liquider Mittel kann der Betrieb Wertpapiere kaufen und sie später bei Bedarf wieder verkaufen. Kauf und Verkauf von Wertpapieren werden von den Banken durchgeführt. Diese wenden sich im Auftrag ihrer Kunden an die Börse. Dabei können neben den **Dividendenpapieren (Aktien, Investmentanteile)** auch **Zinspapiere** (festverzinsliche Wertpapiere, z. B. Anleihen, Obligationen, Pfand-briefe) gehandelt werden. Beim Erwerb der Wertpapiere spielt es eine große Rolle, ob diese **langfristig** (Wertpapiere des Anlagevermögens) oder **kurzfristig** (Wertpapiere des Umlaufvermögens) angelegt werden. **Wertpapiere** können er-worben werden:

- als **Anlagevermögen**
  zum **Zwecke der Beteiligung** an einem anderen Unternehmen
  130 Beteiligungen
  zur **langfristigen Anlage** von Geldern
  150 Wertpapiere des Anlagevermögens
- als **Umlaufvermögen**
  zur vorübergehenden Verwendung liquider Mittel oder zur Spekulation
  270 Wertpapiere des Umlaufvermögens

KAUF VON WERTPAPIEREN

Beim **Kauf** sind die **Wertpapiere mit** ihren **Anschaffungskosten** zu **aktivieren.** Dazu gehören auch die Anschaffungsnebenkosten.

Anschaffungskurs Kurswert	Höhe und Berechnungsgrundlage der Spesen	
+ Anschaffungsnebenkosten	bei Aktien	bei Obligationen
Maklergebühr (Courtage)	1 ‰ vom Kurswert	0,75‰ vom Nennwert
Bankprovision	1 % vom Kurswert	0,5 % vom Kurswert
Börsenumsatzsteuer	2,5‰ vom Kurswert	2,5‰ vom Kurswert
= Anschaffungskosten	1,35% insgesamt	–

BEISPIEL 80

Kauf von 30 Stück Atiram-B-Aktien zur kurzfristigen Anlage; Nennwert 100,– DM, Kurs 170,– DM je Stück, Spesen werden nach vorstehenden Angaben berechnet:

Kurswert		5.100,– DM	
Maklergebühr	5,10 DM ⎫		Anschaffungs-
Bankprovision	51,– DM ⎬		nebenkosten
Börsenumsatzsteuer	12,75 DM ⎭	68,85 DM	(1,35%)
Banklastschrift		5.168,85 DM	
Anschaffungskosten			

Buchung:
270 Wertpapiere des Umlaufvermögens an 280 Bank 5.168,85

BEISPIEL 81

Kauf von festverzinslichen Wertpapieren:
Festverzinsliche Wertpapiere werden mit Zinsscheinen ausgegeben. Der Inhaber der Wertpapiere gibt halbjährlich einen **Zinsschein** ab und bekommt eine Zinsgutschrift. Dabei gibt es für die Zinsscheine verschiedene Fälligkeitstermine:
J/J – die Zinsscheine sind am **1. 1. und 1. 7. fällig;**
M/S – die Zinsscheine sind am **1. 3. und 1. 9. fällig;**
A/O – die Zinsscheine sind am **1. 4. und 1. 10. fällig.**
Kauft ein Unternehmer festverzinsliche Wertpapiere, z. B. Obligationen, innerhalb eines Halbjahres, so werden in der Regel die laufenden Zinsscheine, d. h. die demnächst fälligen Zinsscheine, an ihn ausgehändigt. Da er nun die gesamten Zinsen für das Halbjahr erheben kann, aber nur vom Kauftag einen Anspruch hat, läßt sich der Verkäufer von ihm die Zinsen für die Zeit bis zum Abschluß des Kaufes vergüten.
Zinstermin J/J, Kauf am 27.4. (Schlußtag) Valutatag: 2. Börsentag nach Schlußtag

● Dem Verkäufer stehen die Stückzinsen, bis einschließlich des Tages vor dem Valutatag, zu. Dem Käufer jedoch ab Valutatag (Tag der Erfüllung).

Beim **Kauf mit Zinsscheinen erhöhen** sich also die **Anschaffungskosten** um die vom Verkäufer beanspruchten Zinsen.

Kauf von 1.500,– DM 4% Obligationen, J/J, zu 102% am 27. 4. mit laufenden Zinsscheinen.

Kurswert (102% von 1.500,– DM)	1.530,–
+ Nebenkosten (Maklergebühren, Bankprovision, BUSt)	12,50
= Anschaffungskosten	1.542,50
+ Stückzinsen (4% von 1.500,–/118 Tage)	19,67
= Banklastschrift	1.562,17

Buchung:
150 Wertpapiere des Anlagevermögens 1.542,50
751 Zinsaufwendungen   19,67 an 280 Bank 1.562,17

VERKAUF VON WERTPAPIEREN

> Beim **Verkauf** werden die **Spesen** vom Kurswert **abgezogen.** Der dann bleibende Verkaufswert wird im Haben des Kontos Wertpapiere gebucht.

BEISPIEL 82

Verkauf von 25 Stück Etaner-H-Aktien, Nennwert 100,– DM, Kurs 280,– DM je Stück, Spesen werden nach den vorstehenden Angaben berechnet:

Kurswert	7.000,– DM
— Spesen (1,35%)	94,50 DM
= Bankgutschrift	6.905,50 DM

Buchung:
280 Bank an 270 Wertpapiere des Umlaufvermögens 6.905,50

BEISPIEL 83

Verkauf von 1.500,– DM 4% Obligationen, J/J, zu 104% am 29. 8. mit laufenden Zinsscheinen.

Verkaufskurs (104% von 1.500,– DM)	1.560,–
+ Stückzinsen (4% von 1.500,–/60 Tage)	10,–
— Verkaufskosten (Maklergebühren, Bankprovision, BUSt)	13,–
= Gutschriftsanzeige der Bank	1.557,–

Buchung:

280 Bank 1.557,– an 150 Wertpapiere des Anlagevermögens 1.547,–
546 Erträge   10,–

BEWERTUNG VON WERTPAPIEREN

Da An- und Verkaufskurse in der Regel auseinanderfallen, weisen die Wertpapier-
konten **Bestände** und **Erfolge** (Kursgewinne oder Kursverluste) **aus.** Wertpapier-
konten sind **gemischte Konten** (Bestandserfolgskonten). Die **Erfolge** (= Kursdifferenzen) aus Wertpapiergeschäften werden beim Abschluß ermittelt, indem der
Wertpapierbestand und die Verkäufe den Wertpapierkäufen gegenübergestellt
werden. Folgende **Bewertungskriterien** sind zu beachten (vgl. Kap. „Bewertungsgrundsätze", S. 109 ff.):

– **Wertpapiere des Umlaufvermögens** sind nach dem **Niederstwertprinzip** zu
bilanzieren.
Anschaffungskosten > Tageswert → Bewertung zum Tageswert
Anschaffungskosten < Tageswert → Bewertung zu Anschaffungskosten
– **Wertpapiere des Anlagevermögens** müssen beim nachhaltigen Fallen des
Tageswertes unter die Anschaffungskosten zum Tageswert bilanziert werden.
Bei vorübergehender Wertminderung **kann** der niedrigere Tageswert ange-
setzt werden (gemildertes Niederstwertprinzip).
– Die **Anschaffungsnebenkosten** sind **anteilig** zu berücksichtigen.

ÜBERBLICK

- **Wertpapiere in der Bilanz:**
  - bei Beteiligungsabsicht → 130 **Beteiligungen**
  - bei langfristiger Anlage → 150 **Wertpapiere des Anlagevermögens**
  - bei kurzfristiger Anlage → 270 **Wertpapiere des Umlaufvermögens**

- Anschaffungskosten = Anschaffungskurs
  + Provision
  + Maklergebühr
  + Börsenumsatzsteuer

  = Anschaffungskosten

- **Bewertung:**
Wertpapiere des Umlaufvermögens = strenges Niederstwertprinzip
Wertpapiere des Anlagevermögens = gemildertes Niederstwertprinzip

Anschaffungskosten > Tageswert = Tageswert
Anschaffungskosten < Tageswert = Anschaffungskosten

78. Kauf von 40 Stück Effka-Aktien zur kurzfristigen Anlage
    a) zum Stückkurs von 150,– DM durch die Bank. Nebenkosten lt. Gebühren-
    tabelle.
    b) Kauf von 10.000,– DM 6%-Obligationen, J/J, zu 99% am Valutatag 1. 9.
    c) Verkauf von 10.000,– DM 6%-Obligationen, J/J, zu 98% am Valutatag 1. 10.
       1. Bilden Sie die Buchungssätze!
       2. Ermitteln Sie den Kursverlust bei den festverzinslichen Wertpapieren b) und
          c) und buchen Sie!

79. Kauf von 600 UDO-Aktien zur Beteiligung durch die Bank. Nennwert je Stück
    100,–DM. Stückkurs 200,– DM. Nebenkosten 1.620,– DM. Am Bilanzstichtag
    beträgt der Stückkurs der Beteiligung 250,– DM.
    1. Buchen Sie die Anschaffung!
    2. Begründen Sie die Bewertungsentscheidung!

80. a) Kauf von 5.000,– DM 6%-Pfandbriefe, J/J, zu 85% = 4.250,– DM Valutatag 1. 4.
       zuzüglich 75,– DM Stückzinsen; Kaufkosten 36,– DM.
    b) Bankgutschrift der Halbjahreszinsen am 8. 7. über 150,– DM.
    c) Verkauf aller Pfandbriefe zu 90% = 4.500,– DM am 30. 8. zuzüglich 50,– DM
       Stückzinsen. Verkaufskosten 38,– DM. Buchen Sie auf den Konten 280, 270,
       578, 746, 751!

Buchungen im Leistungsbereich

Das Ergebnis des Betriebsprozesses sind die erstellten Sachgüter und Dienste.
Buchungstechnisch werden sie als Erträge in der Kontenklasse 5 erfaßt.
Die **Gesamtleistung** setzt sich zusammen aus:
1. **Umsatzerlöse für abgesetzte Leistungen**
   a) **Umsatzerlöse** für **eigene Erzeugnisse** (Konto 500)
   b) **Umsatzerlöse** für **Handelswaren** (Konto 510)
   c) Sonstige Umsatzerlöse (Konto 519)
2. **Lagerleistungen**
   Bestandsmehrung der fertigen und unfertigen Erzeugnisse (Kontengruppe 52)
3. **Innerbetriebliche Eigenleistungen** (Kontengruppe 53) Anlagegüter für die
   eigene Nutzung und auch werterhöhende Reparaturen.
In den folgenden Kapiteln werden die buchungstechnischen Einzelheiten wie
Buchungen im Verkaufsbereich, Lagerleistung (Bestandsveränderungen) und
aktivierte innerbetriebliche Eigenleistungen behandelt.

BUCHUNGEN IM VERKAUFSBEREICH

Neben dem Nettowert (reiner Warenwert) und der Umsatzsteuer sind beim Verkauf von Erzeugnissen besondere Buchungen vorzunehmen, die die Umsatzerlöse verändern. So sind beim Verkauf Transport- und Verpackungskosten für ausgehende Sendungen zu erfassen. Nachlässe wie Rabatte, Boni und Skonti an Kunden vermindern die Umsatzerlöse. Rücksendungen und Gutschriften an Kunden verringern ebenfalls die Umsatzerlöse.

NEBENKOSTEN FÜR TRANSPORT UND VERPACKUNG

Beim Verkauf von Fertigerzeugnissen entstehen sehr oft Nebenkosten für den Transport und für die Verpackung. Je nachdem, ob der Industriebetrieb oder der Kunde diese Kosten trägt, muß man zwei verschiedene Buchungen unterscheiden:
• **Kosten trägt der Industriebetrieb** bei Lieferung „frei Haus"; in diesem Falle sieht der Kontenrahmen zur Erfassung der Aufwendungen folgende Konten vor:

> 614 **Frachten** (Vertriebsaufwand)
> 604 **Verpackungsmaterial** (soweit nicht in 603)

BEISPIEL 84

Wir zahlen auf Grund einer Lieferung „frei Keller" die Fracht direkt an den Spediteur, netto 200,– DM + 14% MwSt. Bankscheck.

Buchung:
614 Ausgangsfrachten   200,–
260 Vorsteuer   28,– an 280 Bank   228,–

• **Kosten trägt der Kunde,** d. h. werden die Frachtkosten dem Kunden weiterberechnet (z. B. bei Lieferung „ab Werk"), sind sie wie die damit verbundenen Umsatzerlöse zu behandeln.

Buchung bei Weiterberechnung der Transportkosten (siehe Beispiel S. 211):
24 Forderungen a. LL 228,– an 50 Umsatzerlöse   200,–
                                        480 Mehrwertsteuer   28,–

RÜCKSENDUNGEN VON KUNDEN

Wenn ein **Kunde Fertigerzeugnisse** an den Industriebetrieb **zurückschickt,** so **vermindern** sich unsere **Umsatzerlöse.** Gleichzeitig ist die **Umsatzsteuer** anteilig zu **berichtigen.**

BEISPIEL 85

Zielverkauf von Fertigerzeugnissen für netto 2.000,– DM + 280,– DM Mehrwertsteuer. Der Kunde stellt fest, daß es sich um eine Falschlieferung handelt.

Buchung:
1. **Ausgangsrechnung**
240 Forderungen a. LL   2.280,– an 500 Umsatzerlöse   2.000,–
                                        480 Mehrwertsteuer   280,–

2. **Falschlieferung (Rücksendung)**
500 Umsatzerlöse   2.000,–
480 Mehrwertsteuer   280,– an 240 Forderungen   2.280,–

BEISPIEL 86

Wir verkaufen Fertigerzeugnisse auf Ziel für netto 3.000,– DM + 420,– DM Mehrwertsteuer. Ein Teil dieser Fertigerzeugnisse ist beschädigt und wird vom Kunden zurückgeschickt. Der Nettowert der zurückgesandten Fertigerzeugnisse beträgt 1.000,– DM.

Buchung:
1. **Ausgangsrechnung**
240 Forderungen a. LL 3.420,– an 500 Umsatzerlöse   3.000,–
                                        480 Mehrwertsteuer   420,–
2. **Buchung der Rücksendung mit Berichtigung der Mehrwertsteuer**
500 Umsatzerlöse   1.000,–
480 Mehrwertsteuer   140,– an 240 Forderungen 1.140,–

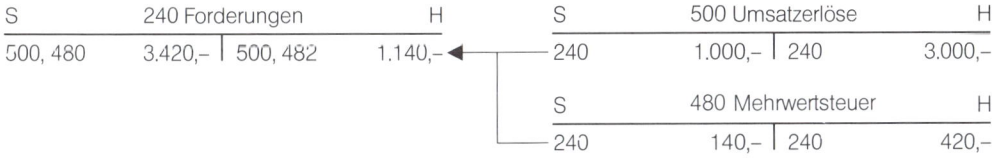

NACHLÄSSE AN KUNDEN

Dem Kunden gewährte **Preisnachlässe** auf Grund von Mängelrügen, **Boni** sowie **Skonti** sind echte **Erlösschmälerungen.** Für diese Minderungen, die auch unmittelbar auf dem Konto 500 gebucht werden können, werden zur besseren Übersicht gesonderte Unterkonten der Erlöskonten eingerichtet:

> ● 5001 Erlösschmälerungen für Fertigerzeugnisse
> ● 5101 Erlösschmälerungen für Handelswaren

Wir gewähren einem Kunden, dem wir Erzeugnisse zum Nettopreis von 4.000,– DM + 560,– DM MwSt verkauft hatten, wegen Mängelrüge einen Preisnachlaß von 15%.

Nettobuchung
Der **Preisnachlaß** wird vom **Nettobetrag** berechnet und gebucht, die **Mehrwertsteuer** sofort berichtigt.

Buchung:
1. **Ausgangsrechnung**
240 Forderungen a. LL   4.560,– an 5000 Umsatzerlöse   4.000,–
                                              480 Mehrwertsteuer   560,–

2. **Nettobuchung des Preisnachlasses**
5001 Erlösschmälerungen für Fertigerzeugnisse   600,–
   480 Mehrwertsteuer   84,– an 240 Forderungen   684,–

3. **Umbuchung des Unterkontos 5001 beim Abschluß**
5000 Umsatzerlöse   an 5001 Erlösschmälerungen für FE   600,–

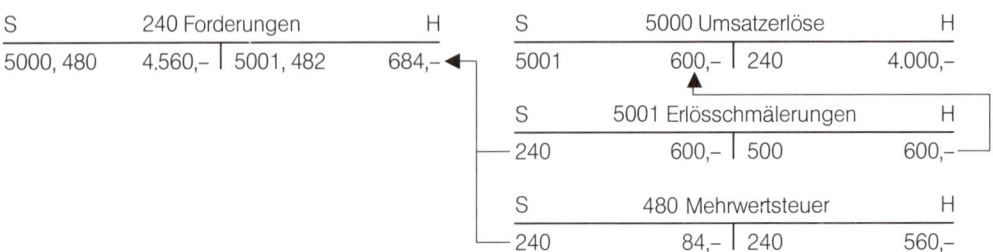

S	240 Forderungen	H
5000, 480	4.560,–	5001, 482	684,–

S	5000 Umsatzerlöse	H
5001	600,–	240	4.000,–

S	5001 Erlösschmälerungen	H
240	600,–	500	600,–

S	480 Mehrwertsteuer	H
240	84,–	240	560,–

Bruttobuchung
Der **Preisnachlaß** wird vom **Bruttobetrag** berechnet und gebucht, die **Mehrwertsteuerberichtigung** erfolgt **später** am **Monatsende.**

Buchung:
1. **Ausgangsrechnung**
   240 Forderungen a. LL   4.560,– an 5000 Umsatzerlöse   4.000,–
                                           480 Mehrwertsteuer   560,–

2. **Bruttobuchung des Preisnachlasses**
5001 Erlösschmälerungen für FE   an   240 Forderungen   684,–

3. Steuerberichtigung am Monatsende

Diese Steuerberichtigung wird nur einmal im Monat vom Gesamtbetrag der Nachlässe (Erlösschmälerungen) berechnet und gebucht. Im Beispiel muß daher noch der im Soll des Kontos „5001 Erlösschmälerungen für Fertigerzeugnisse" ausgewiesene Bruttonachlaß von 684,– DM um den Mehrwertsteueranteil von 84,– DM korrigiert werden.

480 Mehrwertsteuer　　　　　　　　　an 5001 Erlösschmälerungen für FE　　84,–

4. Umbuchung des Unterkontos 5001 beim Abschluß

5000 Umsatzerlöse　　　　　　　　　an 5001 Erlösschmälerungen für FE　　600,–

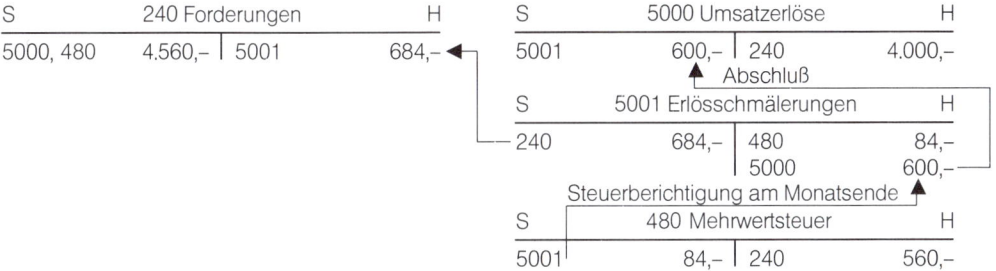

HANDELSWAREN

Beschäftigt sich ein Industriebetrieb neben der Herstellung eigener Erzeugnisse auch mit dem **Handel fertig bezogener Waren,** die er ohne Be- oder Verarbeitung im eigenen Betrieb weiterverkauft, so spricht man von Handelswaren. Sie werden beim Einkauf auf dem Konto „**228 Handelswaren**" gebucht. Die Erlöse aus dem Verkauf von Handelswaren sind auf dem Konto „**510 Umsatzerlöse für Handelswaren**" auszuweisen. Um den Erfolg aus dem Verkauf von Handelswaren ermitteln zu können, muß den Verkaufserlösen der Einstandspreis der verkauften Waren gegenübergestellt werden. Der Verkauf zum Einstandspreis (**Wareneinsatz**) wird durch sog. Befundrechnung (**mittels Inventur**) ermittelt. Der Wareneinsatz stellt Aufwand dar und wird auf dem Aufwandskonto „**608 Aufwendungen für Wareneinsatz**" gebucht.

BEISPIEL 88

Das Konto Handelswaren weist einen Anfangsbestand von 120.000,– DM aus. Folgende Geschäftsfälle sind zu buchen:
a) Zieleinkauf von Handelswaren, netto 20.000,– + 14% MwSt
b) Barkauf von Handelswaren, netto 10.000,– + 14% MwSt
c) Zielverkäufe von Handelswaren, netto 70.000,– + 14% MwSt
Der Schlußbestand lt. Inventur beträgt 90.000,– DM.

Buchungen:

1. **Anfangsbestand:** 228 Handelswaren an 80 EBK 120.000,–

2. **Geschäftsfälle**
   a) 228 Handelswaren 20.000,–
      260 Vorsteuer   2.800,– an 44 Verbindlichkeiten   22.800,–
   b) 228 Handelswaren 10.000,–
      260 Vorsteuer   1.400,– an 288 Kasse   11.400,–
   c) 240 Forderungen   79.800,– an 510 Umsatzerlöse für Handelswaren   70.000,–
                                     480 Mehrwertsteuer   9.800,–

3. **Schlußbestand lt. Inventur:** 801 SBK an 228 Handelswaren 90.000,–

4. **Ermittlung des Wareneinsatzes durch Befundrechnung:**

Anfangsbestand an Handelswaren	120.000,–
+ Einkäufe	30.000,–
	150.000,–
− Schlußbestand lt. Inventur	90.000,–
= <u>Wareneinsatz</u> (Verkauf zum Einstandspreis	60.000,–

Buchung:
608 Aufwendungen für Wareneinsatz an 228 Handelswaren 60.000,–

5. **Ermittlung des Erfolges:**

Umsatzerlöse für Handelswaren	70.000,–
− Wareneinsatz (Verkauf zum EP)	60.000,–
Handelswarenrohgewinn	10.000,–

6. **Abschlußbuchungen**
   802 Gewinn und Verlust an 608 Wareneinsatz   60.000,–

   510 Umsatzerlöse für HW an 802 Gewinn und Verlust 70.000,–

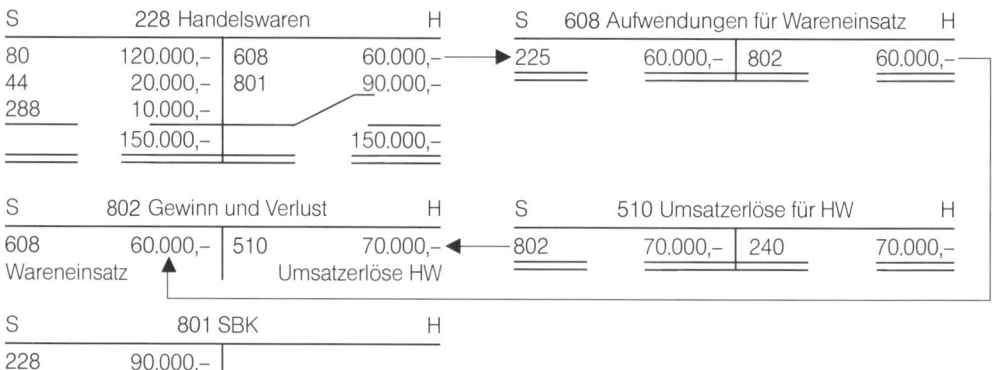

ÜBERBLICK

- Nebenkosten für Transport und Verpackung sind
  → bei Lieferung „frei Haus" auf den Aufwandskonten
    614 Frachten
    604 Verpackungsmaterial
  → bei Lieferung „ab Werk" auf dem Konto
    500 Umsatzerlöse
    zu buchen.

- Rücksendungen = Rückbuchungen.
  Mehrwertsteuerberichtigung!

- Nachlässe sind Erlösschmälerungen und bedingen eine entsprechende Mehrwert-steuerkorrektur.

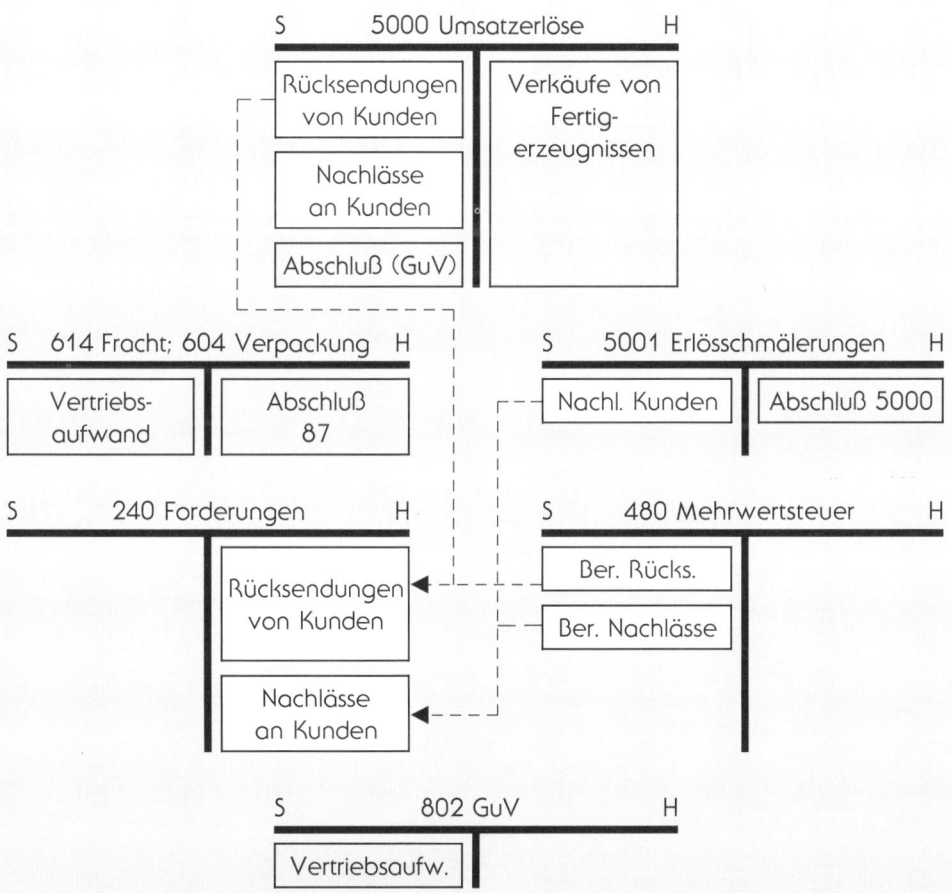

- Handelswaren → Einkauf über Handelswaren (aktiv. Bestandskonto)
  - → Verkauf über 510 Umsatzerlöse für HW (Erfolgskonto)
  - → Wareneinsatz über 608 Aufwendungen für Wareneinsatz (Erfolgskonto)
  - → Ermittlung des Wareneinsatzes über Befundrechnung Anfangsbestand + Einkäufe − Endbestand lt. Inventur

AUFGABEN

81. Bilden Sie die Buchungssätze zu den nachfolgenden Geschäftsvorfällen!
    1. Einkauf von Rohstoffen auf Ziel, ab Werk, netto 2.300,– + 14% MwSt
    2. Fracht und Rollgeld auf diesen Einkauf werden bar bezahlt, netto 170,– DM + 14% MwSt
    3. Verkauf von Fertigerzeugnissen auf Ziel, frei Haus, netto 950,– DM + 14% MwSt
    4. Dem Spediteur wird für die Fracht für die ausgelieferten Waren (Fall 3) bar bezahlt, netto 80,– DM + 14% MwSt
    5. Einkauf von Rohstoffen auf Ziel, frei Haus, netto 1.900,– + Leihemballagen 200,– DM + 14% MwSt
    6. Verkauf von Fertigerzeugnissen auf Ziel, frei Haus, netto 120,– DM + 14% MwSt
    7. Paketgebühr (zu Fall 6) bar 8,– DM.

82. Die Konten 480, 5000, 5001 weisen folgende Beträge aus:

	Soll	Haben
480 Mehrwertsteuer	93.000,– DM	107.500,– DM
5000 Umsatzerlöse	25.000,– DM	975.000,– DM
5001 Erlösschmälerungen	7.000,– DM	–

Vor dem Abschluß sind noch folgende Geschäftsfälle zu berücksichtigen (Netto-buchung):
    1. Verkäufe von Fertigerzeugnissen auf Ziel, Listenpreis 40.000,– abzüglich 25% Rabatt + 14% MwSt
    2. Einem Kunden wird ein Bonus gutgeschrieben, netto 4.000,– DM + 14% MwSt
    3. Gutschrift an einen Kunden wegen einer Mängelrüge, netto 2.000,– + 14% MwSt
    4. Rücksendung von Fertigerzeugnissen vom Kunden wegen Falschlieferung, netto 1.000,– DM + 14% MwSt
       a) Buchen Sie die Geschäftsfälle!
       b) Ermitteln Sie den Nettoumsatz und die Mehrwertsteuer!

83. Am Monatsende gehen aus der Buchführung u. a. folgende Werte hervor:

	Soll	Haben
2002 Nachlässe durch Lieferer	–	1.650,– DM
260 Vorsteuer	8.725,– DM	–
480 Mehrwertsteuer	–	15.600,– DM
5001 Erlösschmälerungen	2.750,– DM	–

Nachlässe und Erlösschmälerungen wurden nach dem Bruttoverfahren gebucht.
Der Mehrwertsteuersatz betrug 14%.
1. Führen Sie die Abschlußbuchungen durch!
2. Ermitteln Sie die Zahllast!

84. Das Konto „228 Handelswaren" weist zum 31. 12. im Soll 120.000,– DM aus. Die
Erlöse aus Handelswaren auf dem Konto 508 betragen 150.000,– DM. Der Schlußbestand lt. Inventur zum 31. 12. beträgt 20.000,– DM.
1. Richten Sie die Konten 228, 510, 802, 801 ein!
2. Ermitteln Sie den Erfolg aus dem Ein- und Verkauf von Handelswaren!
3. Nennen Sie jeweils den Buchungssatz einschließlich der Abschlußbuchungen!

LAGERLEISTUNGEN

Bisher sind wir davon ausgegangen, daß alle während eines Geschäftsjahres hergestellten Fertigerzeugnisse auch verkauft wurden. Bestände an fertigen sowie
unfertigen Erzeugnissen lagen weder zu Beginn noch am Ende der Rechnungsperiode vor. Am Jahresende gab es deshalb auch keinen Schlußbestand. Wenn
also **Herstellungs-** und **Absatzmenge** der Erzeugnisse innerhalb einer Rechnungsperiode **übereinstimmen,** fallen auch keine **Lagerleistungen** an, und der betriebliche Erfolg ergibt sich aus der Gegenüberstellung der Herstellungsaufwendungen
und Umsatzerlöse dieser Rechnungsperiode. In der Praxis kommt aber dieser Fall
nicht vor. Diese Betriebe haben in einer Rechnungsperiode entweder mehr hergestellt als verkauft (**Mehrbestand**), oder mehr verkauft als hergestellt (**Minderbestand**). Diese Veränderungen der Erzeugnisbestände müssen am Ende eines
Geschäftsjahres bei der Ermittlung des Erfolges berücksichtigt werden. In der
Industriebuchführung werden diese Bestandsveränderungen auf dem Konto
„**52 Bestandsveränderungen**" festgehalten.

BESTANDSMEHRUNG

Bei einem **Mehrbestand** ist der **Schlußbestand höher** als der **Anfangsbestand.** Das
Industrieunternehmen hat in Höhe des Mehrbestandes eine Leistung erstellt, die
jedoch nicht verkauft wurde. Es wurden demnach noch keine Umsatzerlöse erzielt,
d. h. es wurde auf Lager produziert und dadurch die Ertragskraft erhöht. Da
das Konto 802 Gewinn und Verlust die gesamten Aufwendungen der laufenden
Rechnungsperiode erfaßt, die Umsatzerlöse sich aber nur auf die in dieser
Rechnungsperiode verkauften Erzeugnisse beziehen, ist der Mehrbestand als ein
weiterer Teil der Gesamtleistung zu berücksichtigen.

Anfangsbestand an Fertigerzeugnissen 100.000,–. Der Schlußbestand lt. Inventur beträgt 130.000,– DM. Der Bestand hat sich um 30.000,– DM erhöht. Nur dieser Mehrbestand darf in die Erfolgsrechnung übernommen werden. Er wird auf dem Konto **„52 Bestandsveränderungen"** gebucht.

S	22 Fertige Erzeugnisse		H		S	52 Bestandsveränderungen		H
AB	100.000,–	801	130.000,–		802	30.000,–	22	30.000,–
52	30.000,–							

S	801 SBK	H		S	802 GuV	H
22	130.000,–				52	30.000,–

Buchungen:

1. **Schlußbestand lt. Inventur**
   801 Schlußbilanzkonto   an 22 Fertige Erzeugnisse   130.000,–

2. **Mehrbestand**
   22 Fertige Erzeugnisse   an 52 Bestandsveränderungen   30.000,–

3. **Abschluß Konto 52 Bestandsveränderungen**
   52 Bestandsveränderungen an 802 Gewinn und Verlust   30.000,–

BESTANDSMINDERUNG

Bei einem **Minderbestand** ist der **Schlußbestand niedriger** als der **Anfangsbestand.** Das Unternehmen hat in Höhe des Minderbestandes mehr Bestände verbraucht, d. h. verkauft, als im laufenden Geschäftsjahr produziert wurden. Es wurden **Lagerbestände abgebaut** und somit von der im letzten Jahr aufgebauten Ertragskraft gezehrt. Die Aufwendungen der laufenden Rechnungsperiode sind somit um die der Bestandsminderung entsprechenden Aufwendungen der Vorperiode zu erhöhen. Der Minderbestand verursacht daher einen Aufwand, der in der Erfolgsrechnung zu erfassen ist.

Anfangsbestand an Fertigerzeugnissen 80.000,– DM. Der Schlußbestand lt. Inventur beträgt 60.000,– DM. Das bedeutet, daß Güter im Wert von 20.000,– DM, deren Produktion im vergangenen Jahr stattfand, in diesem Jahr verkauft wurden. In diesem Falle liegt ein Minderbestand vor.

S	22 Fertige Erzeugnisse		H		S	52 Bestandsveränderungen		H
AB	80.000,–	801	60.000,–		22	20.000,–	802	20.000,–
		52	20.000,–					

S	801 SBK	H		S	802 GuV	H
22	60.000,–			52	20.000,–	

Buchungen:

1. **Schlußbestand lt. Inventur**
   801 Schlußbilanzkonto   an 22 Fertige Erzeugnisse   60.000,–

2. **Minderbestand**
   52 Bestandsveränderungen an 22 Fertige Erzeugnisse   20.000,–

3. **Abschluß Konto 52 Bestandsveränderungen**
   802 Gewinn und Verlust   an 52 Bestandsveränderungen 20.000,–

ÜBERBLICK

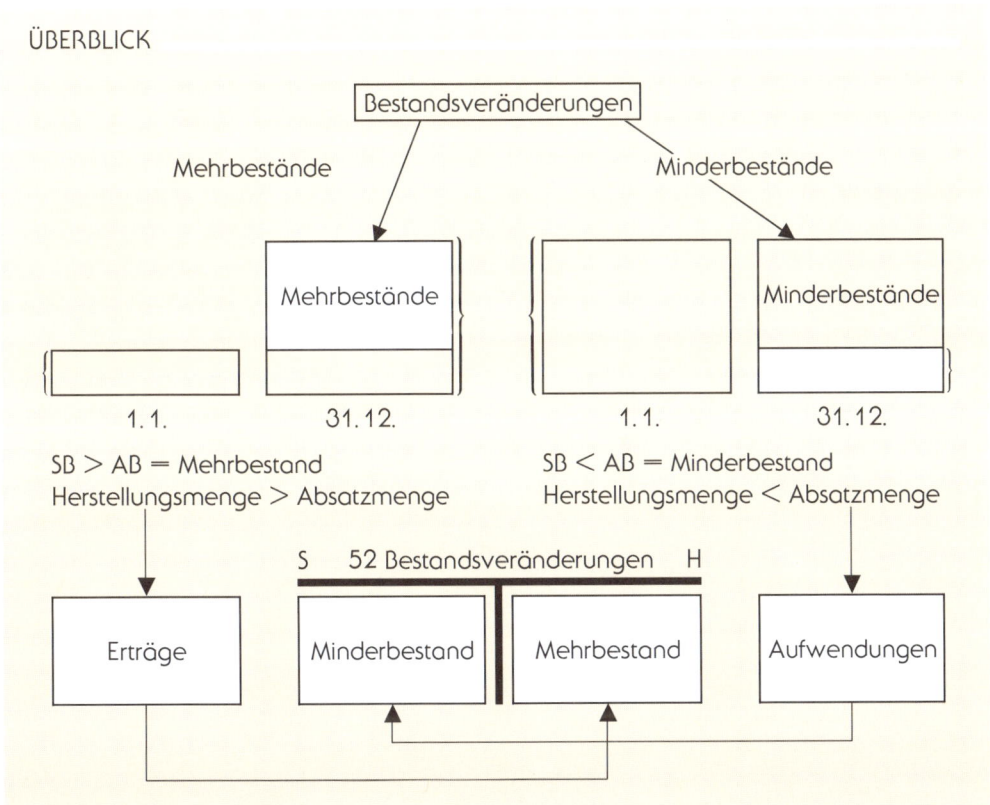

AUFGABEN

85. Die Aufwendungen eines Industriebetriebes betrugen im abgelaufenen Jahr 850.000,– DM, die Umsatzerlöse 1.200.000,–. Die Bestände lt. Inventur haben sich wie folgt verändert:

	Anfangsbestand	Schlußbestand
Unfertige Erzeugnisse	80.000,–	20.000,–
Fertige Erzeugnisse	40.000,–	50.000,–

Welcher Erfolg wurde erzielt?

86. Die nachstehenden Konten weisen folgende Zahlen aus:

	Soll	Haben
Rohstoffaufwendungen	38.500,–	–
Hilfsstoffaufwendungen	16.000,–	–
Betriebsstoffaufwendungen	9.000,–	–
Abschreibungen auf Anlagen	22.000,–	–
Umsatzerlöse	–	125.000,–
Fertige Erzeugnisse	11.000,–	–
Unfertige Erzeugnisse	3.000,–	–
Bestandsveränderungen	–	–
Gewinn und Verlust	–	–

Schlußbestand lt. Inventur für Fertigerzeugnisse 13.000,–
Schlußbestand lt. Inventur für Unfertige Erzeugnisse –
Schließen Sie die Konten ab und ermitteln Sie im Konto Gewinn und Verlust den Erfolg!

87. Buchen Sie nachstehende Beträge auf folgende Konten:

	Sollsumme	Habensumme	SB lt. Inventar
Rohstoffe	130.000,–	53.000,–	22.500,–
Hilfsstoffe	42.000,–	23.000,–	11.000,–
Betriebsstoffe	28.000,–	16.500,–	4.500,–
Unfertige Erzeugnisse	–	–	17.500,–
Fertige Erzeugnisse	18.300,–	–	–
Umsatzerlöse	–	88.500,–	–

Ermitteln Sie den Stoffverbrauch, die Bestandsveränderungen, die Gesamtleistung sowie den Erfolg des Industriebetriebes!

88. Die Gewinn- und Verlustrechnungen eines Industriebetriebes weisen folgende Zahlen aus:

	Vorjahr		Laufendes Geschäftsjahr	
	Soll	Haben	Soll	Haben
Konto 500	–	3.600.000,–	–	4.100.000,–
Konto 51	–	120.000,–	–	140.000,–
Konto 510	–	16.500,–	–	17.100,–
Konto 52	47.500,–	–	–	61.400,–
Konto 53	–	90.600,–	–	81.100,–

a) Ermitteln Sie für die beiden Geschäftsjahre jeweils die Gesamtleistung!
b) Wo liegen die wesentlichen Veränderungen in der Gesamtleistung beider Jahre?

INNERBETRIEBLICHE EIGENLEISTUNGEN

Innerbetriebliche Eigenleistungen sind **alle Leistungen, die im eigenen Betrieb** erstellt und genutzt werden. Technische Umbauten von Anlagen, Einbauten, Transportvorrichtungen und andere maschinelle Anlagen werden häufig mit eigenen Arbeitskräften durchgeführt und bedeuten meist eine erhebliche Wertsteigerung des Sachanlagevermögens. Sie müssen daher mit ihren **Herstellungskosten** bewertet und auf den entsprechenden Anlagekonten aktiviert werden. Die Herstellungskosten ergeben sich aus:

Fertigungsmateiral
+ ...% Materialgemeinkosten
Fertigungslöhne
+ ...% Fertigungsgemeinkosten
─────────────────────────────
= aktivierungspflichtige Herstellungskosten

Zum Ausgleich der Herstellungskosten, die auf den Aufwandskonten der Klassen 6 und 7 gebucht wurden, muß die Eigenleistung als Ertrag auf dem Konto

53 Andere aktivierte Eigenleistungen

gebucht werden. Die **Buchung bei Aktivierung** der Eigenleistung lautet:

070 Maschinen an 53 Aktivierte Eigenleistungen

Abschlußbuchung:
53 Aktivierte Eigenleistungen an 802 GuV

Abgrenzungsrechnung

AUFGABE DER ABGRENZUNGSRECHNUNG

Die Hauptbereiche des industriellen Rechnungswesens sind die **Geschäftsbuchführung** und die **Betriebsbuchführung** (Kosten- und Leistungsrechnung).

Die **Geschäftsbuchführung** ist **unternehmensbezogen** und weist durch Gegenüberstellung aller **Aufwendungen** und **Erträge** den **Gesamterfolg** der Unternehmung aus. Im **IKR** bildet die Geschäftsbuchführung mit den **Kontenklassen 0 bis 8** den **Rechnungskreis I**. Die Geschäftsbuchführung erfaßt alle Aufwendungen und Erträge einer Abrechnungsperiode, ohne Rücksicht darauf, ob sie **betriebsbedingt** oder **betriebsfremd** sind.

Die **Betriebsbuchführung** oder Kosten- und Leistungsrechnung ist **betriebsbezogen**. Sie erfaßt die eigentliche betriebliche Tätigkeit und weist durch Verrechnung der **Kosten** mit den **Leistungen** das **Betriebsergebnis** aus. Im **IKR** bildet die Kosten- und Leistungsrechnung mit der **Kontenklasse 9** den **Rechnungskreis II**.

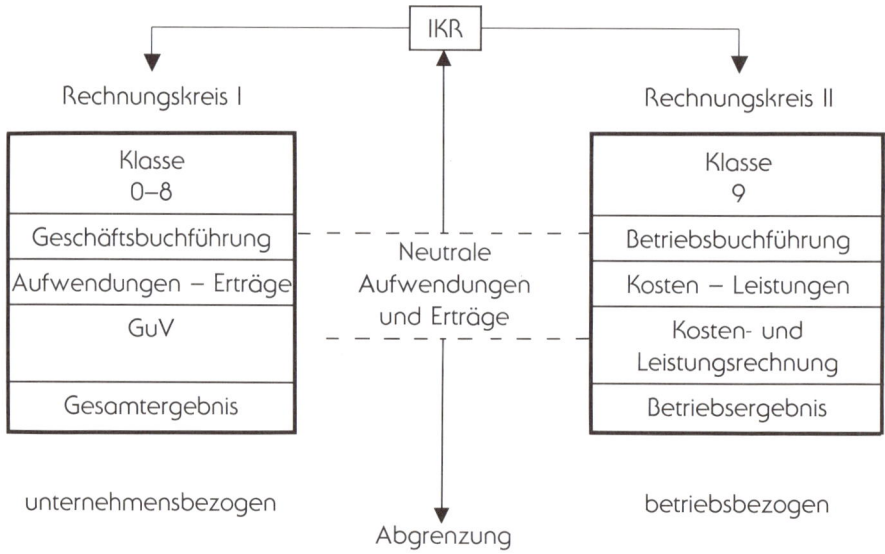

In der **Geschäftsbuchführung** (Rechnungskreis I) wird der gesamte Wertezufluß einer Abrechnungsperiode als **Ertrag** und der gesamte Werteverzehr als **Aufwand** bezeichnet. Die Differenz zwischen Ertrag und Aufwand ergibt das **Gesamtergebnis** (vgl. Kap. „Sachliche Abgrenzung der Aufwendungen und Erträge", S. 68 ff.). In der **Kosten- und Leistungsrechnung** wird der Wertezufluß aus der betrieblichen Tätigkeit als **Leistung** und der betriebliche Werteverzehr als **Kosten** bezeichnet. Die Differenz zwischen Leistungen und Kosten ist das **Betriebsergebnis**.

Die wesentliche Aufgabe der Kosten- und Leistungsrechnung (KLR) im Rechnungs-kreis II besteht darin, die anfallenden Kosten vollständig und richtig zu erfassen und sie mit den Leistungen zu verrechnen. Die Abgrenzungsrechnung hat die Aufgabe, aus den in der Geschäftsbuchführung des Rechnungskreises I erfaßten **gesamten Aufwendungen und Erträgen** die **neutralen** herauszufiltern, damit in der **Betriebs-ergebnisrechnung** nur die **betrieblichen Aufwendungen** (Grundkosten) als Kosten und die **betrieblichen Erträge** als Leistungen einfließen.

Für das Verständnis der Kosten/Leistungsrechnung ist eine kurze Klärung der Begriffe Aufwendungen und Kosten sowie Erträge und Leistungen erforderlich:

Die **Aufwendungen** sind der **gesamte Werteverzehr** in einem Unternehmen an Gütern, Diensten und Abgaben während einer Abrechnungsperiode. Nach der Verursachung lassen sich die Aufwendungen in **betriebliche** (betriebsbezogene) Aufwendungen und **neutrale** (unternehmensbezogene) Aufwendungen ein-teilen. Die **betrieblichen** Aufwendungen entstehen bei der betrieblichen Leistungs-herstellung. Sie stellen in der KLR die **Kosten** dar. Die neutralen Aufwendungen haben mit dem geplanten Betriebszweck nichts zu tun und sind von den betrieb-lichen Aufwendungen in der KLR abzugrenzen. **Neutrale** Aufwendungen sind ent-weder **betriebsfremd** (z. B. Verluste aus Wertpapiergeschäften), **außerordentlich** (z. B. Verluste aus Abgang von Anlagegegenständen) oder **periodenfremd** (z. B. Nachzahlungen).

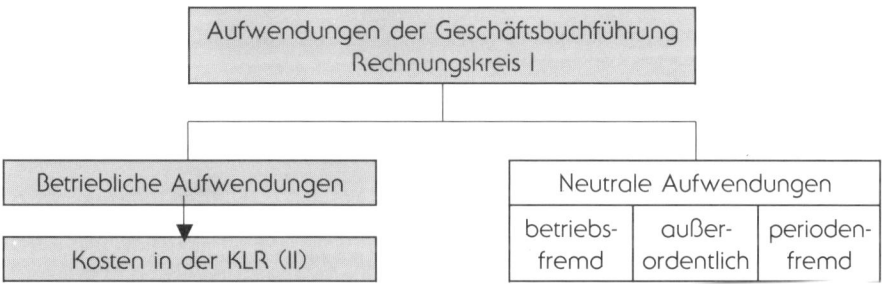

Die **Erträge** sind der **gesamte** erfolgswirksame **Wertezufluß** in einem Unternehmen innerhalb einer Abrechnungsperiode. Nach der Entstehung lassen sich die Erträge in **betriebliche** und **neutrale** Erträge einteilen. Die **betrieblichen** Erträge sind das Ergebnis der eigentlichen betrieblichen Leistungsherstellung. Sie werden in der KLR als **Leistungen** bezeichnet. Zu den Leistungen (vgl. „Buchungen im Leistungs-bereich", S. 209 ff.) des Betriebes zählen die Umsatzerlöse, Lagerleistungen und aktivierten Eigenleistungen. Die neutralen Erträge haben mit dem eigentlichen Betriebszweck nichts zu tun und sind von den Leistungen (KLR) abzugrenzen. **Neutrale** Erträge sind entweder **betriebsfremd** (z. B. Mieterträge, Zinserträge, Erträge aus Wertpapiergeschäften), **außerordentlich** (z. B. Erträge aus dem Verkauf von Anlagegegenständen) oder **periodenfremd** (z. B. Rückerstattungen).

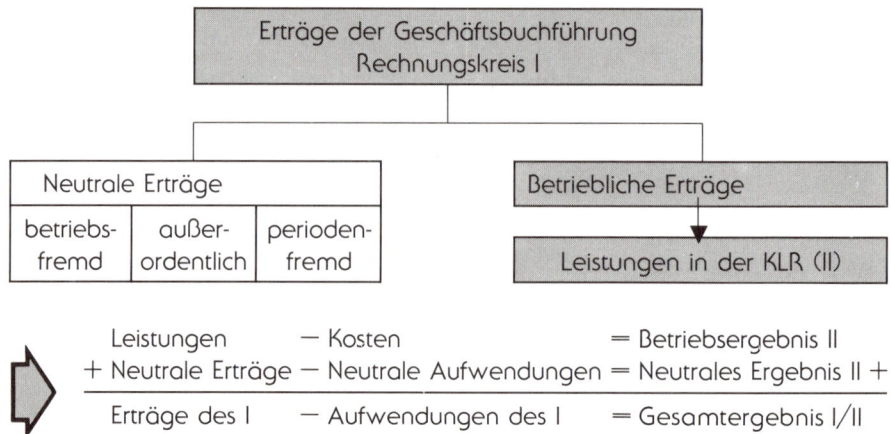

UNTERNEHMENSBEZOGENE ABGRENZUNGEN

Aufgabe der Abgrenzungsrechnung ist es, die **neutralen** Aufwendungen und Erträge aus den gesamten **Aufwendungen und Erträgen** der Geschäftsbuchführung (Rechnungskreis I) **herauszufiltern,** um sie von der KLR (Rechnungskreis II) fernzuhalten. Die Abgrenzungsrechnung ermöglicht es somit, im **Rechnungskreis II** sowohl das **betrieblich** als auch das **neutrale** Ergebnis zu ermitteln und beide Ergebnisse voneinander abzugrenzen.

Im **Rechnungskreis II** werden **neutrales** Ergebnis und **Betriebsergebnis** getrennt ausgewiesen. Die Summe der beiden Ergebnisse ergibt das Gesamtergebnis, welches mit dem Gesamtergebnis des Rechnungskreises I übereinstimmt.

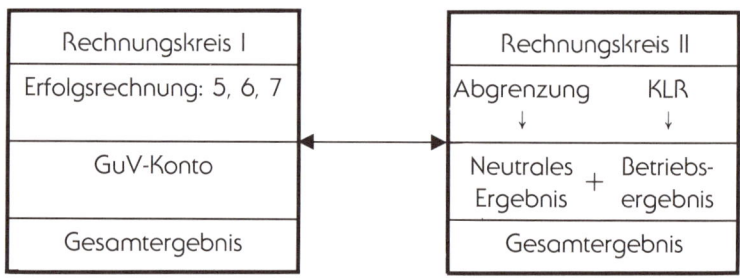

Die **Abgrenzungsrechnung** kann **buchhalterisch** über die Kontenklasse **9** des IKR oder **tabellarisch** durchgeführt werden. In der Praxis hat sich die tabellarische Form durchgesetzt, für die die **Ergebnistabelle** verwendet wird:

Ergebnistabelle

Rechnungskreis I			Rechnungskreis II			
Erfolgsbereich			Abgrenzungsbereich		Kosten- und Leistungsbereich	
Geschäftsbuchführung/ Klasse 5, 6, 7			Unternehmens- bezogene Abgren- zungen (betriebs- fremd) Gruppe 90		Betriebsergebnis- rechnung Gruppe 92	
Klasse 5, 6, 7	Aufwen- dungen 6–7	Erträge 5	neutrale Aufwen- dungen	neutrale Erträge	Kosten	Leistun- gen
Abgren- zung = Abstim- mung	Gesamtergebnis		=Ergebnis aus unter- nehmensbezogenen Abgrenzungen		+Betriebsergebnis	

BEISPIEL 91

Aus der Gewinn- und Verlustrechnung Fa. Troup, Kleiderfabrikation, ist eine Ergebnistabelle zur Ermittlung des Gesamtergebnisses, des Abgrenzungsergebnisses und des Betriebsergebnisses zu erstellen!

Soll	Aufwendungen	Gewinn- und Verlust	Erträge	Haben
600 Aufwendungen für Rohstoffe	300.000,–	500 Umsatzerlöse		1.720.500,–
620 Löhne	798.000,–	51 Umsatzerlöse HW		200.000,–
630 Gehälter	401.000,–	52 Mehrbest. an UE		42.000,–
64 Sozialabgaben	185.000,–	53 Eigenleistung		31.500,–
652 Abschreibung an Maschinen	92.500,–	560 Erträge aus Finanzanlagen		8.200,–
740 Abschreibung an WP d. AV	31.200,–	57 Zins-Diskonterträge		4.100,–
696 Verluste a. Anlageab.	55.600,–	540 Erträge aus Vermietung		5.200,–
700/770 Gewerbesteuer	22.400,–	578 Kursgew. Verk. v. WP		1.900,–
670 Aufwendungen für Miete	4.900,–			
687 Aufwendungen für Werbung	12.000,–			
Jahresgewinn	110.500,–			
	2.013.400,–			2.013.400,–

Ergebnistabelle

	Rechnungskreis I		Rechnungskreis II			
IKR	Erfolgsbereich		Abgrenzungsbereich		Kosten- und Leistungsbereich	
	Geschäftsbuchführung Klasse 5, 6, 7		Unternehmensbezogene Abgrenzungen Gruppe 90		Betriebsergebnisrechnung Gruppe 92	
Konto-Nr.	Aufw.	Erträge	neutrale Aufw.	neutrale Erträge	Kosten	Leistungen
500		1.720.500,–				1.720.500,–
51		200.000,–				200.000,–
52		42.000,–				42.000,–
53		31.500,–				31.500,–
560		8.200,–		8.200,–		
57		4.100,–		4.100,–		
540		5.200,–		5.200,–		
578		1.900,–		1.900,–		
60	300.000,–				300.000,–	
620	798.000,–				798.000,–	
630	401.000,–				401.000,–	
64	185.100,–				185.000,–	
652	92.500,–				92.500,–	
740	31.200,–		31.200,–			
696	55.600,–		55.600,–			
700/770	22.400,–				22.400,–	
670	4.900,–				4.900,–	
687	12.200,–				12.200,–	
	1.902.900,– 110.500,–	2.013.400,–	86.800,–	19.400,– 67.400,–	1.816.100,– 177.900,–	1.994.000,–
	2.013.400,–	2.013.400,–	86.800,–	86.800,–	1.994.000,–	1.994.000,–
	Gesamtgewinn: 110.500,– = Neutraler Verlust: 67.400,– – Betriebsgewinn: 177.900,–					

Abstimmung der Rechnungskreise I und II

1. Gesamtergebnis im Rechnungskreis I   110.500,–
2. Neutrales Ergebnis (II)   − 67.400,–
3. Betriebsergebnis (II)   177.900,–
4. Gesamtergebnis im Rechnungskreis II   110.500,–

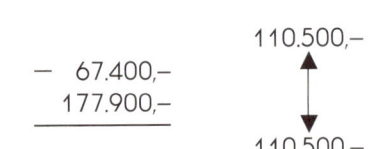

BETRIEBSBEZOGENE ABGRENZUNGEN

Es gibt bestimmte Aufwendungen der Geschäftsbuchführung, die zwar betriebsbezogen sind, deren Höhe oder Berechnungsmethode jedoch nicht den Anforderungen der Kosten- und Leistungsrechnung entsprechen. Sie bedürfen einer **kosten-**

rechnerischen Korrektur. Diese Korrektur geschieht in einem **zweiten Filter** der **Abgrenzungsrechnung**, den „**Kostenrechnerischen Korrekturen**". Zu den korrektur-bedürftigen Aufwendungen der Geschäftsbuchführung zählen z. B. die Abschreibungen auf Sachanlagen. So wird die Höhe der Abschreibungen auf Sachanlagen in der Geschäftsbuchführung weitgehend von steuerlichen Erwägungen bestimmt. Dies führt zu nicht verursachungsgerechten und schwankenden Abschreibungsbeträgen. In der Kosten- und Leistungsrechnung sollten die Abschreibungsbeträge jedoch gleichbleibend sein und die tatsächliche Wertminderung der Anlagen berücksichtigen, um einen möglichst aussagefähigen Kostenvergleich vornehmen zu können. In der KLR erscheinen daher statt der bilanzmäßigen die kalkulatorischen Abschreibungen. Den **tatsächlichen Aufwendungen** werden in der **KLR die ermittelten kalkulatorischen Kosten** gegenübergestellt. Die **Differenz** ergibt das zweite neutrale Teilergebnis, das „**Ergebnis aus kostenrechnerischen Korrekturen**". In der KLR kennen wir kostenrechnerische Korrekturen durch:

- Kalkulatorische Kosten
- Verrechnungspreise
- periodengerechte Verteilung der Kosten

Für das Verständnis der kalkulatorischen Kosten ist es notwendig, die Begriffe **Grundkosten, Anderskosten** und **Zusatzkosten** zu klären.

Grundkosten sind die **betrieblichen Aufwendungen** der Geschäftsbuchführung (vgl. Kap. „Aufgabe der Abgrenzungsrechnung", S. 222 ff.) und decken sich daher mit der KLR. Diese Kostenarten werden als **aufwandsgleiche Kosten** oder Grundkosten bezeichnet.

Anderskosten sind Kosten, denen auch ein Aufwand in der Geschäftsbuchführung gegenübersteht, die aber für die KLR ungeeignet sind und deshalb mit einem anderen Wert in der KLR angesetzt werden. Dazu gehören die **kalkulatorischen Abschreibungen** auf das Anlagevermögen und die **kalkulatorischen Wagnisse**. Diese Kosten sind **aufwandsungleiche Kosten**.

Zusatzkosten liegt kein Aufwand in der Geschäftsbuchführung zugrunde, da mit ihnen **keine Geldausgaben** verbunden sind. Die **Zusatzkosten** stellen jedoch einen leistungsbedingten Werteverzehr dar und **müssen** deshalb in der **KLR berücksichtigt werden**. Zu diesen Kosten zählen der **kalkulatorische Unternehmerlohn** bei Einzelunternehmungen und Personengesellschaften, die **kalkulatorischen Zinsen** und die **kalkulatorische Miete**. Bei den Zusatzkosten handelt es sich um **aufwandslose Kosten**.

Kalkulatorische Kostenarten	
Anderskosten	**Zusatzkosten**
• Kalkulatorische Abschreibungen • Kalkulatorische Wagnisse	• Kalkulatorischer Unternehmerlohn • Kalkulatorische Eigenkapitalzinsen • Kalkulatorische Miete

Kalkulatorische Kosten berühren lediglich den Rechnungskreis II und sorgen dafür, daß nur der Werteverzehr eingebracht wird, der tatsächlich entstanden ist. Schwankungen der Kosten, die durch unterschiedliche Abschreibungen, Fremdkapitalzinsen und unregelmäßig anfallende Wagnisverluste entstehen, werden durch kalkulatorische Kosten, die immer konstant sind, ausgeschaltet.

Die Verrechnung des Materialverbrauchs in der KLR zu konstanten Verrechnungspreisen gleicht der Verrechnung kalkulatorischer Kosten. Durch feste Verrechnungspreise werden Preisschwankungen im Kostenvergleich ausgeschaltet. In der KLR ist der Kostenanfall periodengerecht zu erfassen. Das wird erreicht, indem man eine unregelmäßig auftretende Ausgabe der Geschäftsbuchführung in der KLR zu gleichen Beträgen auf die Monate verteilt, für die sie anfällt. Beispiel: Vor- und Nachverteilung von Versicherungsprämien.

Die kostenrechnerischen Korrekturen beeinflussen lediglich das Betriebsergebnis und das neutrale Ergebnis, nicht aber das Gesamtergebnis der Unternehmung. Aufwendungen der Geschäftsbuchführung, die zwar betrieblich sind, jedoch mit anderen Werten in der KLR anzusetzen sind, werden in den Abgrenzungsbereich „Kosten- und leistungsrechnerische Korrekturen" übernommen. Ihnen werden die entsprechenden Kosten aus der KLR gegenübergestellt.

Ergebnistabelle

Rechnungskreis I		Rechnungskreis II			
Erfolgsbereich		Abgrenzungsbereich			Kosten- und Leistungsbereich
Geschäfts-buchführung Klasse 5, 6, 7		Unternehmens-bezogene Ab-grenzungen (betriebsfremd) Gruppe 90		Kosten- und leistungsrechn. Korrekturen (a. o. betriebsbezogen) Gruppe 91	Betriebsergebnis-rechnung KLR Gruppe 92
Aufwen-dungen	Erträge	neutrale Aufw.	neutrale Erträge	Aufwen-dungen | Erträge	Kosten | Leistun-gen
Gesamtergebnis =		Ergebnis aus unternehmens-bezogenen Abgrenzungen	+	Ergebnis aus betriebs-bezogenen Abgrenzungen	+ Betriebsergebnis

ÜBERBLICK

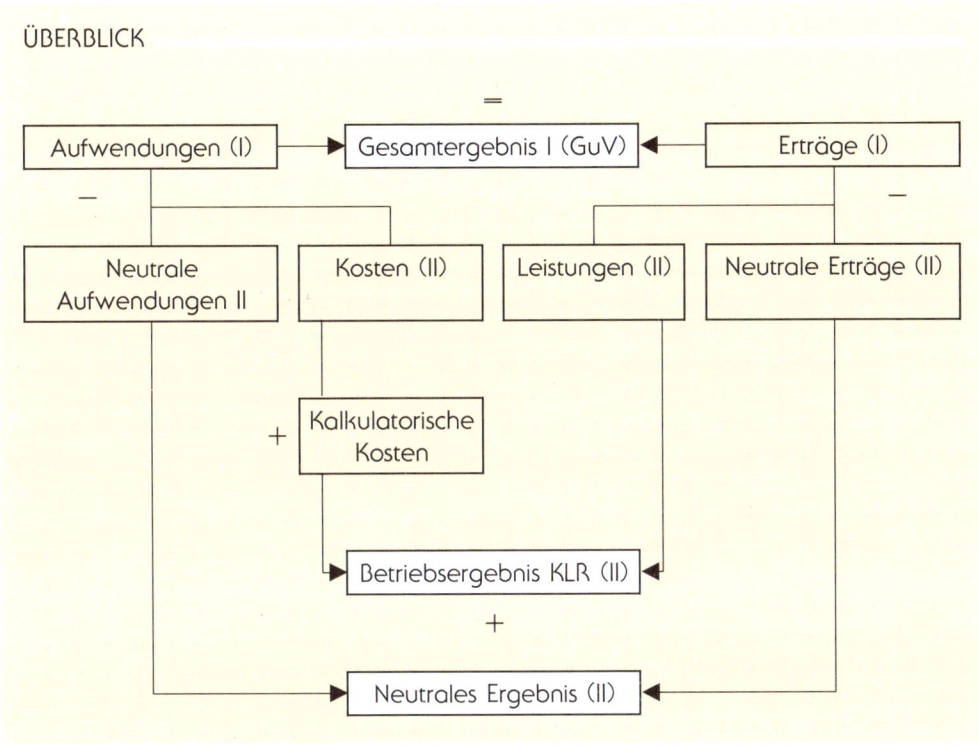

Die Gewinn- und Verlustrechnung eines Industrieunternehmens weist folgende Beträge aus:

500	Umsatzerlöse	883.000,–
52	Mehrbestand an Fertigerzeugnissen	32.100,–
53	Andere aktivierte Eigenleistungen	37.600,–
56	Erträge aus Wertpapieren des Anlagevermögens	9.800,–
571	Zinserträge	14.130,–
546	Erträge aus dem Abgang von Anlagegegenständen	57.300,–
548	Erträge aus der Auflösung von Rückstellungen	21.400,–
540	Erträge aus Vermietung und Verpachtung	5.100,–
60	Aufwendungen für Roh-, Hilfs- und Betriebsstoffe	143.100,–
620	Löhne	211.200,–
630	Gehälter	114.300,–
640	Soziale Abgaben	51.600,–
652	Abschreibungen auf Sachanlagen	81.500,–
69	Konkursverluste (auf Grund von EWB)	18.600,–
696	Verluste aus dem Abgang von Anlagegegenständen	8.900,–
751	Zinsaufwendungen	1.890,–
70	Betriebssteuern	24.100,–
616	Reparaturen	21.200,–

692 Versicherungen, Beiträge	21.200,–
69 Sonstige Aufwendungen	2.750,–

Aus der Kosten- und Leistungsrechnung liegen folgende Angaben vor:
Der Stoffeverbrauch wird wegen der schwankenden Anschaffungskosten
zu festen Verrechnungspreisen angesetzt. Der so bewertete Verbrauch von

Roh-, Hilfs- und Betriebsstoffen beträgt	130.000,–
Der kalkulatorische Unternehmerlohn beträgt	65.000,–
Die kalkulatorischen Zinsen für das betriebsnotwendige Kapital betragen	19.700,–
Für Garantieverpflichtungen werden als kalkulatorische Wagniszuschläge in Ansatz gebracht	15.600,–
Die kalkulatorischen Abschreibungen betragen auf die Sachanlagen	75.600,–
Unter den Löhnen sind gezahlte Urlaubslöhne	37.800,–
Davon kamen in der KLR zur Verrechnung	41.500,–

Das Gesamtergebnis der Unternehmung, das neutrale Ergebnis und das Betriebsergebnis
sind in der Ergebnistabelle zu ermitteln!

Ergebnistabelle

Konto-Nr.	Rechnungskreis I Erfolgsbereich/GB		Rechnungskreis II						
			Abgrenzungsbereich				KLR Betriebsergebnisrechnung Gruppe 92		
			Unternehmensbez. Abgr. Gruppe 90		Kostenrechn. Korr. Gruppe 91				
	Aufwendungen	Erträge	Neutrale Aufwendungen	Neutrale Erträge	Aufwendungen lt. GB	Verr. Kosten lt. KLR	Kosten	Leistungen
50		883.000,–						883.000,–
52		32.100,–						32.100,–
53		37.600,–						37.600,–
56		9.800,–		9.800,–				
571		14.130,–		14.130,–				
546		57.300,–		57.300,–				
548		21.400,–		21.400,–				
540		5.100,–		5.100,–				
60	143.100,–				143.000,–	130.000,–	130.000,–	
620	173.400,–						173.400,–	
Urlaubslöhne	37.800,–				37.800,–	41.500,–	41.500,–	
630	114.300,–						114.300,–	
640	51.600,–						51.600,–	
652	81.500,–				81.500,–	75.600,–	75.600,–	
69	18.600,–	18.600,–	18.600,–					
696	8.900,–	8.900,–	8.900,–					
751	1.890,–				1.890,–	19.700,–	19.700,–	
70	24.100,–						24.100,–	
616	21.200,–						21.200,–	
692	21.200,–						21.200,–	
69	2.750,–	2.750,–	2.750,–					
Untern.-löhne						65.000,–	65.000,–	
Wagn.						15.600,–	15.600,–	
	700.340,– 360.090,–	1.060.430,–	30.250,– 77.480,–	107.730,–	264.290,– 83.110,–	347.400,–	753.200,– 199.500,–	952.700,-
	1.060.430,–	1.060.430,–	107.730,–	107.730,–	347.400,–	347.400,–	952.700,–	952.700,–
	Gesamtgewinn: 360.090,–		= Ergebnis aus unternehmensbezogenen Abgrenzungen: 77.480,–		+ Ergebnis aus kostenrechnerischen Korrekturen: 83.110,–		+ Betriebsgewinn: 199.500,–	

Abstimmung der Rechnungskreise I und II

1. Gesamtergebnis im Rechnungskreis I		360.090,–
2. Ergebnis aus unternehmensbezogenen Abgrenzungen	77.480,–	
3. Ergebnis aus kostenr. Korrektur	83.110,–	
4. Neutrales Ergebnis (Zeile 2 + 3)	160.590,–	
5. + Betriebsergebnis	199.500,–	
6. Gesamtergebnis im Rechnungskreis II		360.090,–

Bewertung zum Jahresabschluß

Im Kapitel „Jahresabschluß der Unternehmung" wurden die wichtigsten Grundsätze und Regeln der handelsrechtlichen Bewertungsvorschriften behandelt. Da die Handelsbilanz auch für die Steuerbilanz maßgeblich ist – soweit nicht steuerrechtliche Vorschriften zu einer anderen Bewertung zwingen –, konnte im Kapitel über „Bewertungsgrundsätze" auf Bewertungsprobleme in der Steuerbilanz verzichtet werden.

In diesem Kapitel soll in einer **Bewertungsübersicht** auf die Bewertungsmaßstäbe in Handels- und Steuerbilanz hingewiesen und an einer zusammenfassenden Aufgabe kurz problematisiert und dargestellt werden.

Für die Bewertung in der Bilanz kommen folgende **Wertmaßstäbe** in Betracht:

Anschaffungskosten: vgl. Kap. „Wertansätze in der Bilanz", S. 111

Herstellungskosten: vgl. Kap. „Wertansätze in der Bilanz", S. 111

Tageswert: vgl. Kap. „Wertansätze in der Bilanz", S. 111

Teilwert

Teilwert ist ein **steuerlicher** Wertbegriff, der im §6 EStg so definiert wird:

„Teilwert ist der Betrag, den ein Erwerber des ganzen Betriebes im Rahmen des Gesamtkaufpreises für das einzelne Wirtschaftsgut ansetzen würde; dabei ist davon auszugehen, daß er den Betrieb fortführt."

In der Rechtsprechung entspricht der Teilwert im Zeitpunkt der Beschaffung den Anschaffungs- bzw. Herstellungskosten des Anlagegutes, beim Umlaufvermögen und nicht abnutzbaren Anlagevermögen in der Regel dem Tageswert zum Bilanzstichtag. Eine allgemein gültige Regel für die Berechnung des Teilwertes gibt es nicht, da es sich hier um einen fiktiven Wert handelt, der sich kaum berechnen läßt.

Bewertungsübersicht:

1. Das abnutzbare Anlagevermögen ist zu den **fortgeführten Anschaffungs- bzw. Herstellungskosten** anzusetzen.
   Die AfA ist **planmäßig** vorzunehmen. **Außerplanmäßige Abschreibungen** können vorgenommen werden, um die Anlagegegenstände mit einem noch niedrigeren Wert, der steuerlich zulässig ist (z. B. bei **Sonderabschreibungen**), anzusetzen.
2. Das nicht abnutzbare Anlagevermögen (Grund und Boden, Finanzanlagen) ist zu den **Anschaffungskosten** zu bewerten. Bei **vorübergehender Wertminderung** kann der niedrigere Wert zum Bilanzstichtag angesetzt werden (**gemildertes Niederstwertprinzip**). Er muß jedoch bei **dauernder Wertminderung** berücksichtigt werden (**strenges Niederstwertprinzip**).
3. Für das **Umlaufvermögen** gilt das **strenge Niederstwertprinzip**.
4. **Forderungen** sind mit dem **wahrscheinlichen** Wert anzusetzen. Es sind **Einzel- und Pauschalwertberichtigungen** vorzunehmen. Uneinbringliche Forderungen sind direkt abzuschreiben.

5. **Rückstellungen** sind nur in Höhe des Betrages anzusetzen, der nach vernünftiger kaufmännischer Beurteilung notwendig ist.

6. **Besitzwechsel** sind zum Bilanzstichtag **mit dem Barwert** anzusetzen (wegen des Höchstwertprinzips nicht dagegen Schuldwechsel!).

7. **Verbindlichkeiten** sind mit dem höheren Rückzahlungsbetrag (Höchstwertprinzip!) anzusetzen. Das Damnum bzw. Disagio (Abgeld) ist planmäßig abzuschreiben.

8. Alle übrigen Vermögens- und Kapitalposten sind mit dem **Nennwert** in die Bilanz einzusetzen.

9. **Privatentnahmen** und **Privateinlagen** sind grundsätzlich mit dem **Tageswert** (Teilwert) anzusetzen.

Grundsätzlich gilt für die Handels- und Steuerbilanz das **Imparitätsprinzip** als Ausdruck **kaufmännischer Vorsicht**:

– Nicht realisierte Gewinne dürfen nicht ausgewiesen werden!
– Nicht realisierte Verluste müssen ausgewiesen werden!

BEWERTUNG DER VORRÄTE

Grundsätzlich gilt für die Bewertung der Vorräte der Bewertungsgrundsatz der **Einzelbewertung**; (§ 252 [1] Ziffer 3 HGB).

Da die Einzelbewertung der Vorräte sehr schwierig ist – der Einkauf erfolgt zu verschiedenen Zeitpunkten und zu unterschiedlichen Preisen – erlaubt der Gesetzgeber bei gleichartigen Vorräten die **Sammel- oder Gruppenbewertung** in Form einer **Durchschnittsbewertung** oder **Verbrauchsfolgebewertung** (§§ 249 [4], 256 HGB).

BEISPIEL 93

	Menge	Anschaffungskosten je Einheit	Gesamtwert
1. 1. Anfangsbestand	4.000 Stück	40,– DM	160.000,– DM
10. 3. Zugang	10.000 Stück	50,– DM	500.000,– DM
20. 5. Zugang	8.000 Stück	55,– DM	440.000,– DM
20. 7. Zugang	20.000 Stück	40,– DM	800.000,– DM
10.12. Zugang	5.000 Stück	45,– DM	225.000,– DM
	47.000 Stück		2.125.000,– DM

Endbestand am 31.12.   8.000 Stück

a) **Durchschnittsbewertung gemäß § 240 (4) HGB**

$$\text{Durchschnittliche Anschaffungskosten} = \frac{\text{Warenwert des AB und der Zugänge}}{\text{Menge aus AB + Zugänge}}$$

$$\frac{2.125.000}{47.000} = 45,12 \text{ DM}$$

Wertansatz: Endbestand 8.000 Stück à 45,12 = 360.960,– DM

b) Verbrauchsfolgebewertung gemäß § 256 HGB

Die zeitliche Reihenfolge der Zu- und Abgänge bildet die Grundlage für die Bewertung von gleichartigen Vorräten bei unterschiedlichen Anschaffungskosten. Nach der unterstellten Verbrauchsfolge sind die Lifo-, Fifo- und Hifo-Methode zu unterscheiden:

Lifo-Methode

„Last in – first out" – Waren, die zuletzt eingekauft worden sind, werden zuerst wieder verbraucht oder verkauft. Mit dieser Annahme wird gleichzeitig unterstellt, daß der Schlußbestand aus dem Anfangsbestand sowie den ersten Zugängen zu bewerten ist.
Die Bewertung nach o. g. Beispiel:

4.000 Stück zu 40,– DM = 160.000,– DM
4.000 Stück zu 50,– DM – 200.000,– DM

8.000 Stück Endbestand = 360.000,– DM
Bilanzansatz pro Stück   =   45,– DM

Fifo-Methode

„First in – first out" – Waren, die zuerst eingekauft worden sind, werden zuerst wieder verbraucht oder verkauft. Der Endbestand stammt daher aus den letzten Zugängen und ist dementprechend zu bewerten.

5.000 Stück zu 45,– DM = 225.000,– DM
3.000 Stück zu 40,– DM – 120.000,– DM

8.000 Stück Endbestand = 345.000,– DM
Bilanzansatz pro Stück   =   43,125 DM

Hifo-Methode

„Highest in – first out" – Die am teuersten eingekauften Waren werden zuerst wieder verbraucht oder verkauft. Der Endbestand wird somit mit den niedrigsten Preisen bewertet.

8.000 Stück zu 40,– DM = 320.000,– DM
Bilanzansatz pro Stück   =   40,– DM

Handelsrechtlich sind **alle Sammelbewertungsverfahren** zulässig, sofern ihre Ergebnisse **nicht gegen das Niederstwertprinzip** verstoßen.
Steuerrechtlich ist nur die **Durchschnittsbewertung** zulässig.
Die Lifo-Methode darf in Ausnahmefällen angewandt werden z. B. Koks, Sand aus der Art der Lagerung.

Anhang

(Lösungen)

Lösungen:

1. a) = Betriebsbuchhaltung
   b) = Betriebsbuchhaltung
   c) = Geschäftsbuchhaltung
   d) = Geschäftsbuchhaltung
   e) = Betriebsbuchhaltung
2. c), e)
3. Inventur (Vorgang) Inventar (Verzeichnis – drei Teile)
4. a) (P) b) (P) c) (A) d) (A) e) (P)
5. Inventar siehe Beispiel

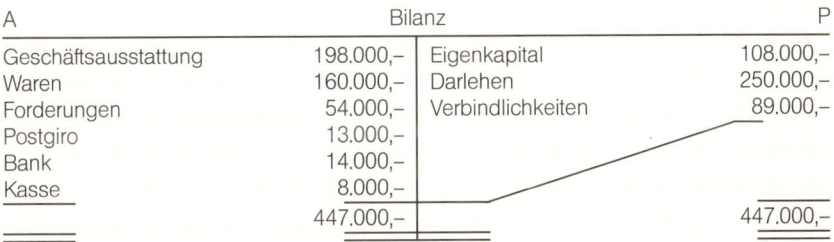

A	Bilanz		P
Geschäftsausstattung	198.000,–	Eigenkapital	108.000,–
Waren	160.000,–	Darlehen	250.000,–
Forderungen	54.000,–	Verbindlichkeiten	89.000,–
Postgiro	13.000,–		
Bank	14.000,–		
Kasse	8.000,–		
	447.000,–		447.000,–

6. Vermögen 447.000,– = Eigenkapital 108.000,– + Fremdkapital 339.000
   Eigenkapital 108.000,– = Vermögen 447.000,– – Fremdkapital 339.000
   Fremdkapital 339.000,– = Vermögen 447.000,– – Eigenkapital 108.000
7. AB Passivkonten Haben
   ZG Aktivkonten Soll
   AG Aktivkonten Haben
   EB Passivkonten Soll
   AG Passivkonten Soll
   AB Aktivkonten Soll
   EB Aktivkonten Haben
   ZG Passivkonten Haben
8. a) Kasse an Postgirokonto
   b) Darlehen an Bank
   c) Geschäftsausstattung an Kasse
   d) Forderungen an Warenverkauf
   e) Bank an Forderungen

9. a) Bank an Kasse
   b) Bank an Darlehen
   c) Waren an Verbindlichkeiten
   d) Verbindlichkeiten an Kasse
                      Bank
   e) Verbindlichkeiten an Darlehen
   f) Kasse an Eigenkapital
10. a) Warenverkauf auf Ziel
    b) Tilgung des Darlehens durch Banküberweisung
    c) Wareneinkauf auf Ziel
    d) Kauf von Einrichtungsgegenständen durch Banküberweisung
    e) Einlage des Inhabers durch Banküberweisung
    f) Kunde zahlt bar
    g) Tilgung des Darlehens durch Postüberweisung
11. a) EV b) BV c) BV d) EV e) BV f) BV g) EV h) EV
12. a) Bank   an Provisionserträge   6.000,–
    b) Kosten für Werbung und Reisen an Kasse   4.000,–
    c) Bank   an Zinserträge   3.000,–
    d) Allgemeine Verwaltungskosten an Kasse   1.000,–
    e) Bank   an Haus- u. Grundstückserträge   500,–

S		GuV		H
AVK	1.000,–	PE		6.000,–
Werbung	4.000,–	Zinserträge		3.000,–
Eigenkapital	4.500,–	HuGerträge		500,–
	9.500,–			9.500,–

13. a) Wareneinkauf   an Verbindlichkeiten   6.500,–
    b) Bank   an Forderungen   13.000,–
    c) Mietaufwand   an Bank   9.000,–
    d) Bank   an Zinserträge   14.000,–
    e) Darlehen   an Bank   8.000,–
    f) BGA   an Kasse   2.500,–
    g) Postgiro   an Kasse   800,–
    h) Gehälter   an Bank   1.200,–
    i) Kasse   an Bank   1.000,–
    j) Verbindlichkeiten an Bank   4.300,–

S		GuV		H
Gehälter	1.200,–	Zinserträge		14.000,–
Miete	9.000,–			
EK	3.800,–			
	14.000,–			14.000,–

A	Schlußbilanz		P
Bebaute Grundstücke	120.000,–	Eigenkapital	83.800,–
GA	87.500,–	Darlehen	202.000,–
Waren	6.500,–	Verbindlichkeiten	98.200,–
Forderungen	121.000,–		
Bank	23.800,–		
Postgiro	800,–		
Kasse	24.400,–		
	384.000,–		384.000,–

14.

S	301 Wareneingang		H
Verbindlichkeiten	6.000,–	GuV	14.000,–
Kasse	5.000,–		
	14.000,–		14.000,–

S	801 Warenverkauf		H
GuV	15.500,–	Forderungen	9.000,–
		Bank	6.500,–
	15.500,–		15.500,–

S	141 Vorsteuer		H
Verbindlichkeiten	840,–	USt	1.540,–
Kasse	700,–		
	1.540,–		1.540,–

S	181 Umsatzsteuer		H
VS	1.540,–	Forderungen	1.260,–
SBK	630,–	Bank	910,–
	2.170,–		2.170,–

15.

a)	301	4.000,–			
	141	560,–	an	17	4.560,–
b)	13		an	10	6.000,–
c)	10	8.550,–	an	801	7.500,–
				181	1.050,–
d)	13	6.840,–	an	801	6.000,–
				181	840,–
e)	17		an	15	3.200,–
f)	301	2.000,–			
	141	280,–	an	15	2.280,–

S		93 GuV		H
WE		10.000,–	WV	13.500,–

A		Schlußbilanz		P
Geschäftsausstattung		40.000,–	EK	103.500,–
Warenbestände		56.000,–	Verbindlichkeiten	71.360,–
Forderungen		82.550,–	Mehrwertsteuer	1.050,–
Kasse		14.520,–	Bank	17.160,–
		193.070,–		193.070,–

16.		141		an	301	840,–
		801		an	181	1.050,–
17.	a)	033	300,–			
		141	42,–	an	15	342,–
	b)	10	5.700,–	an	801	5.000,–
					181	700,–
	c)	45	2.000,–			
		141	280,–	an	13	2.280,–
	d)	15	114,–	an	033	100,–
					181	14,–
	e)	481	300,–			
		141	42,–	an	15	342,–
	f)	301	4.000,–			
		141	560,–	an	13	4.560,–
	g)	033	150,–			
		141	21,–	an	132	171,–
	h)	462	200,–			
		141	28,–	an	15	228,–
18.	a)	15	4.423,20			
		808	120,–			
		181	16,80	an	10	4.560,–
	b)	17	684,–	an	306	600,–
					141	84,–
	c)	17	13.680,–	an	307	12.000,–
					141	1.680,–
	d)	17	9.120,–	an	13	8.937,60
					308	182,40
	e)	308		an	141	22,40
	f)	808	3.500,–			
		181	490,–	an	10	3.990,–
19.		181		an	807	840,–
		307		an	141	784,–

20. a) 161   969,–   an 871   850,–
                                181   119,–
    b) 161   136,80 an 872   120,–
                                 181   16,80
    c) 15   an 162   6.000,–
    d) 161   an 15   150,–
    e) 161   228,–   an 872   200,–
                                 181   28,–

21.

	K	L	n. A.	n. E.
a)			x	
b)	x			
c)	x			
d)			x	
e)				x
f)				x
g)			x	
h)		x		

22. Nach dem Großhandelskontenrahmen: b.) c.)
23. Siehe entsprechendes Kapitel.
24. a) 17   an 176   3.500,–
    b) 13   5.829,–
      213   150,–
      181   21,– an 153   6.000,–
    c) 153   an 10   5.000,–
    d) 176   5.200,–
      486   34,– an 13   5.234,–
    e) 153   4.560,– an 801   4.000,–
                                 181   560,–
    f) 10   114,– an 261   100,–
                                 181   14,–
    g) 154   an 153   4.000,–
    h) 15   an 153   3.500,–
    i) 486   an 15   5,40
    j) 213   80,–
      141   11,20 an 17   91,20
25.   402   2.770,– an 13   2.040,87
                                 191   244,17
                                 192   484,96
      404   an 192   484,96
26.   402   2.755,– an 13   1.969,65
                                 191   237,77
                                 192   495,58
                                 195   52,–
      404   an 192   495,58

27.		Lohn-steuer	Kirchen-steuer	Sozialver-sicherung	Netto-gehalt	AG-Anteil
	Müller	123,50	9,88	514,35	2.132,27	514,35
	Kunz	393,83	31,51	511,02	1.823,64	511,02
	Schulz	225,08	18,01	511,84	2.010,57	511,84

```
        402   8.305,50  an   13   5.966,48
                             191     801,81
                             192   1.537,21
        404             an   192   1.537,21
28. a)  181             an    13   6.700,–
    b)  161   5.600,–
        423   2.300,–  an    13   7.900,–
    c)  421   3.760,–
        422   2.100,–  an    15   5.860,–
    d)  191             an    13  14.700,–
```

29.

	GuV	SBK	EK	
a)			x	(falls auf Konto 161 gebucht, und keine juristische Person)
b)		x		
c)		x		
d)			x	(falls auf Konto 161 gebucht, und keine juristische Person)
e)	x			
f)		x		
g)	x			
h)	x			
i)		x		

30. c), i)   31. b), e), g), h)

32.

	S.F.	S.V.	ARAP	PRAP
a)		x		
b)				x
c)			x	
d)	x			

33.
a) Miete   an Sonstige Verbindlichkeiten   800,–
b) Sonstige Forderungen   an Zinserträge   760,–
c) Gebühren, Beiträge   an Sonstige Verbindlichkeiten   240,–
d) ARAP   an Kosten des Fuhr- und Wagenparks   270,–
e) Zinsaufwendungen   an Sonstige Verbindlichkeiten   400,–
f) ARAP   an Miete   1.600,–
g) Sonstige Forderungen   an Zinserträge   1.500,–
h) ARAP   an AVK   150,–
i) Haus- und Grundstückserträge an PRAP   600,–
j) ARAP   an Zinsaufwendungen   300,–

k) ARAP   an Haus- und Grundstücksaufwendungen   200,–

l) Steuern   an Sonstige Verbindlichkeiten   870,–

34.   AVK   an Rückstellungen   4.500,–

35. a) Rückstellungen   4.500,– an Bank   3.900,–

                                    außerordentliche Erträge   600,–

    b) Rückstellungen   4.500,–

       außerordentlicher Aufwand   600,– an Bank   5.100,–

    c) Rückstellungen   4.500,– an Bank   4.500,–

36. Siehe entsprechendes Kapitel.

37.

Anteile	4%	Rest	Gesamt
A 40.000,–	1.600,–	4.000,–	5.600,–
B 20.000,–	800,–	4.000,–	4.800,–
C 50.000,–	2.000,–	4.000,–	6.000,–
	4.400,–	12.000,–	16.400,–

GuV   an Kapital A   5.600,–

GuV   an Kapital B   4.800,–

GuV   an Kapital C   6.000,–

Kapital A   an SBK   43.600,–

Kapital B   an SBK   23.300,–

Kapital C   an SBK   55.500,–

38. GuV   an gesetzliche Rücklagen   60.000,–

GuV   an freie Rücklagen   35.000,–

GuV   an Bilanzgewinn   1.105.000,–

Bilanzgewinn   an Gewinnverwendung   1.105.000,–

Gewinnverwendung an Dividendenkonto   400.000,–

Gewinnverwendung an Tantiemen   60.000,–

Gewinnverwendung an Gewinnvortrag   645.000,–

Gewinnvortrag   an SBK   645.000,–

39. Siehe entsprechende Kapitel.

40. a)   26.340,– DM

    b)   16.600,– DM

    c)   60.000,– DM

    d)   18.000,– DM

    e) 268.800,– DM

    f)   42.000,– DM

41. a) –

    b) –

    c) nicht realisierte Verluste

    d) nicht realisierte Gewinne

    e) nicht realisierte Gewinne

    f) nicht realisierte Verluste

42. Siehe entsprechendes Kapitel.

43. 9.000,– DM 100% – 30 – 21 (30% v. 70) – 14,7 (30% v. 49)
    = 34,3% = 3.087,– DM
    = 100 % = 9.000,– DM

44. a) 580.000,– DM + 25.000,– DM = 605.000,– DM
    b) Anschaffungskosten   605.000,– DM
       – Grundstückswert   117.000,– DM (780 x 150,– DM)

       Gebäudewert   488.000,– DM
       – 40% (20 x 2%)   195.200,– DM

       Gebäudewert nach 20 Jahren   292.800,– DM
       + Grundstückswert   117.000,– DM

       Restbuchwert   409.800,– DM
    c) Haus- und Grundstücksaufwendungen an
                                      Bebaute Grundstücke 9.760,–
       Haus- und Grundstücksaufwendungen an
                                      Wertberichtigungen auf Gebäude 9.760,–

45.

	lineare Abschreibung:	degessive Abschreibung:
Anschaffungswert	50.000,–	50.000,–
– AfA	4.000,–	10.000,–
= Restbuchwert	46.000,–	40.000,–
– AfA	4.000,–	8.000,–
= Restbuchwert	42.000,–	32.000,–
– AfA	4.000,–	6.400,–
= Restbuchwert	38.000,–	25.600,–
– AfA	4.000,–	5.120,–
= Restbuchwert	32.000,–	20.480,–
– AfA	4.000,–	4.096,–
= Restbuchwert nach 5 Jahren	28.000,–	16.384,–

46. Haus- und Grundstücksaufwendungen an Bebaute Grundstücke 7.200,–
    Abschreibungen auf Anlagen   an Fuhrpark   24.000,–
    Abschreibungen auf Anlagen   an BGA   8.000,–

S	Bebaute Grundstücke		H
EBK	180.000,–	H. u. G. a.	7.200,–
		SBK	172.800,–
	180.000,–		180.000,–

S	Fuhrpark		H
EBK	72.000,–	Abs.	24.000,–
		SBK	48.000,–
	72.000,–		72.000,–

S		BGA		H
EBK	32.000,–	Abs.		8.000,–
		SBK		24.000,–
	32.000,–			32.000,–

47.

S		Wertberichtigungen auf Gebäude		H
SBK	187.200,–	EBK		180.000,–
		H. u. G. a.		7.200,–
	187.200,–			187.200,–

S		Wertberichtigungen auf Fuhrpark		H
SBK	72.000,–	EBK		48.000,–
		Abs.		24.000,–
	72.000,–			72.000,–

S		Wertberichtigungen auf BGA		H
SBK	56.000,–	EBK		48.000,–
		Abs.		8.000,–
	56.000,–			56.000,–

48. Wertberichtigungen auf Anlagen an BGA 4.200,– (in allen drei Fällen)
   a) Kasse   11.172,– an BGA   9.800,–
        Mehrwertsteuer   1.372,–
   b) Kasse   6.840,– an BGA   9.800,–
      außerordentliche Aufwendungen 3.800,–   Mehrwertsteuer   840,–
   c) Kasse   12.768,– an BGA   9.800,–
        Mehrwertsteuer   1.568,–
        außerordentliche Erträge 1.400,–

49. 10.10.: Zweifelhafte Forderungen   an Forderungen   36.480,–
   31.12.: Abschreibungen auf Forderungen an
        Zweifelhafte Forderungen 19.200,–

50. Bank 18.240,– an Zweifelhafte Forderungen 17.280,–
   MwSt 2.240,–   außerordentliche Erträge   3.200,– (10% mehr)

51. Abschreibungen auf Forderungen 40.000,–
   Mehrwertsteuer   5.600,– an Forderungen 45.600,–
   Zweifelhafte Forderungen   an Forderungen   91.200,–
   Abschreibungen auf Forderungen an Zweifelhafte Forderungen 32.000,–
   Forderungen, für die eine Pauschalwertberichtigung zu bilden ist:
   Bestand   600.000,– DM
   – uneinbringliche Forderung   40.000,– DM
   – zweifelhafte Forderung   80.000,– DM
        480.000,– DM 3% =   14.400,– DM
        – Bestand 12.000,– DM
        2.400,– DM

a) Abschreibungen auf Forderungen an

         Wertberichtigungen auf Forderungen 2.400,–

b) Bestand   684.000,– brutto

 — uneinbringliche Forderung 45.600,–

 — Wertberichtigung (einzel) 32.000,– oder Abschreibung bei

 = Bilanzausweis   606.400,– direkter Abschreibung

52. Wertberichtigungen auf Forderungen 16.000,–

 Mehrwertsteuer   2.240,– an Forderungen 18.240,–

53. Abschreibungen auf Forderungen 21.000,–

 Mehrwertsteuer   2.940,– an Forderungen 23.940,–

54. Bank   10.260,– an außerordentliche Erträge 9.000,–

           Mehrwertsteuer   1.260,–

55. 1.000.000,– DM

56.

Nr.	Soll	Betrag		Haben	Betrag
1.	30	3.000,–			
	154	420,–	an	10	3.420,–
2.	30	2.000,–			
	37	100,–			
	154	294,–	an	16	2.394,–
3.	37	70,–			
	154	9,80	an	10	79,80
4.	30	4.500,–			
	154	630,–	an	16	5.130,–
5.	14	5.130,–	an	80	4.500,–
				184	630,–
6.	14	2.280,–	an	80	2.000,–
				184	280,–
7.	10	3.420,–	an	80	3.000,–
				184	420,–
8.	16	114,–	an	30	100,–
				154	14,–
9.	16	222,–	an	30	200,–
				154	28,–
10.	16	3.420,–	an	12	3.351,60
				38	60,–
				154	8,40
11.	16	570,–	an	38	500,–
				154	70,–
12.	80	100,–			
	184	14,–	an	14	114,–
13.	80	200,–			
	184	28,–	an	14	228,–
14.	10	3.351,60			
	184	8,40			
	89	60,–	an	14	3.420,–

15. 89   500,–
    184   70,–   an   14   570,–

57. Kassenbericht (Nettoverfahren):

Kassenbestand bei Geschäftsschluß			1.632,–
Ausgaben im Laufe des Tages:			
Rollgeld für Rohstoffe	2,10	15,–	15,–
Büromaterial	8,96	64,–	
Fachzeitschriften	1,47	21,–	85,–
Privatentnahmen		44,80	44,80
VSt	12,53		12,53
		Summe	1.789,33
Abzüglich Kassenbestand des Vortages			514,15
= Kasseneingang			1.275,18
Altpapierverkauf		8,96	
Bankabhebung		300,–	308,96
= Bareinnahmen (Tageslosung)			964,43

Kundenzahl: Unterschrift:

58.
1. Rohstoffe an Verbindlichkeiten 20.000,–
2. Löhne an Kasse 5.000,–
3. Rohstoffaufwendungen an Rohstoffe 4.000,–
4. Hilfsstoffe an Verbindlichkeiten 7.000,–
5. Hilfsstoffaufwendungen an Hilfsstoffe 2.000,–
6. SBK an Rohstoffe
7. Verbindlichkeiten an Bank 5.000,–
8. Kasse an Umsatzerlöse 12.000,–
9. SBK an Rohstoffe
10. Umsatzerlöse an GuV

59.
1. Bank an Forderung
2. Rohstoffe/Hilfsstoffe/Betriebsstoffe an Verbindlichkeiten
3. Löhne an Kasse
4. Rohstoffaufwendungen an Rohstoffe
    Hilfsstoffaufwendungen an Hilfsstoffe
    Betriebsstoffaufwendungen an Betriebsstoffe
5. Steuern an Bank
6. Forderungen an Umsatzerlöse
7. Verbindlichkeiten an Bank
8. Bank an Forderungen.
9. Kasse an Bank
10. Bürokosten an Kasse

S		GuV		H
Löhne	3.200,–	Umsatzerlöse		40.000,–
RstA	18.000,–			
HstA	7.000,–			
BstA	4.000,–			
Steuern	1.000,–			
Bürokosten	800,–			
Gewinn (EK)	6.000,–			
	40.000,–			40.000,–

S		SBK		H
Maschinen	60.000,–	EK		150.000,–
Rohstoffe	31.000,–	Verbindlichkeiten		12.000,–
Hilfsstoffe	11.000,–			
Betriebsstoffe	5.000,–			
Forderungen	22.000,–			
Kasse	1.500,–			
Bank	31.500,–			
	162.000,–			162.000,–

60. Der Kontenrahmen bildet für alle Unternehmen die einheitliche Grundlage zur Schaffung betriebsindividueller Kontenpläne.

61. Über GuV: alle Konten der Klasse 5, 6 und 7
    über SBK: alle Konten der Klasse 0 bis 4

62.
1. 200/201/202/260 an 44
2. 280 an 24
3. 751 an 280
4. 620 an 288
5. 480/770 an 280
6. 288 an 50/480
7. 3001 an 288/500/480 (G.schafter: 300)
8. 280 an 24
9. 240 an 500/480
10. 652 an 07

63.
1. Bank an Kasse = Bareinzahlung auf dem Bankkonto
2. Verbindlichkeit an Postgiro = Postüberweisung an Lieferer
3. Steuern an Bank = Banküberweisung der Gewerbesteuer
4. Versicherungen an Bank = Banküberweisung von Versicherungsprämien
5. Gehälter an Kasse = Gehaltszahlung bar
6. Bank an Forderungen = Banküberweisung eines Kunden
7. Rohstoffe an Verbindlichkeiten = Rohstoffeinkäufe auf Ziel

64.
	202	2.600,–			
	2021	280,–			
	260	403,–	an	44	3.283,–

65.
	44	1.500,–	an	2002	1.315,80
				260	184,20

66.
1.	2000	5.000,–			
	260	700,–	an	44	5.700,–
	44	570,–	an	2000	500,–
				260	70,–

2. 2000   6.000,–
   2001   310,–   44   6.680,–
    260   820,– an 2002   450,–
   Listenpreis   7.200,–
   − 16⅔% R.   1.200,–
                         ─────────
                         6.000,–
   + Bezugskosten   310,–
                         ─────────
                         6.310,–
   − Nachlässe   450,–
                         ─────────
   Anschaffungskosten   5.860,– netto
   + MwSt 14%   820,–
                         ─────────
                         6.680,– brutto

3. 2000   5.000,–
    260   700,– an   44   5.700,–
   2001   200,–
    260   28,– an   288   228,–

4. 202   20.900,–
   2022   600,–
    260   3.010,– an   44   24.510,–

5.   44   7.980,– an 2000   7.000,–
                         260   980,–

67. Nachlässe für Hilfsstoffe 6.787,– brutto
    6.787,– : 8,142857 (Faktor für 14% MwSt) = 833,50
    Vorsteuerberichtigung: 833,50 DM   Buchung: 2032 an 282   833,50

68. Die gesonderte Erfassung der Bezugskosten auf den entsprechenden Unter-
    konten erlaubt eine ständige Überwachung der Wirtschaftlichkeit der Kosten
    beim Rohstoffeinkauf. Die Aussagefähigkeit der Buchführung wird erhöht.

69. Jede nachträgliche Minderung dieses Wertes auf Grund von Rücksendungen
    muß zur entsprechenden Minderung auf Konto „260 Vorsteuer" führen.

70. 1. Nettopreis   100.000,– DM
       + Versand   4.000,– DM
       + Versicherungen   1.200,– DM   Anschaffungsnebenkosten
       + Montage   11.000,– DM
       + Fundament   6.000,– DM
                          ─────────────
                          122.200,– DM
       − 2% Skonto   2.444,– DM   Anschaffungskostenminderungen
                          ─────────────
       zu aktivieren   119.756,– DM

    2.   08 122.200,–
        260   17.108,– an   44 139.308,–   Eingangsrechnung
         44 139.308,– an   08   2.444,–
                              260   342,–
                              280 136.522,–   Rechnungsausgleich

71. 1. 23.730,–
    2. 084   24.450,–
       260   3.423,–   an   44   27.873,–
        44   27.873,–   an 084   720,–
                                 260   101,–
                                 280   27.052,–
72. 1. 095   85.000,–
        260   11.900,–   an 280   96.900,–
        095   100.000,–
        260   14.000   an 280   114.000,–
    2. Buchung am 31.12.: 801 an 095   185.000
    3. 095   120.000
        260   16.800,–   an 280   136.800,–
       Nach Fertigstellung bzw. Inbetriebnahme:
       053 an 095   305.000,–
73. 1. 17.5.:
       089   600,–
       260   84,–   an 288   684,–
       31.12.:
       654   an 089   600,–
74. 1. 680   70,–
        260   9,80 an 288   79,80
75. a) Buchwert   10.000,–
       Nettowert   7.000,–

       Verlust   3.000,–
       Buchung:
       260   7.980,–
       696   3.000,–   an 086   10.000,–
                                 480   980,–
    b) Buchwert   10.000,–
       Nettowert 12.000,–

       Ertrag   2.000,–
       Buchung:
       260   13.680,–   an 086   10.000,–
                                 546   2.000,–
                                 480   1.680,–
76. 1. aus der Sicht des Kunden:
       Anzahlungen:
        23   40.000,–
       260   5.600,–   an 280   45.600,–
        23   40.000,–
       260   5.600,–   an 280   45.600,–

Endabrechnung:
```
200  120.000,–
260    5.600,–   an   23    80.000,–
                      280   45.600,–
```

2. aus der Sicht des Lieferers:
Anzahlungen:
```
280   45.600,–   an   43    40.000,–
                      480    5.600,–
280   45.600,–   an   43    40.000,–
                      480    5.600,–
```

Endabrechnung:
```
280   45.600,–
 43   80.000,–   an  500  120.000,–
                      480    5.600,–
```

77.   15. 10.:
```
090              an  280   15.000,–
```
31. 12.:
```
801              an  090   15.000,–
```
14. 2.:

```
 07   45.000,–
260    6.300,–   an  090   15.000,–
                      280   15.000,–
                       44   21.300,–
```

78. a) 270   an 280   6.081,–
    b) 270   9.981,75
        751   100,– an 280   10.081,75
    c) 1. 280   9.869,– an 270   9.719,–
                             546   150,–

    2. Kursverlust: 262,75 Buchung: 746 an 751   262,75

79. 1.   130 an 280   121.620,–
    2. Bilanzstichtag: Bewertung zum Kurs von 200 + Nebenkosten: 121.620,–

80. a) 270   4.286,–
        751   75,– an 280   4.361,–
    b) 280   an 578   150,–
    c) 280   4.512,– an 270   4.462,–
                             578   50,–
        270   an 578   176,–

81. 1. 2000   2.300,–
         260   322,– an   44   2.622,–
    2. 2001   170,–
         260   24,– an 288   194,–

3. 24   1.083,–   an   50   950,–
                           480   133,–
4. 614   80,–
    260   11,–   an 288   91,–
5. 2000   1.900,–
    2001   200,–
    260   294,–   an   44   2.394,–
6. 24   137,–   an   50   120,–
                           480   17,–
7. 614   8,–   an 288   8,–

82. a) 1. 24   33.000,–   an 5000   30.000,–
                                480   4.200,–

        2. 5001   4.000,–
           480   560,–   an   24   4.560,–

        3. 5001   2.000,–
           480   280,–   an   24   2.280,–

        4. 5000   1.000,–
           480   140,–   an   24   1.140,–

b)

S	5000 Umsatzerlöse		H
Su	25.000,–	Su	975.000,–
24	1.000,–	24	30.000,–
5001	13.000,–		
802	966.000,–		

S	5001 Erlösschmälerung		H
Su	7.000,–	5000	13.000,–
24	4.000,–		
24	2.000,–		

S	480 Mehrwertsteuer		H
Su	93.000,–	Su	107.500,–
24	560,–	24	4.200,–
24	280,–		
24	140,–		
801	17.720,–		

Nettoumsatz: 966.000,–
Mehrwertsteuer: 17.720,–

83. 1. 2002   an   260   203,–
    2. 480   an 5001   338,–
    3. 480   an   260   8.522,–
    4. 482   an   801   6.740,–

S	260 Vorsteuer		H
Su	8.725,–	2002	203,–
		480	8.522,–

S	480 Mehrwertsteuer		H
5001	338,–	Su	15.600,–
260	8.522,–		
801	6.740,–		

Zahllast: 6.740,– DM

84.   801   an   228   20.000,–
      608   an   228   100.000,–
      802   an   608   100.000,–
      608   an   802   150.000,–
      Gewinn: 50.000,–

85.

S	21 Unfertige Erzeugnisse		H
80	80.000,–	51	60.000,–
		801	20.000,–

S	22 Fertige Erzeugnisse		H
80	40.000,–	801	50.000,–
52	10.000,–		

S	52 Bestandsveränderungen UE/FE		H
Unf. E.	60.000,–	FE	10.000,–
		802	50.000,–

S	87 Gewinn- und Verlust		H
Aufw.	850.000,–	Ums.	1.200.000,–
52	50.000,–		
EK	300.000,–		

Erfolg: Gewinn 300.000,–

86.

S	Gewinn- und Verlust		H
Rohstoffaufwendungen	38.500,–	Umsatzerlöse	125.000,–
Aufwendung Hilfsstoffe	16.000,–		
Betriebsstoffaufw.	9.000,–		
Abschreibungen	22.000,–		
Bestandsveränderungen	1.000,–		
Gewinn (EK)	38.500,–		
	125.000,–		125.000,–

Gewinn: 38.500,–

87. Stoffeverbrauch   = 69.500,–
    Bestandsminderung =   800,–
    Erfolg   = 18.200,–
    Gesamtleistung   = 87.700,–

88. a) 3.779.600,– / 4.399.600,–
    b) Höhere Umsätze bei Fertigerzeugnissen
       Bestandserhöhung bei unfertigen und fertigen Erzeugnissen

Register

Halbfette Seitenzahlen wie z. B. **226 ff.** verweisen auf eine ausführliche Darstellung des Begriffs; unterstrichene Seitenzahlen wie z. B. <u>84</u> zeigen an, daß der Begriff in einem Kapitelüberblick vorkommt.